« POURQUOI JE SUIS PAS UN PAPILLON ? »

JERRY AYAN

« POURQUOI JE SUIS PAS UN PAPILLON ? »

préface du Dr Jean Michon
postface de Jacqueline Bourgeat

l'Archipel

Notre catalogue est consultable à l'adresse suivante :
www.editionsarchipel.com

Éditions de l'Archipel
34, rue des Bourdonnais
75001 Paris

ISBN 978-2-8098-2112-3

À Ketty
À Jérémy et Alizée
À Emy

Anne-Laure est mon étoile.
Vous êtes mes soleils.
Ensemble, vous éclairez ma route.

Pensée pour Maman Aline, « Super-Mamie ».
Tu es désormais à côté de notre étoile,
je vous vois rire ensemble…

Préface

On dit que le cancer frappe très rarement les enfants, mais deux mille cinq cents de moins de 18 ans sont touchés chaque année en France soit par une leucémie (30 % d'entre eux) soit par une tumeur solide. Ce chiffre peut paraître faible au regard du nombre de cancers diagnostiqués annuellement dans toute la population française (plus de 350 000, en régulière augmentation). Le haut pourcentage global de guérison (près de 80 % des cas rencontrés dans l'enfance pour les pays développés) ne doit pas faire oublier notre incapacité actuelle à guérir chaque année cinq cents enfants ou adolescents. De même, les enfants qui guérissent peuvent-ils survivre à un cancer avec les séquelles physiques liés à la maladie ou aux traitements ? Tous restent marqués psychologiquement, ainsi que leur entourage, par l'épreuve traversée.

C'est pourquoi la recherche aussi bien sur les causes des cancers survenant dans l'enfance que sur leurs traitements est une tâche que nous menons, afin de guérir plus d'enfants, et ceci avec le moins de séquelles possibles. Les efforts de la recherche ne doivent pas nous éloigner non plus de ce qui doit être entrepris en termes d'organisation optimale des soins pour tous : avec la meilleure expertise, au plus près du domicile de chaque enfant, à chaque fois que c'est possible. La recherche en sciences humaines auprès des parents ou des grands patients sur le vécu du parcours de soins s'appuie sur des enquêtes ou des interventions, mais notre connaissance peut s'enrichir de témoignages qui pourront faire évoluer nos pratiques.

« Oui, la vie continue. La crainte, c'est la banalisation de cette maladie dans notre quotidien. De toute façon, elle s'est invitée sauvagement dans la famille, et nous avons appris à vivre avec, ou à côté, ou à proximité. »

Le livre de Jerry Ayan constitue un témoignage unique, aussi bien par son universalité que par sa singularité. Il permet en effet, par sa narration presque clinique, de décrire le parcours d'une enfant, de sa fratrie, de ses parents et de son entourage proche. De la réaction de sidération initiale lors de l'annonce de la maladie à la prise en main du parcours de soins par une famille qui ne se laisse pas abattre et entoure une jeune fille vive et intelligente, tout est là pour décrire ce qui est universel dans le parcours que nous soignants ne connaissons que de notre côté. Ce livre nous en dit davantage que les enquêtes menées laborieusement auprès des parents d'enfants soignés pour une tumeur maligne ou une leucémie. Les relations avec les soignants, leurs tics et leurs méthodes sont reçus avec l'empathie d'un père qui a su prendre le recul nécessaire.

L'histoire de la rechute d'Anne-Laure, de l'espoir qui naît de l'accession à de nouveaux traitements, est universelle, avec la description précise des moments d'enthousiasme qui s'appuient sur toute parole d'ouverture de la part des médecins et des déceptions cruelles qui surviennent lorsque la réalité apparaît, implacable.

De ce témoignage je retiens aussi le message lié à la singularité du parcours d'Anne-Laure : depuis l'espoir de la guérison, le choc de la rechute, le parcours à la recherche du traitement salvateur, à la fin de vie assumée jusqu'au bout. Une humanité des faits, jusque dans leur cruauté : l'espoir renaissant lorsque Anne-Laure émerge du coma, mais aussi la dureté des propos qu'elle est capable d'asséner à son médecin lorsque ses inhibitions sont levées. Tout fait sens et nous incite à réfléchir en tant que soignants à notre pratique et à notre capacité d'accueillir les bons et les mauvais moments.

Enfin, le parcours d'Anne-Laure démontre la créativité dont un enfant souffrant d'une maladie grave peut être capable. Les médecins deviennent plus sensibles à cette dimension : les enfants (comme les adultes) gravement malades ont une faculté d'expression par l'art qui est surmultipliée. Elle peut conduire à la création d'œuvres étonnantes tant par leur richesse que par leur spontanéité. Ouvrir des ateliers de création artistique dans tous les services de soins d'onco-hématologie pédiatrique est maintenant une évidence. Ce livre témoigne de cette nécessité. Les arts, en particulier graphiques, sont sans doute un des moyens les plus simples et efficaces pour permettre aux enfants d'exprimer ce que les paroles ont du mal à véhiculer.

Pour toutes ces raisons, ce récit est un document unique et une source d'espoir pour les parents – malgré la fin tragique d'Anne-Laure – et de connaissances pour les soignants.

Dr Jean Michon
Département d'oncologie pédiatrique,
adolescents et jeunes adultes,
ensemble hospitalier de l'Institut Curie,
Président de la Société française de lutte
contre les cancers et leucémies
de l'enfant et de l'adolescent

Avant toute chose...

« Quand tu regarderas le ciel, la nuit,
puisque j'habiterai dans l'une d'elles,
puisque je rirai dans l'une d'elles,
alors ce sera pour toi
comme si riaient toutes les étoiles.
Tu auras, toi, des étoiles qui savent rire! »

Antoine de Saint-Exupéry
Le Petit Prince

Au-dessus de son berceau, lorsque Anne-Laure est née, il n'y avait assurément pas de bonne étoile.

Il n'y avait pas de mauvaise étoile non plus.

En fait, il n'y avait aucune étoile!

Les étoiles qui ont parsemé son chemin de vie, elle les a elle-même inventées, créées, façonnées. Jusqu'à en devenir une. Mais trop vite, trop jeune! Elle a alors quatorze ans, l'âge où les jeunes filles ont plutôt les étoiles dans les yeux, à la découverte de l'univers adolescent qui leur ouvre, avec ses frissons, les portes de la jeunesse.

Cette jeunesse, une tumeur cérébrale l'a volée à Anne-Laure, en même temps qu'elle a volé une fille, une sœur, une cousine à sa famille, une copine à tous ses amis. Meurtrier destin dénommé « glioblastome 4 », code barbare issu du vocabulaire médical qui fait désormais partie d'un répertoire des mauvais mots, des maux maudits. On aimerait l'en bannir, il est trop tard.

Anne-Laure a dix ans lorsque le clignotant rouge de la maladie s'allume. Il passera bientôt à l'orange, et alors que le vert de la guérison totale se fait espérer, c'est à nouveau le rouge qui s'impose. Une récidive. Selon le charabia de la médecine, « une entité tumorale très rare dont le statut n'est pas établi ». La science même en bafouille ! En fait, c'est une catastrophe...

Mais les étoiles n'en ont cure. Elles ont continué à briller, parce qu'Anne-Laure a voulu qu'elles continuent à éclairer son chemin. Elle a décidé de ne pas avancer dans la grisaille, dans le sombre, dans le noir. Elle a balayé l'obscurité dans laquelle la maladie voulait la plonger. Elle a préféré faire scintiller ses moments de vie, même parfois chancelants.

Son parcours face à la maladie est jalonné de leçons de force et d'exhortations au courage. Elle les partage avec ceux qui l'entourent, leur offrant des moments d'une intensité incroyable. Son médecin, devenu un vrai complice des bons et mauvais moments, saura le mieux formuler cette grandeur d'âme : « Tu nous as fait grandir », lui dira-t-il lors de son dernier hommage.

Anne-Laure a rejoint les étoiles le 31 janvier 2012. Cette histoire est la sienne, et surtout celle de cet art du combat montré par cette jeune fille, ma fille. C'est une histoire de vie...

14 MARS – 4 MAI 2008

C'est un jour de pluie, de forte pluie.

Le genre de pluie qui cingle et fouette les corps, les arbres, les routes, les immeubles, les véhicules.

Ni les vêtements les plus imperméables, ni les épidermes les plus durs, ni les muscles les plus épais ne peuvent faire obstacle à ce type d'averse. Les gouttes à la lourdeur martiale transforment un habitacle de véhicule en caisse de résonance, faisant disparaître la parole et vibrionner les esprits les plus clairs.

À l'arrière de la voiture, une jeune fille se tient la tête, le regard dans le vague, les traits tirés. Elle s'affaisse sur son siège. Les effets de cette trombe liquide vrombissante n'arrangent pas son état. Elle est très fatiguée. Elle est assommée. La voiture se fraye un chemin sous la pluie battante vers l'hôpital, traversant des embouteillages démultipliés par le mauvais temps.

Au volant, une maman dubitative, inquiète, presque affolée, surtout interrogative… Des questions en cascade, comme la pluie qui tombe, viennent s'empiler et s'entrechoquer. Elle se passe et repasse les images de l'épisode qu'elle vient juste de vivre. Quelques minutes auparavant, Ketty[1] était avec sa fille Anne-Laure dans le cabinet d'un ophtalmologiste, au moment où celui-ci terminait sa série d'examens par un « fond d'œil ». Elle entend encore la soudaine injonction, presque tétanisante, du spécialiste de la vue, à l'issue de cet ultime geste : « Partez tout de suite aux urgences pédiatriques de Bellepierre. » Il se fait même pressant, et alarmiste : « Je sais, il est presque midi, mais ne rentrez pas chez vous, vous n'avez pas le temps d'aller déjeuner ! »

Pas le temps, non plus, face à ce ton impérieux, de demander une quelconque explication. Juste le temps de me passer un bref coup de fil, m'informer de la directive expresse du médecin, et réclamer ma présence. Je suis face à mon banquier, nous discutons escomptes et lignes de crédit. C'est un rendez-vous pris de longue date, et si mon interlocuteur l'avait pu, je l'aurais volontiers reporté. J'aurais plutôt préféré être avec ma fille et mon épouse, à cet examen dont j'appréhendais le résultat. Tant l'enchaînement des événements récents pouvait laisser planer quelques inquiétudes.

Ces événements se sont précipités depuis la rentrée de février, au collège. Ici, à l'île de La Réunion, dans ce lointain département français de l'océan Indien, elle marque le début du second trimestre, selon un calendrier scolaire qui tente de suivre les saisons. C'est alors le plein été, mais aussi la saison des cyclones. Et des fortes pluies, comme celles de ce jour.

Au trimestre précédent, alors qu'elle aborde la classe de sixième, Anne-Laure s'est rendue à intervalles

---

1. Tous les personnages du récit sont identifiés par leurs prénoms. Pour des raisons personnelles, certains d'entre eux ont été modifiés *(N.d.A.)*.

irréguliers, mais à plusieurs reprises, à l'infirmerie du collège, et a manqué quelques cours. Elle se plaint de migraines. Est-ce sa nouvelle vie de collégienne, le rythme différent auquel il lui faut s'habituer ? Est-ce sa vie extrascolaire trépidante, entre cours de danse classique, piano, peinture, natation – et elle vient même de commencer le karaté ?

Ni toutes ces activités, ni ses quelques maux de tête ne perturbent son parcours scolaire. Toute l'équipe éducative s'accorde sur les bonnes notes et le bon comportement d'Anne-Laure.

À la rentrée de février, la perturbation s'installe, insidieusement. Elle enclenche même une brutale accélération. Dès le lendemain de l'entame de cette période scolaire, Anne-Laure repasse par l'infirmerie. Mêmes symptômes, mêmes effets. Migraine. Fatigue. Puis la semaine d'après. Migraine. Fatigue. Mais aussi vomissements… Et encore la semaine d'après. Migraine. Fatigue. Vomissements. Haut-le-cœur. Parfois, elle n'est plus capable de repartir en classe.

Alertés par l'administration du collège, sa mère ou moi-même venons alors la récupérer, en plein milieu de la matinée ou de l'après-midi.

Le passage par le cabinet pédiatrique devient un rendez-vous récurrent. Le constat l'est aussi. Un constat d'impuissance. La fragilité, la jeunesse, le changement de rythme, la sensibilité à toutes les maladies qui passent… Nous écoutons ces quelques tentatives d'explications, sans nous en satisfaire. Pas plus que peuvent nous satisfaire les quelques sirops et antalgiques prescrits. Nous voulons, nous exigeons des examens plus poussés. Nous évoquons pêle-mêle un scanner, un neurologue, un spécialiste quelconque.

Il faut impérativement découvrir l'origine de ces malaises. Ne pas se contenter de traiter les effets. Ne pas se suffire de quelques médicaments qui gomment les migraines pour quelques jours. Je me souviens de ma rencontre, jadis, lorsque j'officiais dans un quotidien local, avec un ostéopathe. Celui-ci reprochait à la médecine traditionnelle de ne jamais rechercher les sources du mal, et se contenter de traiter la maladie, qui n'est que l'expression de la conséquence du mal. Je me réfère aussi à ma culture chinoise – nos grands-parents sont venus de Canton – et à la médecine traditionnelle chinoise, qui partage cette même philosophie de la recherche de la cause.

Un soir, alors qu'à la table du dîner Anne-Laure peine à avaler quelques bouchées, je me lance : ma fille n'est peut-être pas bien dans ce collège, ce nouvel établissement, sa nouvelle classe. Je m'en inquiète à cœur ouvert et la presse de quelques questions : « Tu as des amies, des vraies ? Tu arrives à suivre ce nouveau rythme ? Il y a peut-être des élèves qui t'embêtent ? Tu t'entends bien avec tes profs ? » Anne-Laure assure aimer l'ambiance de ce collège et de sa classe, et y être à l'aise, autant avec ses amis qu'avec ses professeurs.

La cause tant recherchée n'est donc pas d'ordre psychologique. Le temps n'est plus à l'hésitation. Il faut lever le point d'interrogation. Dès le lendemain, le médecin de famille, qui est aussi un ami proche, est sollicité : il faut prescrire toute la batterie de tests possibles et imaginables.

Les deux jours qui suivent sont semblables à un marathon.

Une analyse de sang, d'abord. Je n'ai pas le temps d'attendre, je demande les résultats tout de suite, aussitôt crachés par l'ordinateur. Tous les chiffres sont corrects…

Une radio des sinus, dans la foulée. Le radiologue est passé à la question dès l'examen terminé. « RAS », rien à signaler…

Et le lendemain, vendredi, c'est au tour du bilan ophtalmologique. Ce matin-là, il pleut à verse…

*

Le passage par le sas des urgences, nous l'avons déjà vécu. Lorsqu'elle était enfant, la petite sœur d'Anne-Laure avait eu un coude désarticulé en jouant avec son père – la grosse brute ! Et la même Alizée avait eu la mauvaise idée, un autre soir, de sautiller sur le sofa avant de tomber, le front en premier, sur le rebord d'une table.

Nous connaissons l'attente dans le hall vaste et froid du centre hospitalier. Il faut toujours ce temps administratif d'enregistrement, face à un agent d'accueil dont le visage est à la fois proche et lointain, effet de distorsion paradoxale d'une séparation vitrée, juste percée de son orifice pour laisser passer le verbe. Il faut ce temps d'attente avant que se libèrent une cabine, un praticien, des appareils, une équipe d'infirmiers. Il faut espérer que la lourde porte à double battant et à commande électronique veuille bien s'ouvrir, pour s'engouffrer dans l'autre dimension de la vie.

Anne-Laure est toujours prostrée, Ketty toujours interrogative. Je viens à peine de les rejoindre. Finalement, les portes s'ouvrent sans trop tarder. Il existe une sorte de rituel dans ce service, que nous avons déjà vécu lors des passages d'Alizée aux urgences. Aussitôt une cabine libérée, l'infirmière y fait entrer Anne-Laure, l'y installe puis l'équipe pour les examens préliminaires.

On prend son pouls, sa tension. On relève ses « paramètres », comme on dit.

Dans nos têtes, nombre de scénarios se tissent au fil des événements et des questions. Pourquoi l'équipe-t-on déjà d'une aiguille ? Pourquoi demande-t-on une IRM ? La tension retombe toutefois, l'équipe soignante se montrant prévenante et rassurante. De plus, Anne-Laure retrouve son sourire et son « peps ». Dans la petite chambre, l'ambiance devient un peu plus légère. Une infirmière lui a apporté des livres qu'elle s'empresse de dévorer.

Un examen radiologique poussé est programmé en début d'après-midi. Je suis désormais seul avec Anne-Laure, sa mère ayant dû rejoindre son poste de travail. Dans ce véritable labyrinthe, il faut un infirmier faisant office de guide pour conduire la jeune fille, assise dans un fauteuil roulant, et moi-même, déambulant à ses côtés comme le gardien de cette ligne d'existence. Le cheminement est long, à travers ces couloirs aux couleurs grises, et forcément… cliniques.

Nous nous faufilons dans l'espace restreint, pour accéder à la vaste salle au centre de laquelle trône le fameux imageur IRM. Un énorme tube prêt à avaler une partie du corps d'Anne-Laure, pourtant pas impressionnée. Installée sur un lit, un casque sur les oreilles, elle se laisse glisser dans la bouche géante.

De longues minutes passent, entrecoupées du bruit métallique des aimants qui se mettent en place, se déplacent et se replacent pour pouvoir espionner les moindres parcelles de… de quoi, au fait ? de sa tête ? de son appareil respiratoire ? de son cœur ? C'est l'interrogation qui, à ce moment, affleure dans mon esprit où l'inquiétude est en train de grimper, de m'assaillir, même. Car personne ne nous a encore rien dit, à cet instant.

L'examen est terminé. Anne-Laure se remet debout, en souriant, elle dit avoir somnolé pendant la séance. Et ça l'a amusée. L'infirmier du service Radiologie esquisse un sourire et, au moment de la faire se rasseoir sur sa chaise roulante, lui dit « bon courage »... Une belle attention, me dis-je intérieurement, avant qu'un clignotant n'émette une petite lumière dans un coin de ma tête. Une étincelle qui surgit soudain... Pourquoi « bon courage » ?

Ce flash est vite dissipé par la vision, dans le couloir qui nous éloigne désormais de ce service du centre hospitalier, d'un impressionnant entrelacs de lits-brancards et de fauteuils roulants encombrant la sortie de la salle des examens. Il y a là des jeunes et de moins jeunes, des grands et des petits, des personnes assoupies ou gentiment souriantes. Je me convaincs alors qu'il doit s'agir d'un réflexe conditionné et empreint de politesse de la part de cet infirmier qui, à chaque instant, fait face à toutes ces mines défaites. Dans son fauteuil roulant, Anne-Laure semble n'avoir rien entendu. Elle regarde tout autour d'elle, curieuse comme à l'accoutumée. Mais le regard est maintenant à nouveau empreint de lassitude et de fatigue. De retour dans sa chambre, elle s'écroule sur son lit.

*

Je suis en posture d'attente, essayant de vider mon esprit de toutes les questions empilées. J'ai toujours du mal à rester à ne rien faire, et cette fois je ronge véritablement mon frein. Comme pour répondre à une question inscrite sur mon visage fermé et dubitatif, l'infirmière me signale que l'interne viendra bientôt livrer le résultat des examens, après analyses et recoupements.

Entre-temps, Ketty nous a rejoints. Elle vient tout juste de récupérer Alizée à son école, et les deux sœurs sont désormais réunies. Jérémy, leur grand frère, ignore encore le fil de toutes les péripéties de la journée. Depuis quelques semaines, il travaille dans un cinéma multiplexe, selon des horaires très élastiques. Ce jour, il est prévu qu'il termine aux alentours de 23 heures ! Ces contraintes ne l'ennuient pas, bien au contraire. Il souhaite remplir son planning d'un maximum d'heures de travail rémunérées, son objectif étant de financer son prochain départ pour l'Australie, où il veut faire ses études.

Ketty et moi, nous n'avons encore guère échangé au moment où l'interne nous ouvre la porte de son bureau. Les filles sont restées à papoter dans la chambre, et nous sommes maintenant prêts à entendre le diagnostic. Peut-être faudra-t-il laisser Anne-Laure se reposer plusieurs jours en milieu hospitalier ? Peut-être sera-t-il nécessaire de mettre momentanément entre parenthèses sa scolarité, le temps d'un traitement qui lui redonnera le tonus nécessaire ? Nous nous convainquons intérieurement qu'il y a pire, certainement pire. Justement, quelques instants auparavant, nous avons vu par l'entrebâillement de la porte arriver une équipe d'infirmiers encadrant un brancard médicalisé, avec nombre d'appareils, de tubulures, de tuyaux. Impressionnant matériel, pour une intervention de première urgence, à coup sûr. Nous avons également entendu un hélicoptère se poser au-dessus de l'hôpital, et pensons à l'arrivée d'un blessé grave, après un accident de la route comme il s'en produit malheureusement trop fréquemment.

L'interne commence par faire un bref rappel des symptômes qui ont conduit Anne-Laure aux urgences, et résume son parcours des dernières journées, entre visites médicales et analyses diverses. Et puis, dans la continuité de son monologue, avec la même douceur dans la voix, il lâche le verdict.

— Nous avons découvert que votre fille a une tumeur au cerveau.

C'est un précipice qui s'ouvre brutalement sous nos pieds…

Impossible de réagir. Impossible de dire quoi que ce soit. La chute soudaine de notre univers provoque une véritable tétanie. De l'esprit. Du geste. De la parole. Un vrai coup de massue. Une comète vient de tomber sur notre planète !

— C'est une tumeur très importante. Elle nécessite une intervention chirurgicale immédiate. Nous devons la transférer au groupe hospitalier Sud, à Saint-Pierre, où le neurochirurgien l'attend. L'équipe médicale pour le transfert est prête, et l'hélicoptère est déjà arrivé. Il faut qu'elle y aille, tout de suite !

Il ajoute, lui aussi : « Bon courage ! »

Soudainement, nous comprenons, et tous les rouages se mettent en place : les infirmiers, le brancard, l'hélicoptère… Ils sont là pour Anne-Laure !

*

C'est comme si quelqu'un avait appuyé sur un interrupteur commandant l'ouverture de volets aspirants qui réquisitionnent tout notre souffle, toute notre énergie. Dans ce maelström, le temps semble à la fois s'accélérer soudainement et se comprimer fortement. Nous sommes pris dans cette distorsion paradoxale, comme écartelés de tous côtés, avec une douleur sourde qui frappe sans discontinuer. Les paroles de l'interne se veulent réconfortantes, mais elles paraissent lointaines et embuées, nous les entendons à peine.

— Prenez un peu de temps, allez respirer à l'extérieur et revenez lui dire au revoir.

— Pourquoi, nous ne partons pas avec elle ?

— Malheureusement, il y a tout juste la place pour Anne-Laure et les infirmiers dans l'hélicoptère. Vous devrez la rejoindre en voiture.

La tension augmente un peu plus. Un sentiment mêlé de frustration et de colère affleure… Nous le savons : sur les routes réunionnaises, surtout un vendredi en fin d'après-midi, on roule très mal. Nous devons rejoindre l'autre versant de l'île, à quelque quatre-vingts kilomètres de là. Mais, du nord au sud, les points de ralentissement sont nombreux, et il faut s'armer d'une patience que nous n'aurons certainement pas. Il faudra deux bonnes heures pour rejoindre le groupe hospitalier du sud de La Réunion, alors qu'Anne-Laure y arrivera en à peine une demi-heure !

Cette colère ne parvient même pas à s'exprimer, complètement annihilée par la gravité du moment. Alors, pour suivre le conseil de l'interne, nous sortons du bloc des urgences. Maintenant, les larmes peuvent se permettre de couler. Une chaise, dans le couloir, fait les frais de la brusque montée d'adrénaline. Un coup de pied rageur l'envoie valser quelques mètres plus loin.

— Mais qu'est-ce qui nous arrive ? Qu'est-ce qui lui arrive ? Pourquoi Anne-Laure ?

Aucun embryon de réponse ne s'impose face à cette rafale de questions. Nous retournons rapidement sur nos pas, ayant tout à coup pris conscience que nous n'avons même pas vu Anne-Laure depuis que la terrible nouvelle est tombée.

Nous effaçons nos larmes, nous ne voulons pas qu'Anne-Laure nous voie dans un tel état. Ni sa petite sœur. Rien de notre angoisse ne doit transparaître. Dans la chambre du service des urgences, les deux filles continuent de jouer avec leurs consoles. Paradoxalement, Anne-Laure nous paraît en pleine forme. L'épisode douloureux de la matinée chez l'ophtalmo, sous la pluie, et aux urgences, semble être passé aux oubliettes. Son sourire est même revenu. Ce sourire que tous s'accordent à lui trouver si subtilement désarmant. L'interne nous a rejoints. Nous lui avons demandé d'annoncer la nouvelle à Anne-Laure, tant les mots, et la force de le dire, nous manquent.

Anne-Laure laisse perler une larme et, malgré nos efforts pour ne pas craquer, nos regards se font humides. La petite voix d'Alizée perce la lourde tension qui vient de s'installer : « Mais pourquoi tout le monde pleure ? » Personne ne semble capable de répondre, chacun s'emmure dans le silence.

Les infirmiers investissent l'espace, avec tout cet appareillage qui entoure désormais Anne-Laure comme une véritable armure. Protection dérisoire contre cette vilenie qui s'est dissimulée malicieusement à l'intérieur de sa tête, et qui est en train de chambouler notre quotidien.

Nous croisons son regard lorsque le cortège s'ébroue dans le couloir des urgences. Dans ses yeux, il me semble distinguer à la fois l'inquiétude, celle de partir ainsi sans ses parents, et la curiosité, celle de découvrir cet hélicoptère qui est une première pour elle.

*

Cela ressemble à une course contre la montre. Mais on le sait par avance : elle est d'ores et déjà perdue. Nous partons avec deux handicaps. Il nous faut d'abord passer par la maison, et glisser rapidement quelques vêtements dans une valise en prévision d'un séjour à durée indéterminée dans le Sud. Puis, une fois arrivés à Saint-Pierre, nous devrons déposer Alizée chez sa tante, avant de pouvoir enfin rejoindre Anne-Laure.

Surtout, nous allons nous enliser dans les immanquables embouteillages de départ en week-end. Entre les deux pôles géographiques de l'île, il y a *la* station balnéaire vers laquelle convergent tous les consommateurs de loisirs et de plaisirs à l'aurore de ce vendredi. Aurait-elle été équipée des accélérateurs les plus foudroyants, notre voiture ne pourrait même pas prétendre à la fable du « Lièvre et la tortue ». C'est une longue route, pas en kilomètres, mais en heures, en nervosité, en perplexité, qui se profile devant nos regards toujours embrumés par le choc.

Malgré l'incroyable enchaînement des nouvelles depuis le milieu de matinée, nous essayons de garder un peu de calme. Inspirer… Expirer… Essuyer nos yeux… Se serrer les mains… Penser à prévenir nos proches, avant tout mes sœurs, qui vont nous voir débouler dans un état voisin du malaise et de l'effroi. Et puis appeler Jérémy. Il nous a quittés ce matin, sans jamais se douter – mais qui aurait pu le deviner ? – de ce terrible cyclone qui est en train de nous emporter. Sous le choc de nos révélations, il dit vouloir venir nous rejoindre après son travail, ce soir à 23 heures. Nous le convainquons qu'il doit rester à Saint-Denis, il ne sera pas en état de conduire sur une telle distance, dans un tel contexte. Nous l'informerons de toutes les évolutions et, dès que possible, il viendra voir sa sœur.

En l'espace de quelques tours de cadran, tant de repères ont été bouleversés. Surtout pour Anne-Laure, passée de sa chambre colorée de jeune adolescente à une chambre blanche et froide d'hôpital. Elle a connu son premier scanner, sa première IRM, et son premier déplacement en hélicoptère. Nous la devinons maintenant entourée de gens inconnus, entre des murs qu'elle n'identifie certainement pas. Alors, vite, il faut la rejoindre.

Mais la voiture est immobilisée ou presque, dans le traditionnel encombrement à l'ouest de l'île, avec d'autres véhicules devant, derrière, à droite, à perte de vue… Il reste plus des deux tiers du trajet à effectuer. Et encore au moins deux importants points de ralentissement à franchir. L'immobilisme est générateur de nervosité. Cela provoque des flots de pensées inquiètes et interrogatives.

Un téléphone sonne. Une voix inconnue, posée, avec un léger accent – nous nous en souviendrons plus tard, sur le moment présent, les détails s'effilochent dans la tension mentale qui submerge nos esprits. « Bonjour, je suis le docteur Saïd. Votre fille vient d'arriver au service de neurochirurgie. Où êtes-vous ? »

Nous lui annonçons le nom de la ville à l'entrée de laquelle les voitures sont en file indienne. Même les deux-roues ont du mal à se frayer un passage ! Le chirurgien comprend que nous n'arriverons pas de sitôt… Il explique : une intervention rapide est nécessaire. Il insiste : il y a réellement urgence. Il assène : il faut lui donner l'autorisation d'intervenir à distance, depuis la voiture, dans les embouteillages !

Nos regards se croisent, un peu perdus. La demande est inattendue. Encore un peu plus de brutalité dans les faits ! La décision semble du domaine de l'irrationnel, et pourtant il nous faut faire face. Dans la balance : l'urgence dictée par le médecin, détenteur du savoir, potentiel éradicateur de la tumeur ; et l'amour parental qui nous exige d'être présents à côté de notre fille avant l'intervention.

Comment réfléchir quand l'esprit, déjà ravagé par la douleur, est embrumé par ce charabia technico-médical dont nous ne retenons que quelques mots dont « tumeur », « dérivation » et, par-dessus tout résonnant comme en un écho interminable, « urgence ». Il nous faut une aide à la décision. Il nous faut l'avis de quelqu'un qui peut comprendre ce qu'on nous raconte. Seul un médecin peut analyser et décider à notre place.

— On appelle Jean-Louis, il faut qu'on en parle avec lui !

Jean-Louis, l'ami et le médecin de la famille, celui qui avait prescrit toute la batterie des examens possibles. Nous nous rendons compte alors que nous n'avons même pas eu le temps de le prévenir depuis l'annonce de l'après-midi ! Il nous faut son analyse et son assentiment. Dans cette file qui n'avance toujours pas, je demande au docteur Saïd de patienter. Ketty a rapidement compris, elle a déjà pris son propre téléphone et a composé le numéro de Jean-Louis.

Dès lors, il nous faut jongler entre l'empressement de l'un et le besoin d'informations de l'autre, entre le spécialiste dans les starting-blocks et le généraliste désireux de comprendre. Les termes employés nous échappent parfois, et il faut faire répéter l'un et l'autre. Nous aussi, on essaye de comprendre, de capter un mot moins médicalisé par-ci, un qualificatif plus compréhensif ailleurs…

Pendant ce temps, la voiture a avancé de cinq mètres…

La tension se fait palpable, nous hésitons toujours... Nous décidons de laisser les deux professionnels de la santé discuter directement entre eux. Ils s'échangent leurs numéros respectifs. Dans la voiture, aucun mot... Nous ne savons quoi nous dire... Nous subissons totalement les événements...

Un téléphone sonne. Le mien ? Celui de Ketty ? On ne sait plus, peu importe. C'est Jean-Louis. Il a échangé avec son collègue saint-pierrois et nous confirme qu'il faut agir en toute urgence. Pas de temps à perdre, nous appelons aussitôt le docteur Saïd, et lui disons que nous sommes d'accord. Il a le feu vert pour une intervention chirurgicale immédiate...

J'ai envie de hurler... Anne-Laure va soudainement être plongée dans un univers clinique, entourée de personnes totalement inconnues, on va s'attaquer à sa tête, à son cerveau, et nous ne serons même pas là ! Cela fait l'effet d'un choc violent. Notre souffrance en est démultipliée.

Nous avons avancé de dix mètres !

*

C'est froid, un hôpital. Naturellement froid. Sensation de dramaturgie aggravée, en pleine nuit, dans ces longilignes et vides couloirs d'un vert uniforme et infini, où le moindre son résonne, à la lueur de quelques néons fatigués.

C'est glacial... C'est fantomatique... Le silence de la nuit s'ajoute au silence des couloirs désertés et, ensemble, ils pèsent sur les esprits tendus à l'extrême, prêts à se craqueler comme une vitre fragilisée. Mais nous ne ressentons pas la fatigue : certainement le mélange de l'adrénaline et de l'angoisse. Nous avons décidé, Ketty et moi, que nous ne quitterons pas le groupe hospitalier sans avoir vu notre fille. Ce sera tard dans la nuit, ou même au petit matin, peu importe!

Plusieurs heures, déjà, se sont écoulées. Il est minuit ou presque, lorsque nous apercevons enfin l'homme en blouse blanche qui semble être le docteur Saïd. Ses paroles se veulent rassurantes: oui, l'opération s'est bien passée, mais elle a été très lourde. Une précision qui nous semble superflue: vu le temps de notre attente, nous l'avions déjà compris. Inutile de relever, ce dont nous avons besoin en première urgence, ce sont des nouvelles de notre fille. Anne-Laure ne va pas se réveiller tout de suite, elle va être amenée au service «Réa», nous pourrons la voir mais sans lui parler.

Dans son bureau, le docteur Saïd nous abreuve de quelques termes médicaux qui nous échappent forcément. Ce que nous comprenons, c'est qu'une tumeur s'est développée sur le cerveau d'Anne-Laure depuis quelques mois, voire quelques années. En grossissant, elle a appuyé sur la masse spongieuse du cerveau et empêché le bon écoulement du liquide céphalo-rachidien. Lequel a cherché d'autres passages, provoquant les vomissements des derniers mois. L'urgence de l'urgence a été de «poser une dérivation» afin de décongestionner le cerveau d'Anne-Laure et permettre l'écoulement de ce liquide. On n'ose y penser, mais on nous le fait comprendre: la catastrophe était toute proche, notre fille aurait pu mourir!

Pour appuyer ses dires et montrer l'urgence qui prédominait, une image vaut mieux que quelques mots. Le médecin nous montre alors la dernière radio du crâne d'Anne-Laure. Une image terrible… Une photographie à ne pas glisser dans un album de famille. Une mise à nu choquante lorsque l'on distingue cette ombre noire pesante et menaçante, véritable nuage orageux qui vient rompre l'équilibre parfait du cerveau humain… Le chirurgien parle de la « grosseur d'une orange », cela nous effraie. Mais les chiffres sont encore plus impressionnants : 7 centimètres de long, 5 centimètres de large, 5 centimètres d'épaisseur ! La volumineuse tumeur compresse véritablement le cerveau. On est en plein délire. Nul besoin de commentaires.

On comprend aussi que la tumeur est toujours présente ! L'intervention de cette fin de journée a consisté en la seule pose de la dérivation, aucune action n'a été exercée sur la tumeur elle-même… Le docteur Saïd nous le confirme. L'intervention aura lieu dans deux jours. Il faut laisser à Anne-Laure un temps de récupération.

— Je dois vous dire quelque chose d'important, lâche le chirurgien. La tumeur touche des zones sensibles du cerveau, celles de la mémoire et de la motricité. Lors de l'exérèse, nous ne pouvons garantir que ces zones ne puissent être affectées… Il y aura toujours un risque.

La soirée des lamentations n'est pas près de se terminer. D'ailleurs, qui pourra dormir, en cette nuit qui s'achève presque ?

Et nous n'avons toujours pas vu notre fille…

*

C'est le temps des questions. Souvent sans réponse. Elles se bousculent dans nos têtes…

D'où cela peut-il bien venir ? Pourquoi n'avons-nous rien vu venir ? Comment notre fille a-t-elle pu résister à une telle masse dans sa tête ? Depuis combien de temps, d'ailleurs ? Comment va-t-on faire pour le collège (nous sommes au tout début des vacances du mois de mars, la rentrée est dans deux semaines) ? Qui faut-il prévenir ? Devons-nous appeler tel ami, médecin-chef ? Ou tel autre, à la retraite, qui s'est occupé de patients cancéreux ? Comment expliquer la maladie à sa petite sœur ? Et son frère, qui doit bientôt s'envoler pour ses études en Australie, cela ne va-t-il pas le perturber ? Comment pouvons-nous l'aider ? Faut-il dire la situation à ses grands-parents ? Et son stage de danse, il faudra penser à l'annuler !

Et puis n'est-il pas préférable de la transférer dans un établissement parisien ? À cette dernière interrogation, la réponse du docteur Saïd tombe comme un couperet : c'est non, Anne-Laure ne peut prendre un quelconque avion dans son état. Il est impératif que l'opération se passe à La Réunion, elle est d'ailleurs programmée pour le lundi qui suit, on nous l'a dit et répété.

Quant aux explications sur l'origine de la tumeur, il n'y en a pas. La réponse a le mérite d'être claire : nul ne sait ce qui a pu générer une telle excroissance sur le cerveau de notre fille. Il n'y a aucune explication scientifique valable à avancer. Voilà qui nous replonge dans un autre passé douloureux, huit ans auparavant. Autre établissement, autre médecin, même réponse : « Nous n'avons pas d'explications. »

C'est un genou en délicatesse qui avait mené Ketty à passer d'une clinique à une autre clinique, en quête du bon médecin capable d'éradiquer cette tension, persistante depuis un semestre. Le mal a finalement été identifié, mais son origine tient aussi du mystère… Épisode douloureux et difficile : nous avons dû nous rendre en urgence dans un établissement parisien, spécialisé dans les interventions orthopédiques. Nous n'en sommes revenus que six mois après, Ketty gardant des différentes interventions une claudication permanente. Anne-Laure avait alors trois ans, elle avait dû rester avec son frère Jérémy à La Réunion, aux bons soins de ses taties, solidaires dans cette adversité.

Le souvenir de cette épreuve passée pointe naturellement dans nos esprits. Coïncidence ? Destin ? Génétique ? Mauvais sort ? Notre ami Jean-Louis, avec qui nous évoquerons un peu plus tard cette convergence malheureuse, nous assénera : « La malédiction des pharaons, ça n'existe pas ! » Mais comment ne pas se hasarder à y penser, à ce moment de la nuit ?

Bien sûr, nous avons hâte de voir Anne-Laure. Assez de bla-bla démoralisateur ! Mais il nous faut encore attendre, à tourner en rond, dans un sas à l'entrée du service de réanimation. On entend enfin le bruit de roulement du lit-brancard dans le couloir, dans cette nuit qui amplifie le moindre son. Cela ressemble presque à un roulement de tambour, qui entretient le suspense. Le temps de l'installer, le temps pour nous de nous plier aux exigences de l'hygiène sanitaire en nous revêtant de blouses, bonnets et marquises, puis en nous lavant les mains, et nous découvrons enfin Anne-Laure au terme de cette infernale journée…

Allongée sur son lit, complètement inconsciente, la tête enserrée dans un large turban vert, elle laisse découvrir un visage fatigué. Nous n'osons pas la toucher, de peur de briser un peu plus cette poupée fragilisée. Personne, autour de nous, ne parle. Le silence de la nuit enveloppe l'irréaliste scène. Il y a seulement quelques heures, Anne-Laure souriait, s'amusait avec sa console vidéo. Là, devant nous, elle apparaît sans défense, tellement affaiblie. La question que l'on ne veut pas se poser s'impose pourtant : et si l'opération à venir ne se passait pas bien ? Deux mots entendus quelques minutes auparavant remontent soudainement et viennent heurter nos consciences : mémoire, motricité…

*

— Hello, ma chérie, tu peux nous faire un petit coucou avec ta main gauche ?

— Dis-moi, comment s'appelle encore ta copine du collège, celle avec qui tu t'entends le mieux ?

Deux jours après… Le temps de l'opération est venu. Ce lundi matin, tôt, l'équipe du docteur Saïd s'est attaquée à la tumeur. Nous avons patienté, toujours dans le même sas impersonnel et froid du service « réanimation », toute la matinée jusqu'au moment où on nous donne l'autorisation de voir Anne-Laure. Elle est ensommeillée, nous ne pouvons pas nous empêcher de la tester. La motricité. La mémoire… Nous voulons savoir. Nous lui posons nos questions-tests…

Oui, elle nous fait un petit signe de la main.

Non, elle n'arrive pas encore à nous dire le prénom de sa meilleure copine. En fait, elle ne dit rien pour le moment, encore sous le coup de cette nouvelle lourde intervention, la seconde en trois jours ! Mais un peu plus tard, dans la journée, elle arrivera à prononcer « Sa-rah ». Nous voilà rassurés. L'équipe médicale abonde dans le même sens, elle se dit confiante. L'opération s'est bien passée, l'exérèse est complète… Il reste à attendre l'analyse de la tumeur dont les échantillons ont été envoyés dans des laboratoires parisiens. Il s'agit de déterminer sa nature exacte, cerner les évolutions possibles et les circonscrire.

Le turban sur la tête d'Anne-Laure semble avoir doublé de volume, par rapport à la première opération. Son visage paraît alors si petit, mais ses traits respirent une certaine sérénité. Si elle a souffert, elle ne le montre pas. Les jours qui suivent, Anne-Laure regagne progressivement des couleurs. Elle retrouve son sourire, que tout le monde s'accorde à trouver « beau », lorsque son grand frère, sa petite sœur, puis ses taties et cousines adorées viennent lui rendre visite.

*

Deux semaines et quelques jours sont nécessaires avant qu'Anne-Laure puisse mettre les pieds hors du périmètre hospitalier. Elle rentre enfin à la maison. Chez nous. Chez elle, dans sa chambre, avec ses peluches, ses livres, ses dessins. Il y a un air de fête lors de ce retour, mais restons humbles et discrets après cette difficile épreuve… Même les plus proches voisins ne se doutent de rien. À part le bandeau qu'Anne-Laure porte en permanence pour cacher sa cicatrice, le temps que repoussent ses cheveux, rien ne peut laisser deviner les moments terribles qu'elle vient de connaître.

La vie reprend son cours. Plutôt, elle essaye de retrouver un semblant de normalité. Déjà, nous nous doutons bien qu'Anne-Laure ne pourra raisonnablement pas suivre le programme de sa sixième. Elle a pris trois semaines de retard, même si ses amies lui ont gardé des copies des cours. La direction du collège propose un emploi du temps aménagé, le temps qu'elle recouvre ses moyens physiques. La consigne est passée : lorsqu'elle pourra reprendre les cours, elle viendra à son rythme, elle suivra les cours qui lui conviennent, elle sera exemptée d'éducation physique. Fini aussi, d'ailleurs, l'escalade qu'Anne-Laure adorait pratiquer en extrascolaire.

Pour le moment, elle est au statut « repos ». Anne-Laure n'a pas encore repris le chemin du collège. Ce matin, elle émet quand même le souhait de s'y rendre. Elle veut revoir les élèves de sa classe. Non seulement pour leur dire bonjour, mais les remercier pour leur soutien, depuis son retour de l'hôpital. Je l'y accompagne. La classe vient de rentrer en cours de mathématiques, à l'étage du bâtiment principal. Nous y grimpons doucement, au rythme d'Anne-Laure, et alors que la porte de la salle n'est pas encore fermée, elle y entre et se dirige vers son professeur. Alors que tous les élèves se lèvent pour l'accueillir, je tente de dire quelques mots de remerciements, mais ils s'étranglent dans ma gorge. De fait, tout se passe en silence. Les gestes et les regards suffisent.

Anne-Laure fait une bise à son professeur, qui se tourne alors vers les élèves. Ce regard est une invitation adressée à Anne-Laure pour qu'elle aille vers ses amis. Elle comprend aussitôt et va les embrasser les uns après les autres. Je n'ose pas bouger, je perçois quelques reniflements, je distingue quelques petites larmes. Pendant ces quelques minutes, le temps a vraiment suspendu son vol au fil de cette intense communion. Je me retourne vers sa professeure. Elle est en larmes. Nous apprendrons un peu plus tard qu'elle a été longtemps absente de l'établissement, à cause d'une tumeur dont elle est en rémission !

J'arrive enfin à sortir deux petites phrases : « Anne-Laure reviendra bientôt avec vous. Merci encore pour tout... » Je scrute les visages, il y a des sourires juvéniles, si tendres, si vrais, si précieux, qui apportent une bouffée de chaleur à nos cœurs.

De mon côté, je déserte désormais régulièrement mon bureau pour m'installer le plus souvent possible à la maison, et être au plus proche d'Anne-Laure. Ketty n'a pas cette même possibilité, mais rentre dès qu'elle le peut. Tout le monde est aux petits soins avec Anne-Laure, qui reprend peu à peu ses activités extrascolaires, notamment la peinture, discipline artistique qu'elle adore. Et, bientôt, elle se replonge dans ses cours et sa petite vie de collégienne.

Une ambiance particulière s'installe lentement mais sûrement, presque pernicieusement. On ne pense plus à la maladie. On ne veut plus y penser. On a même oublié qu'une analyse est en cours. Non, on nous a bien signifié que l'opération avait été réussie. Plus de tumeur. Traitée. Coupée. Éradiquée ! Inutile de nous poser encore et toujours des questions. Une espèce de douce insouciance s'empare de la maisonnée, d'autant qu'un heureux événement se prépare. Il y a du mariage dans l'air ! Dans quelques jours, notre nièce Fabienne passera par les cases « mairie » et « église » pour officialiser sa relation de longue date avec Alexandre. Le mariage civil se fait dans l'île, la célébration religieuse se fera à l'île Maurice, les deux tourtereaux ayant posé leurs valises professionnelles dans l'île-sœur.

Le processus est réglé comme une horloge suisse : à la mairie du Tampon, dans le sud de l'île, le samedi ; en famille, toujours dans le Sud, le dimanche ; dans l'avion le lundi ; à l'église à Maurice le mercredi ; en costume de fête le mercredi soir ; entre amis le reste de la semaine ; et retour à La Réunion le dimanche suivant.

*

Le week-end qui s'annonce est blanc et joyeux. Et c'est même une « semaine blanche », entièrement consacrée aux différentes étapes du mariage de Fabienne et Alexandre. Pour rejoindre la première escale de ce périple, dans le sud de l'île, toute la maisonnée s'affaire aux préparatifs dès le réveil. Nous avons une nouvelle fois le trajet entre le nord et le sud de l'île à faire, et toujours quelques bouchons à éviter en partant tôt. Jérémy, toujours à son job, se joindra à nous uniquement le lendemain.

Les sacs et valises sont quasiment prêts, ils s'entassent en bas de l'escalier. C'est le moment des ultimes vérifications d'usage… Toutes les portes et fenêtres sont bien fermées, les lumières sont éteintes, et puis, que reste-t-il à mettre en dernière minute dans les bagages ?

Nos filles rivalisent de coquetterie, pour être à la hauteur de l'événement. Alizée fait partie des filles d'honneur, elle porte la robe rose « officielle » de la cérémonie. Anne-Laure s'est mise au diapason, également de rose vêtue. Seul le bandeau doré dans ses cheveux fait la différence. Cet accessoire qui souligne son visage, nous avons fini par nous y habituer, il fait désormais partie de la personnalité d'Anne-Laure. Elles sont encore dans leurs chambres à l'étage, à fouiner dans leurs armoires de jeux et sur leurs étagères de livres, prenant ce qu'elles souhaitent emporter pour ce week-end familial. La sonnerie du téléphone tente alors de se faire entendre dans le brouhaha de ces derniers préparatifs. À coup sûr, ma sœur souhaite vérifier si nous avons déjà pris la route ou sommes en passe de le faire. Pour ce grand jour, elle n'accepterait assurément aucun retard !

— Allô, bonjour…

Non, ce n'est pas Liliane ! C'est une voix masculine, avec un accent qui ne m'est pas inconnu. Il me ramène instantanément quelques semaines en arrière et provoque un frisson interne que je tente d'ignorer. Au ton de mon « Bonjour », tendu comme un arc au moment de décocher la flèche, chevrotant comme si mes cordes vocales étaient passées dans une machine à faire des spaghettis, Ketty comprend que l'appel n'est ni familial, ni anodin, elle se rapproche pour écouter, à l'autre bout du fil… le docteur Saïd.

Il nous annonce avoir enfin reçu les résultats des analyses de la tumeur d'Anne-Laure. Il aura fallu attendre six longues semaines après l'intervention chirurgicale ! Nous l'écoutons, sans mot dire et sans oser exprimer nos pensées instantanées…

— Cela a été long, il a fallu croiser plusieurs analyses pour être sûrs du diagnostic…

Ah, parce qu'il a fallu plusieurs analyses ? Et il y a eu des doutes ?

— Il y a encore des incertitudes sur la nature de la tumeur…

Pas croyable, quand même, après plusieurs analyses !

— Vu sa taille au moment de l'opération, elle est probablement infiltrante…

Infiltrante ? Un qualificatif qui fait accélérer nos battements de cœur et monter la tension…

— Il faut envisager un traitement complémentaire pour être sûr de tout enlever…

Oh non, encore une opération, elle va craquer !…

— On ne sait pas encore s'il s'agira d'une chimiothérapie ou d'une radiothérapie, ou peut-être les deux…

Mais c'est encore pire que ce que nous pouvions penser !

— Cela sera décidé à Paris, à l'Institut Curie. Le service d'oncologie pédiatrique est prévenu, et le docteur Jean vous y attend le plus tôt possible !

!!!!!!

Il nous semble revivre le moment de l'annonce de la découverte de la tumeur d'Anne-Laure à l'hôpital. Peut-être même en plus éprouvant, tant est ample le contraste entre cette nouvelle blessure et l'humeur festive de la maison. L'apprentissage douloureux des mauvaises annonces médicales, vécu au forceps ces dernières semaines, nous a toutefois probablement renforcés. Le moment du silence est vite rompu. Il nous faut réagir promptement. Les filles n'ont rien entendu, et elles ne doivent surtout pas s'inquiéter.

Nous rebondissons sur les dernières paroles du docteur Saïd : le plus tôt possible, c'est quand ? Il explique : il faut un temps administratif pour le transfert et l'enregistrement du dossier à l'Institut Curie, un temps pour la demande de prise en charge du transfert sanitaire par la Sécurité sociale, un temps pour la réservation des billets d'avion. De son côté, il a déjà anticipé et préparé tous les papiers et, dès lundi, les documents peuvent être transmis aux différents interlocuteurs. Dès mardi ou mercredi, nous pouvons être dans l'avion et arriver à Paris le lendemain pour une prise en charge immédiate par l'Institut Curie…

Les maillons s'assemblent dans nos têtes. Il n'existe certes jamais de bon ou mauvais moment pour une telle annonce, mais pouvait-il y avoir pire moment ? L'emploi du temps de cette semaine à venir est comme figé autour des cérémonies du mariage, implique tant de personnes de notre univers familial, génère un climat de douce euphorie, et nous sommes là totalement pris au dépourvu... Dans un chuchotement volontaire, pour ne pas donner de signe quelconque aux filles toujours affairées à leurs ultimes préparatifs, j'explique au docteur Saïd la situation. Le mariage, le départ pour Maurice, le bonheur de la famille, la fête qui se prépare, autant d'éléments qui nous sont désormais extrêmement perturbateurs... Pendant ce temps-là, il nous faudra préparer les dossiers, prévenir nos proches, faire les valises ! Tout semble se complexifier...

Finalement, vu le contexte, et vu le nombre de choses à faire, nous nous accordons sur un délai d'une semaine et fixons ensemble un impératif : Anne-Laure doit être à l'Institut Curie dès le lundi après notre retour de l'île Maurice, soit dans un peu plus d'une semaine. Nous sommes également tous d'accord sur un principe : il ne faut pas gâcher ce moment de joie pour toute la famille, et surtout pour Anne-Laure. Il nous faudra aller chercher la force de faire bonne figure tout ce week-end, d'abord. Ne rien dire, ne rien laisser paraître, ne pas nous laisser submerger. Sourire, malgré tout. Rire, s'il le faut ! Être hypocrite par force, alors que c'est le défaut que je déteste le plus !

Lundi matin viendra le temps de mettre de l'ordre dans nos esprits et dans notre emploi du temps. Juste avant de prendre l'avion dans l'après-midi pour l'île-sœur, où nous devrons continuer à jouer cette amère comédie pendant plusieurs jours.

Anne-Laure et sa sœur redescendent de leurs chambres au moment où nous raccrochons le téléphone. « C'était qui ? », lance Anne-Laure. Nous entamons la scène 1 du nouvel acte de notre tragi-comédie : « C'est tatie Liliane qui veut savoir si nous allons bientôt partir, alors dépêchez-vous !... » Et les filles d'éclater de rire !

*

Faire semblant est parfois un jeu, cela devient ici un exercice compliqué et douloureux : sourire quand on a envie de pleurer, dire « bonjour, oui, ça va… » quand on a envie de crier « non ça ne va pas, quelle injustice ! », se taire quand on a envie de demander du réconfort…

Il nous faut déjà faire front pendant tout ce week-end, samedi passé entre mairie, séance photo et repas champêtre, et dimanche entourés d'invités dans la maison familiale du Sud. Les heures et minutes s'égrènent lentement, très lentement pour Ketty et moi, en totale contradiction avec l'ambiance qui emporte tous nos proches dans un tourbillon de fête et une somme de moments qui leur paraît passer rapidement, trop rapidement. Nous avons conscience de cette distorsion de nos espaces-temps, et espérons ne rien laisser paraître de notre inquiétude. Nous profitons du moindre moment où nous pouvons nous isoler pour mettre au point quelques détails pratiques et essayer d'anticiper sur les contraintes des jours à venir.

Nous décidons d'abord que nous accompagnerons tous les deux Anne-Laure à Paris. Il nous apparaît essentiel, obligatoire même, que ses deux parents soient à ses côtés à l'amorce de ce nouveau passage difficile. L'inverse serait impardonnable ! Ketty ne pourra probablement s'absenter de son poste que le temps restant des vacances scolaires, soit une seule semaine, puis elle rentrera à La Réunion. Mon statut d'indépendant me permet d'être à Paris au côté de ma fille le temps qu'il faudra. J'emmènerai mes dossiers professionnels dans la valise et je saurai travailler à distance. J'arrive à joindre mon collaborateur le plus fidèle et lui explique la situation en lui demandant d'assurer, pendant mon absence à la durée indéfinie pour l'instant, l'encadrement des équipes commerciales et quelques tâches administratives. Dès lundi, il aura une délégation de signature de ma part.

Alizée, elle, sera prise en charge par une de ses tantes chez qui elle résidera. Elle s'entend parfaitement avec ses cousines, et a déjà ses habitudes dans ce grand appartement. De toute façon, Jérémy ne sera jamais très loin, il rejoindra sa petite sœur chaque fois qu'il le pourra. Entre son travail et la préparation de son départ en Australie, il devra s'assumer seul. Après tout, c'est un bon apprentissage pour sa vie future du côté du Pacifique.

Une des questions les plus épineuses est de savoir où nous allons loger. Il y a tellement d'interrogations encore : combien de semaines, ou de mois, devrons-nous rester sur Paris ? Le traitement se fera-t-il en un seul point ou sur plusieurs sites ? Devrons-nous nous déplacer souvent ? Combien de temps cela nous mobilisera-t-il chaque jour ? Nous pensons à une formule appart-hôtel, car nous avons le pressentiment que ce séjour devrait se prolonger. Dans un premier temps, s'il le faut, il doit bien y avoir une « Maison des Parents » à l'Institut Curie qui pourra nous accueillir. Ou un hôtel à proximité. Nous nous rappelons alors l'appel de cet ami très proche de la famille qui, au moment où il venait d'apprendre la découverte de la tumeur d'Anne-Laure, nous avait proposé son appartement à Charenton, non loin de Paris, au cas où… Nous avions été très émus par cette attention, mais, à ce moment-là, avions écarté cette possibilité qui nous paraissait si invraisemblable. Guy nous avait quand même prévenus : « N'hésitez surtout pas… »

C'est un élan du cœur et de générosité qui vous fait voir la vie sous un arc-en-ciel perpétuel, qui vous réconcilie avec tout le bonheur du monde. L'espace d'un instant, nous en oublions presque le contexte cruel qui nous ramène vers notre ami. Guy ne nous dit pas seulement « oui », il nous demande « où est-ce que je dois venir te déposer les clés » ! Il nous explique qu'il va appeler les voisins, « des personnes délicieuses sur qui tu pourras aussi compter ! », afin qu'ils préparent l'appartement. « Tu arrives, tu déposes tes valises, tu ne t'occupes de rien, tu t'occupes avant tout de ta fille », assène-t-il…

Pendant que nos proches et amis font la fête aux nouveaux mariés, nous continuons à agencer les pièces du puzzle. En esquissant toujours un sourire par là pour une photo, par ici pour une petite vidéo. Nous nous doutons que lundi matin sera une rude demi-journée. Non seulement il faudra bien révéler l'information à Anne-Laure, ainsi qu'à son frère et sa petite sœur, mais nous suivrons un circuit tortueux : récupérer le dossier médical d'Anne-Laure à l'hôpital, ainsi que les diverses convocations ; apporter toute cette paperasserie à la caisse générale de Sécurité sociale pour enclencher le transfert sanitaire ; prendre l'attache de l'agence de voyages agréée pour réserver les places d'avion. Sans compter la délégation de signature que je dois remplir pour mon collaborateur. Et il faudra penser prévenir la principale du collège, signer certainement des décharges, des certificats, et autres documents dont raffole l'administration.

*

Ce lundi matin est effectivement exténuant. Ketty se charge de préparer les valises, pour rejoindre Maurice dans un premier temps, mais aussi pour anticiper sur le départ pour Paris. De mon côté, j'enclenche une véritable course entre les bureaux de divers interlocuteurs. Le parcours est bordé d'un stress permanent, alimenté par une fluctuation émotionnelle intense. Allons-nous réussir à tout boucler ? Aurons-nous tous les papiers nécessaires avant de partir pour Maurice ? Nos réservations seront-elles bien prises en compte ? L'accueil chaleureux des uns, la compréhension des autres, la volonté de tous de faire vite et bien agissent comme un stimulant énergétique. J'avale des kilomètres, je démultiplie les allers-retours entre les bureaux et les agences – de voyages pour les conditions du transfert sanitaire ; bancaire pour la délégation de signature –, j'empile les courriers et dossiers à emporter, et tout s'enclenche progressivement.

Le rétroplanning se dessine désormais avec clarté : nous sommes attendus le lundi matin de la semaine suivante à l'Institut Curie dans le service du docteur Jean ; nous serons tous les trois, Ketty, Anne-Laure et moi, sur le vol de la veille, le dimanche soir ; il nous faudra récupérer les justificatifs des transferts sanitaires et les ordres de convocation de l'Institut Curie dans le courant de la semaine. On nous appellera dès que toute la paperasserie sera prête… Ce qui signifie revenir de Maurice en fin de semaine, au plus tard vendredi… Mais voilà : tous les billets « retour », pour l'ensemble de la famille, ont été réservés pour dimanche ! Nous allons devoir les quitter plus tôt, mais, pour le moment, rien ne doit filtrer. Rien ne doit venir perturber le bon déroulement des cérémonies de mariage. Nous ne nous sentons pas le droit de venir allumer un éclair dans le grand ciel bleu familial. Nous saurons nous adapter à la situation !

Les dernières étapes de ce lundi matin sont les plus éprouvantes. Il faut informer le collège. Et il faut prévenir Anne-Laure !

Au moment de pousser la porte du bureau de la principale du collège, je prends une longue inspiration. Pas question de revivre la scène d'il y a quelques semaines, lorsque j'étais venu lui annoncer la découverte de la maladie d'Anne-Laure en sanglotant. Mais rien n'y fait, et c'est toujours entre deux trémolos et hoquets que j'arrive à signifier à la principale qu'Anne-Laure va devoir partir se faire traiter à Paris, et que, à ce moment même, nous ignorons tout de ce qui va se passer. Je compte sur elle pour faire passer l'information aux enseignants et aux ami(e)s de sa classe, je ne m'en sens absolument pas capable. Il faut aussi parler de la scolarité d'Anne-Laure, notre souhait étant que, même à distance, notre fille puisse suivre au moins le programme des matières principales. « Nous vous ferons parvenir des photocopies des cours. Dès que vous aurez une adresse, communiquez-la-nous et nous ferons le nécessaire. Avant tout, qu'elle se soigne bien ! » Un nouveau maillon de la solidarité se met en place !

La maladie ne doit pas freiner l'évolution intellectuelle d'Anne-Laure, d'autant que ses bases sont bonnes et qu'elle est réputée être une bonne élève. Je me souviens même de l'infirmière scolaire qui, après lui avoir fait gribouiller les fameux « monsieur-madame » et l'« arbre » qui servent de tests pédagogiques alors qu'elle était entre la maternelle et le primaire, avait conclu : « Voilà une fille qui est prête pour de grandes études ! » Et nous ne voulons pas la faire mentir !

*

Autour de la table, ce midi, les filles ne tiennent pas en place. Dans quelques heures, nous embarquons pour l'île Maurice. Depuis le Sud, ou depuis le Nord, toute la fratrie a déjà pris l'avion dès le matin même. C'est un hasard « heureux » qui nous a mis sur un des derniers vols de la journée. Cela nous a permis de faire nos démarches de la matinée, en toute discrétion, et cela nous permet aussi d'éviter la grande joie familiale qui nous est si étrange, si décalée, et même très gênante. Pour nous, le moment est venu d'annoncer à Anne-Laure ce que nous cachons depuis maintenant ces deux jours qui nous ont paru une semaine entière ! Nous devons nous libérer de ce poids si lourd, mais quels mots choisir, quelle attitude adopter ?

Depuis la découverte de la tumeur d'Anne-Laure, nous avons demandé aux différents intervenants médicaux de ne pas nous cacher quoi que ce soit, de nous révéler toutes les informations, même les plus difficiles et les plus cruelles. Nous avons demandé la franchise en échange de notre courage ; la vérité, toute la vérité, à charge pour nous de tout assumer. Le docteur Saïd l'avait fort bien compris, et avait accepté notre conception des choses. Cet état d'esprit nous aide aujourd'hui à trouver les bonnes formulations pour Anne-Laure. C'est Ketty qui se lance, elle sait bien que j'ai du mal à évoquer ces choses-là !

« Tu sais, Anne-Laure, ce que tu as eu dans ta tête, cette tumeur, elle n'est peut-être pas entièrement partie… »

Anne-Laure ne bronche pas.

« Il faut prévoir un autre traitement pour l'éliminer complètement. Mais ce traitement, on ne peut pas le faire ici, il faudra partir dans un hôpital à Paris… »

Anne-Laure lève la tête, accroche nos regards, suspend le vol de nos pensées. Non, il ne faut pas qu'elle craque, elle va nous entraîner dans une spirale dépressive. Quelques secondes s'étirent paresseusement, elles semblent tenter de passer dans le goulot trop étranglé d'un vieux sablier encrassé. C'est lent, c'est long, ce silence. Stoïque, Anne-Laure dit enfin quelque chose, d'une petite voix presque enfantine : « Mais comment je vais faire pour le collège ? Et le mariage à Maurice, on n'y va plus ? »

Elle ne parle pas de la tumeur. Elle n'évoque pas le traitement à venir. Elle ne se projette pas dans la vie de l'hôpital. Elle reste ancrée dans la réalité. Elle nous ramène à l'actualité familiale. Devons-nous nous inquiéter de ce détachement inattendu, ou devons-nous nous satisfaire de cette prise de recul plutôt déconcertante ? Nous prenons cette deuxième option, parce qu'elle nous permet d'éviter des complications rhétoriques et des montées d'adrénaline : parler de chimiothérapie à une jeune fille qui déjeune en famille et qui a déjà l'esprit dans l'avion et dans la piscine de l'hôtel, peut-on imaginer le cauchemar que cela représente ? Les quelques explications rapides et nécessaires que nous lui donnons, Anne-Laure les écoute avec la même attention et le même aplomb. Nul doute qu'elle les comprend, mais elle a déjà fait le choix de ne pas se laisser atteindre par ces mauvaises nouvelles. Aucune crispation sur son visage, elle encaisse sans montrer un seul signe de faiblesse. Nous passons même un contrat avec elle : nous promettons de ne rien dire à toute la famille le temps du mariage. À Maurice, elle saura jouer son rôle de cousine émue, aux côtés de sa sœur, magnifique petite « fille d'honneur », et elle ne dira pas un seul mot sur notre départ obligé vers la capitale parisienne à qui que ce soit !

Pourtant, il faudra bien tout lâcher à un moment. Nous venons, ce lundi, de connaître une trêve dans le scénario improvisé de notre dramaturgie. Pendant quelques heures, nous n'avons pas eu besoin de mentir, et nous avons pu respirer, souffler, soupirer, sans devoir nous adapter à notre entourage. Quand il a fallu exploser, je l'ai fait sans modération. Quand il a fallu verser des larmes, j'ai fait grimper le taux d'humidité sans scrupule. Quand il a fallu s'écrouler, je me suis laissé aller sans retenue!

Las, la pause s'arrête bientôt, peut-être trop vite... Dès les valises posées à l'hôtel mauricien, le bouton du stress et de la comédie se repositionne sur « on ». Nous sommes rapidement rattrapés par la vraie vie actuelle, celle qui a pris pour axe de rotation le mariage de Fabienne et Alexandre. Les amis de nos jeunes mariés arrivent de partout, les cousins, cousines, tantes et oncles, demi-frère, petit frère, nièces et neveux rejoignent le clan. Avec mes plus proches, nous nous retrouvons à établir un planning des activités. La cérémonie religieuse a lieu mercredi après-midi, la fête est programmée le soir dans le vaste jardin d'un domaine historique, le jeudi sera consacré au repos en journée et aux anniversaires en soirée. Les hasards du calendrier font que, en cette période, fin avril, début mai, il y a une concentration de dates anniversaire. Le père de Fabienne est Taureau, comme le sont nos deux filles Anne-Laure et Alizée. Ma sœur veut profiter de cette occasion pour fêter les trois anniversaires ensemble.

La journée de vendredi est libérée pour chacun, entre shopping, farniente et activités nautiques. Le soir, on doit à nouveau se retrouver tous, invités chez un oncle de la famille, branche mauricienne. Il faut lui donner le nombre de personnes devant participer à la soirée, alors ma sœur se transforme en comptable des présences effectives.

— Vendredi soir, heu ?... Désolé, mais nous serons rentrés à La Réunion, suis-je obligé d'annoncer...

— Comment ça ? réagit l'autre de mes sœurs. Nous avons tous pris des billets retour pour ce dimanche !

— Je sais, j'ai dû faire changer nos retours, parce que, heu, j'ai une grosse réunion professionnelle vendredi après-midi et je ne peux y échapper.

La machine à broder les mensonges se met en marche, elle tourne à plein régime sous les à-coups de mes sœurs.

— Tu peux rentrer, mais laisse les filles et Ketty avec nous !

— Je le leur ai déjà proposé, mais elles préfèrent rentrer aussi...

— Attends, on va aller leur parler, et leur faire changer d'idée. On peut encore changer la date de retour !

— Non, tu comprends, Anne-Laure se fatigue plus vite avec sa convalescence, et elle a besoin que nous soyons tous ensemble.

— C'est quand même dommage, tu aurais dû repousser ta réunion. Tu ne nous en avais même pas parlé auparavant !

— Ça s'est décidé très vite, lundi matin juste avant de prendre l'avion. Et encore, cette réunion devait avoir lieu mercredi, j'ai dit à mes collaborateurs que c'était carrément impossible ! Je ne voulais pas rater la cérémonie religieuse, quand même...

Il faut croire que mon pouvoir de persuasion reste intact, même dans les situations les plus périlleuses. Ah, si ce pouvoir pouvait extraire tout ce qui reste de la tumeur du cerveau d'Anne-Laure ! Il nous permet juste de vivre sur cette affabulation pendant quelques jours, d'autant plus facilement que les esprits sont vraiment à la fête. Tout le monde a vite oublié le petit accroc que j'ai marqué dans l'emploi du temps familial prévisionnel ! Les intenses préparatifs des festivités font office de somnifères sur nos esprits…

*

Mercredi arrive vite, très vite. L'église est une bâtisse faite de belles pierres de taille à l'ancienne, isolée en plein milieu d'un champ de cannes, perdue dans cette nature verdoyante, mais « sacrément » imposante. Depuis le début de l'après-midi, une noria de véhicules amène depuis les différents hôtels l'ensemble des invités. Sur le vaste perron de l'édifice religieux, Alizée retrouve même une amie de son école réunionnaise. Le sourire d'Anne-Laure est remarqué, elle a toujours son bandeau doré dans les cheveux, ce qui la distingue de toutes les autres jeunes filles de l'assistance. Lorsque Fabienne arrive au bras de son père, Anne-Laure ne perd pas une miette de cet instant magique et plein d'émotions. Elle a le regard qui pétille, comme un pied de nez à la maladie.

Dans cette effervescence, il est de toute façon difficile de ne pas se laisser emporter. J'applaudis, je rigole, Ketty me sourit, Alizée bavarde avec son amie, vivons l'instant présent, laissons nos têtes se vider du noir et se remplir de blanc, couleur obligée de la journée !

Mon téléphone vibre dans ma poche au moment où le prêtre entame une prière avec les témoins des mariés. Je voudrais ne pas répondre, mais je me dis que, dans les circonstances paradoxales que nous vivons, il vaudrait mieux que je sorte de l'église pour récupérer cet appel. Je glisse lentement vers la sortie latérale et me retrouve à la lisière même du champ de cannes à sucre. Là, une grande sérénité se dégage de cette nature qui semble se nourrir de la spiritualité exsudée par la bâtisse toute proche et les prières qui s'en échappent, et je me retrouve seul au monde !

La touche « rappel » du téléphone me met en contact avec le service Transfert sanitaire de la Sécu. La dame au bout du fil souhaite revoir avec moi le protocole du transfert pour être certaine que tout est parfaitement agencé. La convocation de l'Institut Curie est bien arrivée, elle est dans l'enveloppe que nous devrons récupérer à notre retour à La Réunion. Une vérification s'impose auprès de la compagnie aérienne : les deux dossiers, celui du transfert d'Anne-Laure accompagnée d'un parent, moi-même, sous couvert de l'assurance maladie, et celui de Ketty, laquelle ne bénéficie d'aucune prise en charge, ont-ils bien été fondus en une seule réservation ? Nous ne voulons pas risquer d'être séparés dans l'avion.

La responsable du service promet de se renseigner, de sensibiliser au besoin la compagnie et me rappeler aussitôt. Je rentre à nouveau dans l'église, et m'installe tout au fond pour pouvoir sortir à tout moment sans déranger qui que ce soit, et surtout ne pas me faire remarquer. De loin, je vois ma nièce tomber à genoux, touchée par la grâce du moment, devant la statue de la Vierge Marie. Je sais la force symbolique de ce geste pour ce public en grande majorité dévoué au Christ. Je perçois d'ailleurs quelques murmures béats et bienheureux qui montent des rangs. Je ne fais pas partie de ces dévots, je ne suis plus chrétien depuis longtemps, je ne suis guère sensible à cet évangile et cette foi. Qui plus est perdu dans mes pensées et inquiétudes, et même avec cette foule de proches et d'amis sur les bancs de l'église, je me sens toujours bien seul.

Anne-Laure est à côté de sa mère, sur le banc que j'ai déserté il y a quelques minutes. Je l'observe de dos et me demande ce à quoi elle peut penser. J'aimerais être un atome pour pénétrer son esprit, en découvrir les arcanes. Et puis, tant que je serais dans sa tête, me transformer en killer absolu de la tumeur. Donnez-moi un fulguro-poing, un sabre laser, une attaque «fatal-foudre», et je monte à l'assaut! Mon humeur belliqueuse est chahutée par une nouvelle vibration. À nouveau, je me fais tout petit pour sortir de l'église, rejoindre mon champ de cannes et décrocher mon téléphone. On m'informe de l'avancement des démarches, qui suit un rythme pas aussi rapide qu'on pouvait l'espérer. Multiplicité d'intervenants, m'explique-t-on. Je perçois que chacun fait au mieux pour nous aider, en comprenant la délicatesse de la situation.

Il faut plusieurs coups de fil, et autant d'allers-retours entre le banc arrière de l'église et mon petit coin de nature, pour finaliser l'ensemble du déplacement, de l'accueil et des visites médicales à Paris. La responsable du service des transferts sanitaires fait un travail formidable. En notre absence, elle se propose spontanément de regrouper tous les papiers et documents, à charge pour nous de venir récupérer le dossier vendredi avant 15 heures! Lorsque je rentre pour la dernière fois dans l'église, la cérémonie touche à sa fin. Je me dis que je la revivrai plus tard, par procuration, au travers des photos et vidéos qui ne manqueront pas de circuler tant le nombre au mètre carré d'objectifs en tout genre est impressionnant.

Anne-Laure et Alizée se prêtent avec entrain au jeu des prises de vue. En groupe avec les mariés, en groupe avec les filles d'honneur, toutes les deux ensemble ou en solo. Distribution de sourires éclatants, elles nous laissent l'impression d'avoir remisé au tiroir des souvenirs les mauvaises annonces d'il y a quelques jours, et c'est tant mieux. Elles profitent de cette grande soirée de fête, puis, le lendemain, d'une journée d'activités ludiques, pendant que nous nous reposons dans la chambre ou au bord de la piscine de l'hôtel. Nous nous rendons compte que notre retour à La Réunion est déjà pour demain, et que nous allons reprendre l'avion pour Paris deux jours après, en devant nous séparer d'Alizée. Ensuite, c'est un plongeon dans l'inconnu, un gouffre hérissé de points d'interrogation prêt à nous engloutir.

Un point d'interrogation est à lever immédiatement. Il nous faut impérativement, à un moment, rompre le silence du secret qui nous mine face au premier cercle de la famille. Je leur dois maintenant la vérité et la transparence. D'autant que j'ai perçu quelques suspicions, notamment de mes sœurs qui me trouvent un comportement bizarre et me pressent de questions. Est-ce le sixième sens féminin ? Ou alors quelqu'un aurait-il pu dévoiler notre face sombre du moment ?

Le planning de notre escapade mauricienne ne nous autorise plus qu'une fenêtre : la soirée des anniversaires. Elle est programmée dans un hôtel qui n'est pas le nôtre, la famille et les amis étant dispersés sur plusieurs sites. Lorsque le taxi nous dépose devant cet hôtel, ils sont déjà presque tous là, regroupés dans le lobby. J'aperçois mes deux sœurs, de dos, assises sur deux moelleux fauteuils côte à côte. La configuration paraît idéale, je me glisse entre les deux fauteuils, m'accroupis dans cet espace qui semblait m'attendre, m'appuie sur les bras des sièges. Là, je peux parler à mes sœurs sans que les autres, éparpillés devant les vitrines des magasins du lobby ou adossés à la rambarde de la terrasse donnant sur la piscine, m'entendent.

J'avance avec prudence en tâchant de contrôler mes intonations :

— Lili, Liliane, j'ai quelque chose à vous dire…

Je remplis mes poumons d'une grande inspiration, comme si je voulais tout lâcher d'une seule tirade sans prendre le temps de respirer, et je me lance :

— Je vous avais dit qu'on prend l'avion demain pour La Réunion à cause de mon boulot. En fait, on va rentrer mais on va repartir aussitôt pour Paris. Parce que pour Anne-Laure ce n'est malheureusement pas terminé, il y a encore un traitement à suivre, peut-être une chimio. Dès lundi, elle sera hospitalisée à l'Institut Curie. Ketty et moi nous partons avec elle.

Voilà… En quelques secondes, tout a été dit. Je ne sais si c'est moi qui n'ai pas laissé le temps à mes sœurs de dire le moindre mot, d'esquisser la moindre parole, ou si la nouvelle est tellement rude qu'elles sont toutes deux restées sans voix. Peut-être est-ce les deux simultanément ! Elles me regardent, leurs mains se referment sur mes bras, qu'elles tiennent fermement, comme si elles voulaient m'empêcher de tomber en même temps qu'elles ont trouvé quelque chose à quoi se raccrocher pour ne pas défaillir. Dans une semi-inconscience, comme si mon esprit traitait les informations en pointillés, j'arrive à entendre « solidarité », « famille », « courage », « nous sommes là », « prier pour elle », « optimiste », « ça passera »…

Un éclair de lucidité me fait ajouter aussitôt : « Je ne me sens pas capable d'annoncer la nouvelle à Maman. Je vous laisse faire ça pour moi… » En revanche, j'aperçois mon grand frère qui arrive avec femme et enfant. Je le prends aussitôt par le bras et l'emmène dans un recoin du lobby pour lui faire la même annonce. « Je te promets, je passe vous voir à Paris », me lance-t-il.

Trois jours après, nous voici à l'aéroport de Saint-Denis de La Réunion. C'est le moment du départ, il nous faut laisser les flonflons du récent mariage pour entrer dans un tunnel dont on est loin de distinguer le bout. Car l'expérience de Ketty l'a malheureusement déjà démontré : dans ce genre de situations, on sait toujours quand on part, jamais quand on revient.

5 MAI – 16 AOÛT 2008

Le vol de nuit de La Réunion vers Paris est toujours long, et encore plus lorsque l'on n'arrive pas à fermer l'œil, l'esprit encombré de mille questions, incertitudes et doutes. Anne-Laure réussit à somnoler après avoir pianoté sur la console de jeux intégrée à l'écran individuel. Insouciance de la jeunesse ? Ou se protège-t-elle d'un moment qu'elle sait par avance délicat ?

À l'arrivée, dans la brume matinale de la capitale, au petit matin, on ne se sent pourtant guère fatigué. Une adrénaline inconnue jaillit au moment où l'on grimpe dans l'ambulance prévue dans le transfert sanitaire, parce que la situation est inédite et angoissante.

Les deux valises bien calées à l'arrière du mini-van dépêché par l'Institut Curie, nous voici en route vers cet établissement. Sans passer par l'appartement que l'on nous a prêté. Les consignes sont claires : pas de temps à perdre, le docteur Jean souhaite voir Anne-Laure dès que possible.

Pour les insulaires que nous sommes, un matin de mai à Paris sera toujours un matin de plein hiver. Sombre et froid. Cafardeux et triste. L'ambulance se glisse dans l'allée étroite qui mène à la réception de l'Institut Curie, en contrebas de la route, et nous nous sentons opprimés par ces murs qui se resserrent sur le véhicule. De toute façon, tout nous opprime en ce jour !

Nous n'avons pas le temps de nous asseoir à l'accueil général. La dame derrière le comptoir nous est presque familière, avec cet accent reconnaissable, c'est certainement une créole des Antilles. Elle nous oriente aussitôt vers le cinquième étage, et l'ascenseur nous avale tout crus, nous et nos valises. Elle nous a bien dit : « À la sortie de l'ascenseur, droit devant vous, une large porte à pousser. » C'est une porte western à deux battants, au va-et-vient si caractéristique des établissements hospitaliers.

Je pousse la porte. Mon regard se fige alors, et les valises se transforment en béquilles pour soutenir mes bras qui se mettent à trembloter. Dans cette grande salle d'accueil dont le sol est recouvert d'un revêtement vert champêtre façon classe d'école maternelle, des enfants de tous âges s'ébrouent en divers recoins, espaces d'attente, mini-salons de lecture, aires de jeux. Ils sont enfants, jeunes ados, parfois bébés dans les bras de leur mère.

ILS SONT TOUS CHAUVES !

Ou presque…

À côté de moi, Ketty et Anne-Laure découvrent sans voix cet univers déroutant. Je perçois la même hébétude dans leurs yeux. Même notre fréquentation assidue des couloirs d'hôpitaux ces dernières semaines n'a pu nous préparer au choc d'une telle image. Une voix nous souhaite la bienvenue, et nous ramène au temps présent. La secrétaire de service a son bureau juste à droite de l'entrée. Elle nous invite à laisser nos valises et sacs derrière son bureau, « car il y a un peu d'attente ».

Anne-Laure s'est plongée dans les pages d'une bande dessinée glanée sur une des étagères du hall d'accueil. Elle se retrouve dans un univers qu'elle aime, celui des contes, histoires et romans. Si certains parents se plaignent de voir leurs enfants déserter les lieux et les temps de lecture, nous n'en faisons pas partie. Anne-Laure, comme sa petite sœur Alizée, a la passion du livre. Toutes deux ont besoin de leur dose hebdomadaire de pages à dévorer et connaissent les allées des librairies de la capitale dionysienne par cœur. Nous devons même parfois refréner leurs envies de nous faire tout acheter. Je me pose intérieurement et malicieusement la question : « Quand est-ce qu'Anne-Laure va nous demander de l'emmener dans l'une des grandes surfaces culturelles parisiennes qu'elle adore ? » Cela ne saurait tarder, j'en suis certain. À mon avis, dès que nous mettrons les pieds hors de l'Institut…

Cette phase de réflexion fait ressurgir une interrogation qui avait été posée avec insistance par ma grande sœur, elle qui a érigé la protection et la sécurisation de ses enfants en pilier dogmatique. À la question de la genèse de la tumeur, elle a affiché sa conviction établie de longue date : « Ce sont les ondes qui nous entourent ! Ah, ça, j'en suis sûre, c'est le téléphone portable. Je l'ai toujours dit, il ne faut pas donner de téléphone portable aux enfants ! »… Anne-Laure n'en a jamais réclamé, elle ne fait pas partie de ces adolescents que l'on qualifie de « geeks ». Si telle avait pu être la raison, ce serait plutôt son frère Jérémy qui serait en traitement, tant son téléphone lui est scotché à l'oreille.

Je me retrouve ainsi à refaire dans ma tête l'histoire, récente, compliquée, douloureuse, qui nous amène dans ce sas de l'Institut Curie, à Paris, loin de notre maison, de notre famille, de nos amis. Un coup d'œil vers Ketty. Elle a fermé les yeux, elle somnole. Je sais qu'elle ne supporte pas très bien le voyage aérien, elle essaye de récupérer un peu. Sa présence pendant ces premiers jours est cruciale, autant pour Anne-Laure que pour moi.

Mon fil de pensée est interrompu par une interjection. Une dame en blouse blanche est sortie d'un bureau situé au milieu du hall d'attente et se dirige vers nous.

— Vous êtes bien les parents d'Anne-Laure, la jeune fille qui vient d'arriver ? Bonjour, je suis l'assistante sociale de l'Institut Curie. Est-ce qu'on pourrait se voir un instant ? J'ai des informations importantes pour vous.

Nous la suivons dans son bureau, juste à côté. Elle nous explique que son rôle est d'accompagner les jeunes malades et leurs familles, affirme que nous ne devons pas hésiter à l'appeler. Elle nous énumère tout ce que l'administration de la santé peut mettre en place pour nous aider à traverser cette épreuve : prise en charge des transports par taxis certifiés pour venir à l'Institut ; obtention d'une carte d'handicapé et d'une carte de stationnement pour les places réservées aux handicapés ; versement d'une allocation d'éducation de l'enfant handicapé, ainsi que d'une compensation de perte de salaire pour les parents en charge de l'enfant ; mais aussi l'inscription d'Anne-Laure à l'école de l'Institut Curie puisqu'une enseignante est affectée à l'établissement pour suivre la scolarité des enfants. Elle aligne les possibilités, les droits, les devoirs, mais aussi les papiers. Des dossiers entiers remplis de feuilles à remplir et de demandes de documents à fournir. C'est la grande machine administrative qui, à nouveau, se met en branle. Et elle nous fait peur. Si la panoplie que l'on nous présente est aussi large et importante, c'est que la situation est vraiment délicate et difficile. C'est une dure réalité que cette discussion nous fait concrétiser un peu plus. Les aides, finalement, nous bouleversent, nous troublent, nous font baisser les têtes. L'épée de Damoclès se fait un peu plus lourde.

*

Nous rencontrons enfin le docteur Jean, dont nous avons tant entendu parler ces derniers jours. Juste après la discussion avec l'assistante sociale, il vient nous rejoindre et, après avoir tiré Anne-Laure de sa lecture, nous devance dans son cabinet. Un espace sobre dont la simplicité confine à l'ascèse. L'homme qui nous fait face ne serait pas vêtu d'une blouse avec un badge au sigle de l'Institut Curie, personne ne saurait donner une identité à cet endroit parfaitement anonyme, sans même une affiche aux murs.

Quelques cheveux blancs, des petites lunettes rondes sur un visage jovial et doux, l'homme est affable, parle d'une voix posée et chaleureuse, et sait manifestement établir une relation rapide avec les enfants. Anne-Laure se sent d'ailleurs aussitôt en confiance. Elle acquiesce, elle répond, elle sourit même parfois, lorsque le docteur entreprend de refaire un historique qui nous fait, à nous, parents, toujours du mal à entendre. De la découverte de la tumeur à la décision de la faire venir à l'Institut Curie, c'est un espace-temps de six semaines qui nous a paru une éternité. Nous insistons auprès du praticien : nous venons de loin, la situation est complexe, tout cela nous perturbe fortement, et il nous importe qu'Anne-Laure soit traitée rapidement. Nous avons même cru entendre lors d'une discussion avec les équipes médicales à La Réunion que cette thérapie doit être commencée dans les deux mois qui suivent l'intervention afin d'optimiser ses chances de réussite.

Le docteur Jean ne relève pas notre dernière remarque, il décline doctement le calendrier à venir. Nous pensions qu'Anne-Laure allait rapidement commencer son traitement, dès les prochains jours, les prochaines heures même. Pourquoi nous a-t-on demandé de venir directement de l'aéroport à l'Institut ? C'est un leurre, c'est un désenchantement. Nous comprenons très vite qu'il va falloir faire preuve de plus de patience que prévu. Il nous faut d'abord prendre un rendez-vous dans un autre établissement hospitalier pour une nouvelle IRM, indispensable pour jauger de l'évolution après six semaines, puis prendre attache avec la radiothérapeute de l'Institut Curie, et ensuite attendre une réunion de l'ensemble des médecins qui se concerteront pour décider du protocole à suivre. Car on ne sait pas encore, à ce moment de l'analyse du cas d'Anne-Laure, s'il s'agira d'une radiothérapie seule ou d'un mix de radiothérapie et chimiothérapie.

En guise de chute finale, imprévue et assommante, le docteur prévient : « La liste d'attente pour les séances de radiothérapie est plutôt longue ! » Peut-être se rend-il compte du trouble qu'il vient de nous causer, il promet de faire accélérer les rendez-vous. Fin du premier acte à l'Institut Curie, d'où nous repartons quelque peu circonspects et dépités. Que nous disions-nous au moment de prendre l'avion ? Ah oui, on sait toujours quand on part, jamais quand on revient.

Pour le moment, sur les préconisations des équipes médicales et des conseillers de la Sécu, nous avons bloqué un retour de Paris vers La Réunion au début du mois de juillet, estimant à environ deux mois le temps du traitement. Une date repérée sur le calendrier des vacances scolaires de l'académie de La Réunion nous sert de repère. Chez nous, les vacances dites de « l'hiver austral » débutent le 5 juillet, alors rentrons le 5 juillet ! Ceci permettra à Anne-Laure de profiter pleinement de cette période pour une convalescence sereine, passer du temps avec ses proches et ses amis, avant de reprendre en pleine forme la classe de cinquième. C'est le calendrier idéal, notre scénario plus que parfait, dont nous espérons qu'il soit tenu, malgré les alertes en demi-teinte décelées au travers des dires du docteur Jean.

Il est temps désormais pour nous de découvrir l'appartement mis à notre disposition par Guy. Nous voici au sud-est de la capitale, du côté de Charenton. Un taxi nous dépose devant un petit immeuble de charme et d'époque qui respire bon l'authenticité, le rustique et l'histoire. Le calme des alentours apparaît presque irréel, le petit jardinet en rez-de-chaussée donne une allure champêtre au bâtiment, le craquement du vieil escalier en bois qui mène à l'étage est apaisant.

L'espace d'un instant, nous oublions même la raison de notre présence en ces lieux. On s'y sent déjà bien ! Guy nous a prévenus : les voisins ont été avertis, et ils ont même pris le temps d'aérer les pièces, changer les draps, rafraîchir l'atmosphère de l'appartement. C'est bien vrai : le salon à droite de l'entrée et les deux chambres en face ont cette patine particulière du récemment lustré et nettoyé ; dans la cuisine, sur notre gauche, tout est ordonné et prêt à l'usage ; on dirait que nous avons toujours habité là, alors que nous ne faisons que prendre possession des lieux. Il nous tarde de faire connaissance avec Yves et Hélène, les voisins qui ont ainsi prolongé par-delà les océans la gentillesse de notre ami Guy.

L'étape suivante est d'aller découvrir les alentours, car il nous faut prendre nos nouveaux repères. Au fil de notre petite promenade de reconnaissance, nous nous réjouissons des effluves odorants du bon pain de la boulangerie d'à côté, suivi de ceux, plus sucrés, d'une pâtisserie aux vitrines alléchantes, de l'apparition au détour de la rue d'une petite librairie qui va satisfaire notre passion des livres et magazines, ainsi qu'un ensemble d'enseignes de restauration dont le traditionnel « traiteur chinois » et l'immanquable fast-food flanqué de son « M » majuscule. Notre attention est également attirée par l'agitation si caractéristique aux abords d'une surface commerciale dont nous devinons qu'elle deviendra un centre de vie immédiatement pour nous. Pour nos déplacements, nous repérons tout de suite la station de métro, à une centaine de mètres de l'appartement, et l'arrêt du bus juste à côté. Pour compléter la cartographie des commodités, il y a, dans notre pâté de maisons, une quincaillerie, un médecin, un fleuriste, un atelier de couture. Tout ça peut éventuellement servir, qui sait ?

Anne-Laure regarde de ses yeux enchantés tout ce nouvel horizon. Elle a toujours aimé quand ça bouge autour d'elle, elle se laisse emporter par cette situation de découverte qui prend alors le dessus sur la situation médicale. Nous aussi laissons retomber la tension, et au moment de repasser devant la pâtisserie surgit une étincelle. Ou plutôt, le flash d'un bon gâteau avec des bougies dessus ! Les événements nous ont fait oublier la date, ce jour est l'anniversaire d'Anne-Laure !

*

C'était un 5 mai, il y a onze ans de cela. Un jour de double cinq, en tout début de semaine… Dans le calendrier traditionnel chinois, le double cinq est jour de fête. On célèbre le poète Qu Yuan qui, à l'époque des Royaumes combattants, se jette dans un fleuve par désarroi de la politique menée par son souverain, faible et corrompu. La légende dit que les pêcheurs se mirent alors à pagayer énergiquement à partir de leurs longs bateaux, en même temps que les paysans jettent à l'eau des grains de riz. Des initiatives dont l'objectif est d'éloigner les poissons du corps du poète afin de lui garder son intégrité, si importante dans la symbolique de cette culture multimillénaire. Depuis, les Chinois perpétuent cet esprit du don de soi en mangeant, en ce jour du double cinq, des boulettes de riz gluant baptisées *zong zi* et s'adonnent aux courses de bateaux-dragons. Réalité érigée en mythe ou légende rattrapant l'histoire, j'aime raconter la geste de Qu Yuan parce que l'on aura beau chercher, on ne saura jamais identifier un équivalent dans nos temps modernes, interrogeant la valeur philosophique et emblématique d'un tel acte. Non, Qu Yuan n'a pas de contemporain né entre le XXe et le XXIe siècle !

À dire vrai, je triche ! Ce double cinq chinois fait partie d'un calendrier qui mêle les cycles solaires et lunaires, et n'est jamais fixe. Le double cinq chinois se balade entre fin mai et début juin. Il n'est pas réellement le 5 mai du calendrier grégorien. Parce que j'aime le symbolisme généré par cette confusion volontaire, je me permets de passer un petit arrangement avec les calendriers. Il est tellement plaisant de constater cette dualité, comme intégrée aux gènes de la fille qui vient de voir le jour. Car les astrologies se croisent également : Taureau dans la thématique astrale occidentale, Anne-Laure est

Bœuf quand on suit le calendrier chinois. Ce qui a eu, à sa naissance, le don d'amuser un père qui tient alors une rubrique hebdomadaire dans un journal local, intitulée « La question vache » !

Anne-Laure est un vrai mix de cultures. Elle est française, d'origine chinoise, avec même un peu de sang indien par son arrière-grand-mère paternelle. Elle est réunionnaise, tout simplement. Ses copains et amies au jardin d'enfants, puis à la maternelle, s'appellent Ambre, Mathilde, Nina, Clémence ou encore Marine, Amélie et Hugo. Quand on les voit ensemble, ils forment ce bel arc-en-ciel de la diversité culturelle réunionnaise. Anne-Laure s'y épanouit, et se distingue par une attitude plutôt singulière lors de ses premières années. Elle a choisi de remplacer la parole par son sourire désarmant et la douceur de ses gestes. Elle ne dit mot, mais n'est pas pour autant isolée. Elle a créé son univers, mais n'en a pas fermé les frontières. Elle montre sa différence, mais n'est pas ravalée au rang de particularisme. Elle sait subtilement attirer les gens et se faire apprécier de tous, élèves et enseignants. Lorsque, après deux trimestres passés dans sa classe, sa maîtresse de « petite section » l'entend nous causer lors d'une petite fête à l'école, elle s'émerveille : « Enfin, j'entends la voix d'Anne-Laure ! Vous savez, moi qui n'ai que des garçons à la maison, j'aimerais même vous l'enlever pendant quelques jours. Elle est si adorable ! »

On aurait pu craindre qu'elle soit muette, mais non… Puisque nous avions, nous, en famille, la chance d'entendre régulièrement sa douce voix. Alors, timide ? Pas vraiment… Elle participe avec entrain à tous les ateliers de sa classe. On la dit même espiègle, dans ses gestes, dans ses attitudes, dans ses rires. Quelques proches de notre entourage livrent leur interprétation du comportement d'Anne-Laure : « Elle a un tempérament d'artiste », disent-ils. Faut-il croire que cet éclairage n'est pas dénué de bon sens ? Le chemin de l'enfant devenue petite fille, puis jeune fille, est effectivement jalonné des découvertes successives de diverses expressions artistiques qu'elle enchaîne avec une constante et intarissable curiosité. Dès l'âge de quatre ans, elle commence l'apprentissage du piano. Au primaire, elle insiste pour faire partie de la chorale de l'école. La peinture, qu'elle découvre dès l'âge de six ans, devient sa matière artistique favorite, avec laquelle elle partage une nouvelle petite famille, celle des différentes techniques picturales, de l'huile au crayon.

*

Et Anne-Laure danse. Comme de nombreuses autres filles de sa famille, de sa classe, de son entourage, elle s'éclate sur les parquets classiques ou modernes. Il ne faut évidemment pas rater le gala de fin d'année de danse, événement rejoint sur le podium des grands spectacles incontournables de nos progénitures par la représentation de l'école de musique ! Des passages obligés qui permettent de visualiser l'évolution artistique de l'enfant, auxquels les parents se rendent autant par obligation que par fierté.

Cette année-là, oui, nous sommes fiers d'Anne-Laure. Elle a sept ans et participe à Pian'Austral, un concours de piano régional. Sur la grande scène du conservatoire, l'immense piano à queue lui fait l'ombre d'une montagne surnaturelle qui la gomme de notre champ de vision, mais on devine, à la gestuelle de ses bras et mains, ses petits doigts qui gambadent agilement sur les touches. Le jury, juste à côté, a le privilège de tout voir et il retient cette image d'une fusion déroutante et harmonieuse entre un clavier d'adulte et des mains de petite fille. Anne-Laure décroche un premier prix d'excellence inattendu ! Elle est heureuse. Nous aussi…

Quelques mois plus tard, changement de discipline artistique, il faut maintenant penser au gala de danse. Le rendez-vous est coché sur tous les calendriers de la maison. Le début de la semaine est consacré aux répétitions à l'école, le tempo est soutenu. Anne-Laure revient fatiguée, on la comprend, on la fait se coucher de bonne heure. Elle se réveille en meilleure forme, passe une bonne journée et est prête pour la grande répétition générale qui se déroule, non plus au studio de danse, mais au théâtre de Champ-Fleuri, où aura lieu le spectacle le surlendemain. Je l'y dépose, la confie à ses professeurs, lui donne rendez-vous dans deux petites heures, après le filage.

Notre curiosité est plus forte, et Ketty et moi décidons de nous rendre plus tôt que prévu au théâtre afin de voir une partie de la répétition. C'est aussi l'occasion de prendre quelques photos en toute tranquillité, sans être pressé par les autres parents et le public, comme c'est toujours le cas les soirs de gala. Nous arrivons dans la salle et cherchons notre fille du regard, parmi certains parents ayant eu la même idée que nous et quelques enfants ayant terminé leur répétition. Nous retrouvons Anne-Laure affalée sur un fauteuil, encore plus exténuée que la veille. Elle veut rentrer tout de suite à la maison se reposer, afin de se refaire une santé en prévision du gala. Son niveau de forme du moment est proche de la ligne aplatie du zéro, il me faut même la porter tant elle se traîne dans les couloirs du théâtre. Nous arrivons sur le parking, non loin de la voiture lorsqu'elle est prise de nausées. J'ai juste le temps de la remettre sur pied, elle se plie en deux et se met à rejeter tout ce qu'elle a dans le ventre. Pendant trois jours, elle reste alitée. Anne-Laure ne peut participer au gala. Le pédiatre lui prescrit du paracétamol. Elle se rétablit, et la vie reprend son cours...

Aujourd'hui, ce souvenir nous revient soudainement en tête, et vient taper avec force à l'intérieur de nos boîtes crâniennes, comme une punition. Les coups redoublent de violence lorsque Ketty nous rappelle avoir vécu une situation similaire quelques semaines avant l'épisode du gala de danse. L'enseignante de CE2 l'avait appelée pour lui demander de venir récupérer Anne-Laure à son école. Elle ne se sentait pas bien : migraine, vomissements, grande fatigue.

Était-ce déjà cette tumeur ? À l'époque, un médecin que Ketty était allé voir en urgence, avait osé dire qu'Anne-Laure jouait probablement la comédie pour ne pas aller en classe. Une accusation qui nous fait bondir : notre fille adore l'école ! Nous nous en voulons de n'avoir pas réagi à ce moment-là, d'avoir laissé le bonhomme ainsi déblatérer, et nous en accusons maintenant le contrecoup !

*

Nous voici désormais installés du côté de Charenton, à attendre patiemment, ou plutôt impatiemment, les différents rendez-vous programmés et à programmer. Nos téléphones portables ne nous quittent plus d'une semelle. Nous devons être réactifs à la moindre sonnerie, la moindre information. En même temps, nous devons prendre nos marques, apprendre cette nouvelle vie, et profiter de la présence de Ketty qui, dès la fin de cette semaine, doit repartir à La Réunion. Notre insistance auprès du docteur Jean est payante. Il a intégré notre empressement et, en quelques jours, l'IRM est réalisée, et un nouveau rendez-vous est fixé peu après avec l'oncologue pédiatrique de l'Institut Curie.

Cette fois, les mots se font plus précis. La tumeur qui a agressé le cerveau de notre petite fille est un oligodendrogliome, terme asséné comme un borborygme sauvage, aussi barbare que l'énoncé de son nom veut bien laisser l'entendre. Oligodendrogliome, je ne t'aime pas ! Et je te déteste encore plus lorsque le docteur nous dit que ce type de tumeur est particulièrement rare chez l'enfant, il touche essentiellement les adultes de plus de quarante ans. Alors, pourquoi pas moi plutôt que ma fille ! Je veux bien échanger ! M. Oligo s'est certainement trompé de victime dans la maison, il s'est égaré dans les couloirs et est rentré dans la mauvaise chambre, pas possible d'être un aussi mauvais facteur de mauvaise fortune ! Le docteur Jean se veut rassurant, il nous explique que cela se traite et, d'ailleurs, la décision a été prise en « staff » d'appliquer à Anne-Laure une radiothérapie, sans aucune chimio pour le moment. Oui, quelque part, cela nous apaise quelque peu : un traitement moins lourd nous apparaît être synonyme de moins d'infortune. Il nous faut désormais rencontrer le docteur Claire, la radiothérapeute, qui doit nous expliquer en détail le principe et le protocole du traitement.

Au sous-sol de l'Institut Curie, le service de radiothérapie est une véritable ruche, avec ses mini-salons d'accueil, ses chambres médicalisées et des patients de tous âges partout. C'est une réalité que nous ne pouvons comprendre qu'entre ces murs : le cancer ne sait pas choisir, il touche tout le monde sans exclusive, sans privilège, sans discernement. Et toutes ces personnes que nous voyons dans tous les coins et recoins de cette immense salle ne fondent plus qu'une seule famille, que ma petite tête se met à baptiser « la famille Pasdechance ». Le prénom de tous étant immuablement « Injuste » !

Le docteur Claire nous reçoit dans une petite pièce, taillée sur mesure pour recevoir une petite famille comme la nôtre, ni plus, ni moins, comme si tout l'espace de ce service avait été optimisé. Elle nous explique le principe de la radiothérapie : attaquer les cellules cancéreuses qui ont pu rester après l'opération à l'aide de rayons à haute énergie émis par un appareil. Elle se veut rassurante : les techniques modernes permettent de repérer avec précision la zone à traiter, et ainsi choisir le meilleur tracé pour l'irradiation. La dose de radiations à laquelle soumettre les cellules est déterminée avec une même précision scientifique. On sait exactement la quantité exprimée en grays qui doit bombarder la zone affectée. La guerre est maintenant déclarée !

Nous nous inquiétons quand même :

— Comment être sûr que d'autres cellules saines ne seront pas attaquées ou détruites par les rayons ?

— Personne ne peut le garantir, tout est mis en œuvre pour minimiser les effets collatéraux.

— Est-ce que l'irradiation fait mal ?

— Pas du tout, les rayons sont indolores.

— Est-ce qu'elle va perdre ses cheveux ?

— Sur la zone irradiée, certainement, mais cela dépend des personnes.

— À quoi devons-nous nous attendre comme effets secondaires ?

— C'est également variable selon les individus. On pourra observer de la fatigue, des maux de tête, des nausées, et une perte d'appétit. À l'Institut Curie, nous avons une nutritionniste qui viendra vous conseiller sur des compléments alimentaires qui pourront compenser certains manques.

— Est-ce que cela va durer longtemps ?

— Le protocole habituel est de trente séances, à raison de quatre à cinq séances par semaine. Mais nous ne pourrons pas commencer tout de suite, il faut attendre quelques jours, voire quelques semaines, que des places se libèrent. Nous avons beaucoup de patients pour un nombre limité de machines. Cela risque de prendre un peu de temps.

Nouvelle contrariété. Silence pesant. Stock de questions épuisé. Dépit en haute altitude. Colère contenue… Le docteur Claire rompt la pause et le fil de nos pensées.

— Nous pouvons anticiper sur le début du traitement et prendre un peu d'avance. Je vous cale d'ores et déjà un rendez-vous dès demain pour préparer son masque.

L'étonnement se lit sur nos visages, une réaction à laquelle la radiothérapeute est certainement habituée. Elle enchaîne aussitôt sur les explications : le masque est réalisé sur mesure, de façon à englober la tête d'Anne-Laure et, une fois clipsé sur la table de traitement, la maintenir toujours dans la même position afin que les rayons frappent constamment et précisément la zone à traiter. C'est aussi une réponse à nos interrogations précédentes : il faut éviter de toucher des cellules saines, à l'environnement proche de la zone de la tumeur.

J'avoue me représenter très difficilement ce masque, et il me fait déjà peur ! S'il englobe tout le visage d'Anne-Laure, cela signifie que ses sens sont occultés. Verra-t-elle encore quelque chose ? Comment fera-t-elle pour respirer ? J'imagine qu'il sera percé au niveau des narines. Peut-être aussi au niveau des oreilles afin qu'elle puisse entendre ce qu'on lui dit. L'évocation d'un masque maintenant et enserrant un visage entier me fait frissonner, moi qui suis un peu claustrophobe, et j'espère fortement que, dans ce domaine, Anne-Laure n'est pas digne d'être ma fille, et moi d'être son père ! Le moment de vérité sera pour demain !

*

On nous a dit « 9 heures ». Nous revoici donc au sous-sol de l'Institut Curie, à 9 heures pétantes. On nous a indiqué qu'Anne-Laure ne devait rien manger. Elle n'a avalé en tout et pour tout qu'un verre d'eau. Nous sommes des soldats obéissant à la moindre injonction, des moutons décervelés sans résistance, nous respectons tous les protocoles à la lettre. Pas question de fournir le grain de sable qui enrayera notre marche en avant, qui nous fera perdre la moindre petite seconde du temps de lutte contre la maladie.

Aux murs, des affiches explicatives présentent le processus de réalisation du masque. Nous comprenons qu'il s'agit d'une structure alvéolée, à la manière d'une ruche d'abeilles, avec une succession de perforations régulières et proches. Une véritable grille de matière plastique épaisse, thermoformée pour prendre la forme du visage, découpée au niveau des oreilles, et qui permet de voir, d'entendre, de respirer, même de souffler au travers ! Nous voilà quelque peu rassurés.

Deux infirmières ont pris en charge Anne-Laure. On doit d'abord lui injecter une substance dont nous comprenons qu'il s'agit d'un traceur. Il faut laisser à cet élément le temps de se propager dans le corps d'Anne-Laure et plus particulièrement au niveau de la zone tumorale. Hélène, l'élégante et gentille infirmière d'origine africaine, nous raccompagne dans une des salles d'attente. Elle nous fera signe lorsque tout sera prêt pour l'étape suivante, la réalisation du masque.

Les minutes passent. Les dizaines de minutes. Les demi-heures. Nous avons prévu de la lecture, fort heureusement. Anne-Laure a emmené ses mangas, notamment la série *Fruits Basket* qu'elle vient de découvrir. Ketty et moi avons nos magazines. Je me retrouve tout de même à compter les patients qui passent et repassent, comme on compte les moutons quand on essaye de trouver le sommeil. Il est bientôt midi, Anne-Laure se plaint naturellement, elle a faim. Nous avons repéré un distributeur automatique de boissons, sucreries et sandwiches dans le hall du rez-de-chaussée. Je vais procéder à un ravitaillement rapide, et Anne-Laure peut enfin grignoter quelque chose.

Une nouvelle demi-heure déroule son tapis d'ennui sans aucune nouvelle des infirmières. Je me décide à aller leur faire signe, nous rappeler à leur attention, dans leur aquarium, cette grande salle aux baies vitrées si typique des établissements hospitaliers. Sur leurs visages, je lis l'étonnement. J'y décrypte surtout une omission gênante : Anne-Laure a purement et simplement été oubliée ! Elles tentent de se rattraper, m'affirment qu'elles mettent tout en œuvre pour que la salle et le matériel soient rapidement prêts. Je maugrée dans mon coin : mettre Anne-Laure en priorité absolue me semble bien être la moindre des choses.

Nous y sommes maintenant : Hélène fait s'allonger Anne-Laure et l'aide à caler son corps et sa tête. C'est un travail méticuleux. La plaque de plastique est assouplie dans un bain d'eau chaude, puis positionnée sur le visage d'Anne-Laure afin de prendre la forme définitive. Des clips sont placés de part et d'autre, les infirmières affinent manuellement le moulage. Des repères sont fixés sur ce masque, et des points discrètement tatoués sur le pourtour du visage d'Anne-Laure pour assurer la concordance lors des séances de radiothérapie à venir.

Il faut encore garder la position pendant quelques minutes sans manipulation pour que le masque soit finalisé. Les infirmières s'en vont dans leur aquarium lorsque nous voyons le corps d'Anne-Laure secoué de soubresauts, et du liquide expulsé de sa bouche alors qu'elle ne peut pas bouger la tête. Je crie, Hélène se retourne et se précipite vers ma fille. Elle déclipse promptement le masque, Anne-Laure peut se mettre sur le côté, toussoter, terminer de cracher ce qu'elle avait sur l'estomac et reprendre une respiration normale.

Nous sommes blêmes. Métamorphosés en spectres fantomatiques qui ne peuvent lâcher mot, ni esquisser aucun geste. C'est l'incompréhension la plus totale. Ketty trouve la force de dire quelque chose : « Elle a rendu tout ce qu'elle a mangé à midi. » Hélène se retourne vers nous : « Il ne fallait pas lui donner à manger, elle a fait une réaction avec le produit ! » Nous n'osons même pas répondre, alors que dans ma tête je suis en train de pester contre les infirmières : « Personne ne nous a dit quoi que ce soit, et c'est normal qu'elle ait eu faim, cela fait plus de cinq heures qu'elle attend à jeun, vous l'avez oubliée ! »

De l'attente, des oublis, des souffrances, des incompréhensions, du désarroi ? Est-ce le condensé de ce qui nous attend dans les prochaines semaines ? Nous espérons que non, mais ce que nous entendons depuis quelques jours, ce que nous vivons depuis notre arrivée, est parsemé de multiples indices qui font devenir l'ombre du doute de plus en plus enveloppante, elle se gonfle d'une aura presque menaçante.

Nous prenons un taxi pour rentrer à Charenton, vidés de toute énergie, de toute émotion, de toute substance… Nous n'avons qu'une envie, rentrer tout de suite à La Réunion, chez nous.

*

Le jour d'après, nous sommes à l'aéroport. Non, nous ne reprenons pas l'avion dans le sens inverse comme nous le souhaitions si ardemment hier. Hélas ! Seule Ketty, comme prévu dès le départ, rentre à La Réunion. La mésaventure du masque rend la séparation plus difficile. Mais pas seulement…

Depuis hier, nous nous sommes livrés à toutes les simulations possibles sur le calendrier et nous nous heurtons à un mur. Nous n'avons ni l'échelle pour passer par-dessus, ni le marteau-piqueur pour y creuser une lézarde et passer à travers. À partir des éléments recueillis auprès des docteurs Jean et Claire, nous nous sommes lancés dans une estimation du temps de notre séjour forcé à Paris : nous terminons notre première semaine ici ; on nous a dit devoir compter environ deux semaines d'attente, puis six ou sept semaines de traitement, plus une semaine d'impondérables, cela nous amène à neuf ou dix semaines encore. Nous serons alors dans la troisième semaine du mois de juillet, peut-être même fin juillet, en tout cas bien après la date de retour initialement prévue. Toute notre planification s'écroule !

Au moment de nous dire au revoir dans le hall de l'aérogare parisienne, nous prenons conscience de la longue séparation qui va soumettre nos nerfs à rude épreuve. Nous sommes sur le seuil d'un tunnel béant de plus de deux mois et de plus de dix mille kilomètres, espace-temps distendu et angoissant ! Heureusement que le téléphone et Internet vont nous permettre de communiquer souvent. Je me suis déjà équipé d'une nouvelle puce pour mon téléphone mobile et d'une clé 3G pour mon ordinateur portable afin de pouvoir me connecter partout. Je sais que nous allons avoir besoin de causer, beaucoup causer, beaucoup discuter, et certainement prendre des décisions ensemble à distance.

Anne-Laure regarde sa mère s'éloigner entre les guides-files qui l'amènent vers les guichets des formalités policières. Ketty n'arrête pas de se retourner et de nous faire des au revoir de la main. Elle est moins visible lorsqu'elle a franchi la ligne des guichets et s'engouffre dans la file qui serpente avant les postes de contrôle de sécurité. Nous continuons à la suivre du regard. S'il faut se déplacer dans le hall pour mieux la voir, qu'à cela ne tienne. Il nous faut toujours trouver le meilleur point de vue pour tenter de grappiller la moindre seconde de cette relation visuelle, ce lien virtuel et pourtant si fort.

— Tu la vois encore ?

— Si, là-bas dans la file de droite…

— Pas plutôt à côté du monsieur à la chemise jaune ?

— Regarde, elle vient de passer à côté de la pile des paniers !

C'est comme un jeu, façon « Où est Charlie ? », qui éloigne temporairement nos pensées du contexte difficile du départ.

Anne-Laure est devant moi, de dos, elle prend mes mains pour les mettre devant elle. Je la serre contre moi, on se balance ensemble, sur un pied, puis sur l'autre, comme si nous improvisions une petite danse sur place. Nous ne voyons désormais plus Ketty, qui est passée dans l'opaque salle d'embarquement. Mais nous restons là, encore quelques minutes, comme si nous espérions la voir ressortir de la zone arrière et revenir vers nous pour ne pas nous quitter. Mais il faut bien se rendre à l'évidence, et Anne-Laure le comprend. Elle me demande :

— Dis, papa, quand est-ce qu'on reverra maman ?

— Ce ne sera pas avant les prochaines grandes vacances à La Réunion. Elle reviendra avec Alizée.

C'est ce que nous avons désormais prévu, après avoir été mis au pied de ce mur calendaire et intégré le délai supplémentaire que nous impose la longueur du traitement d'Anne-Laure. Si Anne-Laure ne pourra pas rentrer pour les vacances scolaires réunionnaises, alors ce sont Ketty et Alizée qui nous rejoindront pour les vacances. Et même Jérémy, s'il peut prendre quelques jours de congés. Nous inversons le déroulement initial, nous nous adaptons à la situation. Pourvu qu'Anne-Laure se sente bien, surtout lorsqu'elle arrivera à la fin d'un traitement dont nous soupçonnons déjà les conséquences en termes de fatigue nerveuse et physique. Et, dans ces conditions, rien ne vaut la présence des gens que nous aimons. Déjà, au bout de cette première semaine éprouvante, sa petite sœur manque à Anne-Laure. Leurs joies communes, mais aussi leurs engueulades de jeunes sœurs sont déjà des souvenirs !

Pour le moment, nous sommes à deux mois de ces retrouvailles, et nous sommes perdus dans ce vaste hall de départ. Anne-Laure est peut-être triste, mais elle ne le montre pas. Comme elle le faisait pendant sa petite enfance, elle intériorise toujours si joliment, derrière une fraîcheur expressive et un sourire désarmant. Nous gambadons, plus que nous ne marchons, main dans la main. Nous décidons, avant de monter dans un train ou un taxi, de dîner « cool », comme dit Anne-Laure, et d'aller au fast-food de l'aéroport en prenant tout notre temps. Ou, plutôt, c'est elle qui décide ! Elle mène à sa façon notre chemin, et je me surprends à me laisser guider par ma fille. Anne-Laure prend les rênes, elle réussit à mettre de la légèreté dans nos vies devenues confuses et compliquées. Ce voile de la légèreté est en fait un drapé de force tranquille et protecteur qu'elle est en train de tisser tout autour de nous… Mais qui est l'enfant, qui est le père ?

*

Nous avons maintenant une voiture pour nous déplacer. Et un GPS pour nous guider !

C'est mon ami Gaston qui m'a appelé depuis La Réunion. Une réelle surprise de l'entendre au bout du fil. Nous avons plutôt l'habitude de nous croiser dans certaines réunions associatives, et il m'est arrivé d'aller visiter une fois son usine dans le sud de l'île, une belle réussite entièrement réalisée de ses mains, à partir de presque rien. C'est un homme admirable qui a le sens de l'honneur, de la famille et du travail. Et, je le découvre maintenant, un sens de la solidarité et un cœur énormes.

Gaston m'explique que sa fille a terminé ses études, qu'elle vient de rentrer à La Réunion, et qu'elle a laissé sa voiture à Paris. Celle-ci est sur un parking à ciel ouvert, devant l'appartement d'un cousin qui n'a pas le permis. Alors, la voiture est disponible, si je le souhaite. Elle est même couverte par une assurance tous risques jusqu'à la fin de l'année ! Je ne sais quoi dire, j'hésite, Gaston insiste, Anne-Laure me regarde, elle a tout compris de la conversation et me fait des yeux rieurs et même aguicheurs ! Bon, j'ai capté le message, alors je dis oui, et grand merci ! Et me voilà au volant d'une petite voiture de marque japonaise, toute mignonne, rouge écarlate, dans la folle circulation parisienne.

Notre première visite avec notre nouvelle compagne de route est pour Sophie, la cousine d'Anne-Laure, qui poursuit ses études supérieures dans la capitale. Elle est un de nos points de repère essentiels depuis notre arrivée à Paris, une des personnes sur qui nous pouvons nous appuyer et compter. Anne-Laure l'adore et elle tient absolument à lui montrer en priorité « notre » voiture. Nous la rejoignons devant son appartement pour faire un petit tour ensemble et découvrir son quartier. Sophie sort de son immeuble avec un petit boîtier dans les mains.

— C'est le GPS de papa et maman, ils l'utilisent quand ils sont à Paris. Moi je n'ai pas de voiture, autant qu'il vous serve à vous.

Nous voilà parfaitement équipés pour nos futurs déplacements.

Nous avons conscience de cette enfilade d'événements inattendus qui forme, avec une déconcertante logique, la grande chaîne de solidarité que nous n'aurions jamais pu rêver ni espérer. Nous discernons avec encore plus d'acuité ces bonnes fortunes lorsque nous déambulons dans les couloirs de l'Institut Curie et croisons d'autres enfants, d'autres histoires, d'autres complications.

Il y a Jeanne. Une jeune fille de huit ans au visage poupin et charmant, dont un rare sourire vient parfois éclairer le regard triste et fatigué. Elle vient de Guyane mais ses parents n'ont pu rester avec elle. Ils n'ont pas les moyens de quitter leur territoire lointain et leurs postes de travail, ni physiquement, ni financièrement. Ce que l'on appelle couramment et correctement des « obligations professionnelles » les retiennent loin, très loin de leur fille dont ils n'ont de nouvelles que par téléphone. Depuis plus de quatre mois déjà, Jeanne vit un véritable exil en compagnie de sa grand-mère, qui a quitté la terre guyanaise pour s'installer avec sa petite-fille dans la proche Maison des Parents, dépendance de l'Institut Curie.

Il y a Raoul. C'est encore un bébé, il est né il y a six mois avec une tumeur au poumon, détectée dès ses premiers jours. Depuis, il n'a connu que les murs de l'Institut, avec sa jeune maman qui réside chez un membre de la famille dans une banlieue lointaine. Tous les jours, ils doivent faire plus de deux heures de RER pour arriver à l'Institut. Son père vient régulièrement d'Avignon leur rendre visite.

Et puis il y a Laetitia. Un matin, Anne-Laure et moi la voyons pousser la porte western du hall d'accueil, suivie de sa mère. Nous nous regardons longuement. Mais oui, nous nous connaissons ! Lorsque Anne-Laure était dans le service des soins intensifs du groupe hospitalier de Saint-Pierre, après l'intervention chirurgicale sur la tumeur, Laetitia était sa plus proche voisine. Dans la chambre d'à côté, nous voyions parfois sa mère, Monique, et son père, autour du lit de Laetitia. On se croisait, on se disait bonjour, au revoir, poliment, presque avec gêne, sans trop lever la voix de peur de déranger nos filles, et avec une grande pudeur, en évitant toute intrusion dans l'intimité de ces maladies terribles pour nos enfants.

Là, éloignés de nos bases familiales par un continent et deux océans, la parole se libère et la conversation se fait plus facile. Là, nous sommes des compatriotes d'infortune et de cœur qui recréons un peu de notre univers en mutualisant nos codes culturels. Là, c'est un soutien que nous trouvons dans le partage de nos expériences et nos douleurs. Monique et Laetitia sont à Paris depuis près d'un mois, elles ont trouvé refuge chez un cousin qui vit en banlieue parisienne. Très rapidement après l'intervention chirurgicale à La Réunion, en tout cas beaucoup plus rapidement que dans le cas d'Anne-Laure, la petite fille de sept ans et sa mère ont été accueillies à l'Institut Curie.

Laetitia a déjà entamé son cycle de radiothérapie, afin d'en finir avec sa tumeur, proche de la colonne vertébrale. Sa mère nous raconte l'attente, celle que nous vivons en ce moment, et cela ne nous rassure toujours pas. On nous a parlé de deux semaines, Monique évoque plutôt entre trois et quatre longues semaines ! Nous sommes aussi très curieux de connaître les réactions de sa fille au traitement, et sommes des demandeurs gourmands de conseils et d'exemples. A-t-elle perdu ses cheveux ? Il suffit de regarder le turban que

Laetitia a noué sur sa tête, même si c'est plutôt par coquetterie selon sa mère.

Est-elle fatiguée? Est-elle perturbée? On comprend à la moue de Monique que la situation n'est guère brillante. A-t-elle perdu l'appétit? Monique nous montre le sac qu'elle trimballe sur son épaule, elle me conseille de faire pareil lorsque le traitement commencera. Son sac contient des petits bocaux et des petites bouteilles de compléments alimentaires, prescrits par la nutritionniste après les premières séances de rayons. Et les vomissements? La réponse est dans le même sac, qui contient aussi des vêtements de rechange pour Laetitia. Il faut tout prévoir, laisse tomber Monique.

En rentrant ce soir-là, je vois Anne-Laure ouvrir les placards et fureter à la recherche de je ne sais quoi. Devant mon air interrogatif, elle me regarde et m'annonce qu'il lui faut une petite cuvette. « Je veux la mettre à côté de moi, je ne veux pas salir le parquet de Guy ! »

*

Les deux semaines d'attente annoncées sont désormais en date limite de péremption. Depuis le départ de Ketty, nous nous rendons tous les jours à l'Institut Curie. Chaque matin, Anne-Laure y suit les cours de l'école intégrée à l'établissement, sous la direction de Bénédicte. La professeure s'est mise en relation avec le collège de La Réunion pour assurer un suivi pédagogique cohérent avec l'évolution de sa classe. Il s'agit de faire comme si elle y était vraiment afin qu'à son retour elle puisse reprendre son cursus sans souffrir de trop de retard. Anne-Laure est la seule du niveau de sixième à l'hôpital, elle a la salle de cours et Bénédicte pour elle et seulement elle, cela lui donne l'impression d'être dans une école privée !

Pour les enfants malades, l'établissement met en place des activités quotidiennes, en complément des cours scolaires. Anne-Laure se retrouve, parfois avec Jeanne et Laetitia, à confectionner des gâteaux, à participer à des jeux de société, à faire de la musique et à chanter avec des clowns. Et, surtout, il y a l'atelier de peinture, qu'elle adore. Avec l'animatrice Élodie, elle retrouve les pinceaux et les couleurs qui lui sont familiers depuis l'âge de six ans, désormais compagnons d'une évasion mentale bienvenue dans le déroulé triste et lent de nos journées.

Car les jours passent, passent, et repassent, et nous n'avons toujours aucune nouvelle. Être tous les jours à l'Institut Curie, c'est aussi un moyen pour nous de continuer à nous faire voir, à croiser volontairement et lourdement le regard des médecins, passer une tête par l'entrebâillement de leurs cabinets, pour nous rappeler constamment à leur souvenir, leur mettre la pression et enfin pouvoir commencer cette radiothérapie. On nous demande de patienter, toujours et encore, on nous annonce de nouvelles dates de début de traitement, mais la frontière de l'explosion n'est pas loin.

Anne-Laure intériorise, comme lorsqu'elle était en maternelle. Elle trouve le temps long, ne le dit pas, l'exprime par des petites moues boudeuses. Les aiguilles font toujours la même course des heures, mais un malheureux lutin retient le ressort, le dérègle, et ralentit ostensiblement le cycle naturel du temps qui passe. Nos petites promenades dans les rues et les jardins de Paris se font de plus en plus rares, nos séquences « shopping » sont espacées à l'élastique. Anne-Laure ne montre plus aucune envie de sortir de l'appartement, si ce n'est pour faire l'aller-retour vers l'Institut Curie pour y suivre ses cours et ses ateliers. Même les quelques spectacles pour enfants repérés dans les journaux de la capitale ne l'intéressent plus, alors que nous avons tenu jusqu'à présent une bonne moyenne de deux ou trois sorties hebdomadaires, à la découverte de petites salles parfois perdues mais foisonnantes d'expressivité et de créativité culturelles. Je me rappelle encore toutes ces versions de contes du genre *Blanche-Neige*, mises à toutes les sauces, parodiques, en comédie musicale, même en version disco ! Anne-Laure y trouvait son bonheur, mais la longue litanie de l'attente a eu raison de cette quête d'évasion.

De son côté, malgré les kilomètres de séparation, Ketty a parfaitement jaugé la montée de la soupape de sécurité et compris que la bouilloire allait bientôt imploser et dynamiter le cours de notre long fleuve pas tranquille. Elle nous annonce revenir à Paris très bientôt, dès la fin de ce premier mois qui nous semble déjà si interminable ! Entre jours de vacances à prendre, journées de récupération à compenser, jonglage avec les jours fériés et les week-ends, ce sont deux semaines complètes qu'elle a réussi à libérer de son calendrier de travail pour nous rejoindre. Anne-Laure ne cache pas sa joie, elle se replonge dans les programmations des salles de spectacle, se renseigne sur les nouveaux films au cinéma, elle note quelques restaurants que sa maman devrait apprécier, nous réservons une soirée avec nos voisins, mais avant tout j'insiste pour que nous revoyions tous ensemble toutes les instances de l'Institut Curie, l'oncologue pédiatrique, la radiothérapeute, l'assistante sociale, la professeure.

Notre objectif, et notre envie, est que Ketty puisse assister au moins à la première séance de radiothérapie d'Anne-Laure. Elle serait si contente si sa mère pouvait être à ses côtés pour ce moment que l'on devine extrêmement perturbateur, comme un nouveau saut vers l'inconnu, comme un chapitre à écrire mais dont on ne sait pas avec quel stylo, ni sur quel papier on va le faire, et même pas la langue dans laquelle s'exprimer, puisque tout cet univers paraît étranger, lointain, froid ! Et, moi, je serais certainement plus rassuré, à deux on est naturellement plus fort dans ce genre d'épreuve.

Las, les deux semaines passent, et rien ne se produit… L'histoire se répète, bégaye et hoquette en nous laissant des boules de désespoir dans la gorge. Cela devient même le jeu du chat et de la souris avec les praticiens, qui nous évitent presque, désormais. Tenaces, nous obtenons enfin une date, mais uniquement pour la « séance zéro », une séance test pour la vérification du masque et le positionnement de la table pour optimiser le parcours des rayons. Mais voilà : le rendez-vous est fixé trois jours après le départ de Ketty. À l'école de la patience, nous sommes finalement devenus de bons élèves, nous acceptons sans broncher ce nouveau délai qui se rallonge en nous disant qu'enfin le traitement va débuter !

À l'heure du second départ de Ketty, nous rejouons la scène d'il y a quelques semaines. Dans le hall de l'aéroport, Anne-Laure se blottit à nouveau dans mes bras en regardant sa mère s'éloigner. On s'échange de multiples petits signes, on ne veut pas se quitter du regard. C'est la même émotion que nous percevons tous, mais elle est encore plus poignante. Cette fois, Anne-Laure ne me demande pas quand on va revoir sa mère, elle laisse simplement couler quelques larmes qui viennent perler sur les manches de ma chemise. Je m'écroule intérieurement, je m'accroche pour rester debout. Je maudis plus que jamais cette satanée tumeur!

*

Où en sommes-nous, de notre Himalaya? Il y a toujours un amoncellement de nuages à proximité de son sommet, qui perturbe violemment notre bonne visibilité sur le chemin restant à parcourir. En avons-nous atteint le milieu, nous traînons-nous dans la première moitié du parcours, où allons-nous bientôt débouler vers la dernière montée? La séance test tant attendue apparaît déjà comme une étape de récupération, comme un gîte de montagne que l'on vient placer sur le parcours d'un GR «trois étoiles». Anne-Laure et moi marchons d'un pas ferme et motivé dans le hall d'accueil de l'Institut Curie: nous passons enfin à l'action! Finies les attentes stériles, nous voilà maintenant sur le fil de l'objectif. Nous sommes pressés et curieux de découvrir ces salles répondant à des appellations qui résonnent comme des noms de code: Clinac 1, Clinac 2, Clinac 3, et également le fameux appareil à rayons qui va guérir ma fille.

Nous patientons quelques instants devant Clinac 2, lorsque surgit de la salle une infirmière que nous reconnaissons instantanément. C'est Hélène, celle qui officiait lors de la séance mémorable de la réalisation du masque, épisode encore cruellement ancré dans nos esprits. Son sourire est communicatif, il a la douceur et la chaleur des pays ensoleillés d'Afrique, il nous aide à penser autrement cette séquence. Anne-Laure lui rend son sourire, elle aussi positive cet instant. Hélène tend alors ses mains qu'elle avait dans le dos et lui présente une peluche, un petit chat orangé qui ne m'évoque strictement rien mais qui fait réagir aussitôt Anne-Laure :

— C'est Kyô, mais qu'il est mignon !

— Il est pour toi, lui dit Hélène. J'ai vu la fois dernière que tu lisais *Fruits Basket,* j'aime bien ce manga aussi. Il y a eu Japan Expo récemment et, quand j'ai trouvé Kyô sur un stand, j'ai aussitôt pensé à toi et je n'ai pas résisté. Voilà, garde-le avec toi, c'est mon cadeau qui te portera bonheur pendant ton traitement. J'attendais de te voir avec impatience…

Je comprends soudainement, et le souvenir des illustrations en couverture des *Fruits Basket* d'Anne-Laure me permet de ne pas être trop étranger – trop largué ! – à la scène qui se déroule là. Kyô est ce petit chat qui fait partie des personnages principaux de la série qu'elle est en train de dévorer, volume après volume !

Un petit moment de bonheur partagé qui détend l'atmosphère, avant de faire monter Anne-Laure sur la table. On lui clipse le masque – le fameux masque ! – qui maintient sa tête, on positionne la table en regard du générateur de rayons, on prend les repères que l'on marque une nouvelle fois discrètement en bordure de la chevelure, on peaufine la mise en situation pour optimiser le confort de la jeune fille. Dans un petit coin, j'observe cette agitation autour d'Anne-Laure, prisonnière de son masque, dont le moindre tremblement de la main, le moindre tressautement de la jambe me fait frissonner. L'équipe se met dans la posture d'une séquence normale, nous explique chaque geste pour les séances réelles à venir. Une fois Anne-Laure installée sur la table, elle doit rester seule dans la salle, chaque phase de radiations devant durer un peu moins d'une dizaine de minutes. On m'explique que je pourrai tout voir et tout suivre à partir de la cabine des infirmiers, à chaque fois que je le souhaiterai. Pour moi, cela signifie « toutes les fois » !

Les infirmières déclipsent le masque et libèrent Anne-Laure de la table. Elles s'enquièrent de son positionnement et sa stabilité sur l'appareil, veulent savoir si elle se sent à l'aise. Le bilan de la jeune fille est pleinement positif, elle oppose son seul sourire à toutes les questions. Elle est encore plus ravie lorsque Hélène lui annonce qu'elle pourra apporter un disque avec ses musiques préférées, on les lui passera sur le réseau sonore de la salle pendant sa séance de radiothérapie.

Aussitôt sortis de l'Institut, nous fonçons vers la Fnac. Anne-Laure fait ses courses musicales avec attention, et choisit une série de CD « Pour les petites oreilles » qui fait découvrir de manière didactique, à travers une sélection de morceaux accompagnés de brèves introductions explicatives, les grands genres musicaux : ballet classique, grands airs d'opéra, jazz et blues, musiques du monde. Elle rajoute la bande originale de la comédie musicale *Le Roi Lion*, que nous avons eu l'occasion de voir avec sa mère et que nous avons particulièrement aimée. La perspective du début du traitement l'a véritablement revigorée : Anne-Laure retrouve sa fringale de lecture et fait une razzia sur les mangas et les bouquins du rayon Jeunesse. Elle est désormais prête pour sa radiothérapie, psychologiquement armée, physiquement requinquée, intellectuellement blindée.

Finalement, peut-être que cette longue attente a permis de créer une carapace vis-à-vis des événements et même réduit la crainte des effets du traitement. Parce que, maintenant, ce qui compte avant tout c'est qu'on le commence, ce fichu traitement ! Dans ma tête, un décompte implacable met en place ses rouages : nous sommes à Paris depuis déjà sept semaines, alors que dans nos estimations les plus pessimistes nous pensions qu'au bout de trois semaines le top départ de la radiothérapie aurait été donné. Bref, on s'est pris un mois en plein dans la figure du déroulé de notre planification ! Il faudra revoir toutes nos prévisions…

*

Mais la machine est lancée et c'est bien là l'essentiel. Nous ne nous égarons plus dans d'improbables calculs calendaires comme il y a quelques semaines. Pour le moment, ce qui importe, c'est de retrouver l'équipe de Clinac dès le surlendemain pour la première vraie séance. Plus de simulation cette fois, les rayons commencent enfin leur œuvre. Lorsqu'on la déclipse de la table, Anne-Laure dit ne ressentir ni gêne, ni fatigue, les rayons sont passés sans tapage aucun, ni salut, ni au revoir ! Ma petite Chinoise chantonne même, elle a encore dans les oreilles les mesures de la *Sonate pour violon et piano* de Mozart et du prélude du *Carmen* de Bizet qu'elle a écoutées pendant sa séance. Nous sommes surtout heureux de ce nouveau départ dans le déroulé de notre existence parisienne. C'est une renaissance !

Plus que jamais, l'Institut Curie devient notre centre de vie. Anne-Laure y suit ses cours avec Bénédicte, et on lui a même trouvé un professeur de musique qui vient une fois par semaine jouer avec elle sur le piano du hall d'accueil. Elle a également repris l'apprentissage du chinois, non seulement avec une enseignante identifiée par Bénédicte dans ses réseaux, mais aussi avec celle qui a été son premier professeur de chinois à La Réunion.

Désormais à la retraite, Suzy vient régulièrement à Paris et a réussi à entrer contact avec nous. Nous lui découvrons une grande affection pour Anne-Laure à qui elle propose de lui faire réviser son chinois, mais aussi de l'amener en promenade, au cinéma, au restaurant.

Avec Élodie, Anne-Laure multiplie les ateliers de peinture avec fierté, car elle est inscrite pour participer à une grande exposition collégiale et internationale, Making A Mark. Elle réalise un tableau intitulé *Branche d'oranger* qui ira rejoindre au Texas plus de deux cents œuvres d'enfants du monde entier, tous atteints d'un cancer. Et maintenant, chaque après-midi, nous nous rendons du côté des Clinac pour sa séance de rayons.

Ce bel agencement est perturbé une première fois, dès cette semaine de début du traitement. Nous allons au rendez-vous de la séance 4 – oui, parce que nous numérotons chaque séance! –, et l'attente nous semble bien plus longue que les jours précédents. Personne n'entre, personne ne sort de Clinac 2… Mais nous avons appris à être patients. Lorsqu'une infirmière sort enfin de la salle de traitement, Anne-Laure saute de son siège, prête à rentrer. Mais voilà, on nous l'annonce: Clinac 2 est en panne, l'équipe technique travaille sur l'appareil, et on doit surseoir au traitement, il n'y a pas de solution de remplacement, les autres salles Clinac affichant complet! La cerise sur le gâteau, c'est que personne ne peut nous assurer que l'appareil puisse fonctionner le lendemain. « On vous téléphonera dès que tout est remis en ordre… »

Le lendemain, pas d'appel, alors qu'arrive le week-end. Bilan de la première semaine de traitement: trois séances effectives sur cinq programmées. Mon esprit mathématique commence à aligner l'équation du nouveau temps estimé du traitement, initialement programmé en trente séances, en fonction des incidents attendus, des jours de congés qui se profilent, et tenant compte des bilans d'étape évoqués avec les médecins, et se disant même que la montée en température vers l'été qui approche va peut-être dévier la trajectoire des rayons, et que la fête de la musique prochaine va les entraîner dans un rythme qu'il faudra corriger, et… Non, voilà que je commence à délirer ! Je chasse de ma petite tête ces pensées perturbantes et je m'attache à sourire à Anne-Laure. Il nous faut faire front et garder le moral. Il faut aussi se rendre à l'évidence : dans cette situation, on ne s'appartient plus, le temps ne nous appartient plus, nous devenons esclaves d'un temps médicalisé.

*

Le traitement reprend après trois journées d'interruption. Dès le lendemain, je guette les réactions de son petit corps à ces salves de rayons. Quelques cheveux commencent à tomber, cela reste imperceptible, nous le remarquons juste parce qu'ils traînent sur le lit. L'effet premier est la fatigue. Pas que pour Anne-Laure, d'ailleurs… Il m'arrive de m'écrouler parfois, aussitôt rentré à l'appartement, provoquant la gentille moquerie d'Anne-Laure : « Mais c'est moi qui fais le traitement, pas toi ! »

Désormais, l'essentiel de nos heures se déroule au sein de l'Institut. Nous suivons un apprentissage nouveau de la vie, où nous sommes quotidiennement confrontés à la maladie et aux malades. Est-il possible de s'habituer à cette proximité avec le mal qui touche les plus fragiles d'entre nous, les enfants, nos enfants ? Des images fortes et douloureuses s'imprègnent dans ma mémoire. Pourrais-je un jour oublier ce petit garçon, tout juste quatre ou cinq ans au plus, se promenant avec hésitation et difficulté dans le couloir de l'Institut Curie, poussant à côté de lui le bras vertical sur roulettes, portant sa perfusion branchée et faisant cinq fois sa taille ! Mon regard ne voit d'abord qu'un porte-perfusion qui se déplace comme un fantôme, avant d'aller vers le bas et de distinguer ce petit bonhomme, évidemment chauve, qui lui sert de moteur ! Je frémis, je sais que j'y penserai longtemps !

Regarder… Observer… Guetter… Je me surprends à être bien plus attentif à tout ce qui se passe autour de moi. À l'Institut, je dévisage les uns et les autres. À l'extérieur, je prends le temps de détailler les paysages. Dans la rue, je scrute le moindre geste, le moindre rassemblement, la moindre agitation. Avec une curiosité inédite. J'avais oublié ce que veut dire prendre le temps de voir. Prendre le temps, tout simplement. Pourquoi a-t-il fallu attendre ce contexte difficile pour retrouver cette sensation ? Je me crée même des histoires dans ma tête. Tiens, le jeune là-bas en train de croquer sur sa feuille à dessin l'homme assis sur un banc à quelques mètres. Et si cet homme était un malfrat dont, sans le savoir, il était en train de faire un portrait-robot qui lui vaudra demain d'être coursé tant par les complices du bandit que par les forces de l'ordre ? Et ce jeune dandy qui a l'air de parler à lui-même, sans personne pour l'entendre, ne serait-il pas en train de bavarder avec un fantôme ? Je note toutes ces idées dans ma tête, un jour peut-être me lancerai-je dans l'écriture d'un roman !

La radiothérapie se poursuit, avec toujours des parenthèses qui s'ouvrent et se ferment au gré des humeurs de la machine. Elles peuvent durer une journée, une journée et demie, mais aussi quatre longs jours. Lorsque l'on nous annonce une fermeture de Clinac pour raison de maintenance pendant quatre jours consécutifs, nous croyons défaillir... Anne-Laure fait sa mauvaise tête, je la comprends. J'ai une crainte, désormais, qui me soumet à une vraie torture des méninges. Et si Anne-Laure venait à me dire « Je veux rentrer à la maison » ? Elle pourrait craquer, pleurer, déprimer, se laisser dépérir, que pourrais-je y faire ? Il faut que j'anticipe cette menace qui me semble de plus en plus envisageable dans la tension mouvante de chaque jour de retard, de surbooking, de panne ou de maintenance. Il faut un rebond dans la monotonie de cette existence au curseur réglé sur l'impatience et l'énervement.

*

Comment organiser un compte à rebours vers la fin du traitement qui ne soit pas perçu comme une suite d'épreuves contraignantes, avec ses bosses et ses obstacles, mais qui s'apparente plutôt à une balade paisible nous emmenant vers une victorieuse ligne d'arrivée ? Comment éviter que, chaque matin, Anne-Laure me pose des questions allant de « Papa, tu crois qu'on va rentrer bientôt ? » à « C'est bientôt terminé ? »...

Les idées s'entrechoquent dans ma tête, je me fais un auto-brainstorming personnel, je relie les mots-clés.

Compte à rebours, étapes, jeu de piste...

Chaque matin, bientôt, calendrier...

Épreuves, victoire, trophées...

Et un flash, soudain... Une image vient s'imposer à ma réflexion, celle d'un calendrier de l'Avent. Oui, ce calendrier que les enfants adorent accrocher au mur au tout début du mois de décembre et qui leur permet de visualiser de façon ludique le « compte à rebours » jusqu'aux festivités de Noël. Il est composé de petites cases marquées de chacune des journées, et derrière lesquelles ils trouvent un bonbon, un chocolat ou une figurine. Du 1er au 24 décembre, ce calendrier rythme leurs jours et fait naître chaque matin un sourire de bonheur. Et moi, je veux le sourire de ma fille, pas ses interrogations. Alors, voilà : chaque matin, Anne-Laure trouvera un petit cadeau, un petit gadget, un objet quelconque, bref un trophée symbolique, quelque part dans l'appartement. Et comme elle adore les énigmes, c'est à travers des messages codés, des rébus, des charades, des devinettes qu'elle devra trouver les cachettes. Ce sont ces messages qui constitueront son calendrier de l'Avent, qui vont nous emmener droit vers la fin de son traitement !

Fier de mon idée, je suis ! Il faut maintenant la mettre en application. Dans une armoire traîne un rouleau de ficelle, je l'adopte, il me servira pour accrocher les différentes énigmes que j'écrirai sur des petits bouts de papier de toutes les couleurs avant de les replier comme une enveloppe. La suite de ces mots fera comme une suspension de lampions qui, déjà, mettra un peu d'inédit dans notre quotidien. Je profite de cette matinée, pendant qu'Anne-Laure est à l'école de l'Institut, pour courir tous les magasins aux alentours et me procurer des petites gommes, des porte-clés, des mini-casse-tête, des packs de gommettes, des sets de crayons de couleurs, des petits carnets, bref, toutes sortes de babioles. Il faut aussi que j'imagine les énigmes que je commence à écrire avec frénésie dans la salle d'attente.

Anne-Laure et moi avons toujours adoré les jeux en forme d'énigmes et nous dévorons ensemble les recueils en tout genre qui les compilent, du genre *Le Grand Livre des énigmes,* ou *Énigmes à tous les étages,* ou encore *Quel est le titre de ce livre ?* Nous partageons cette passion qu'elle fait découvrir à ses copains et copines. À chacune de ses fêtes d'anniversaire, je suis l'homme d'une mission importante : je dois créer, pour ses amies invitées et elle, un jeu de piste dont chaque étape doit être révélée par une énigme. Autant dire que je suis rodé, Anne-Laure aussi d'ailleurs ! La tâche n'est quand même pas si simple : il faut d'abord lister les endroits où seront cachés les objets puis pouvoir les décrire sous la forme d'un système à deviner.

SOUS LA TASSE ROSE ET BLANCHE DANS LA CUISINE, par exemple, peut devenir, avec un simple système codé où chaque lettre est remplacée par un signe :

Ou alors, en décalant chaque lettre de cinq places à gauche dans l'alphabet (le E devient le A, le F devient le B, etc., le Z devient le V, puis le A devient le W pour faire la boucle, etc.) :

OKQOHWPWOOANKOAAPXHWJYDAZWJO-HWYQEOEJA

Il me faut des rébus, des charades, des énigmes mathématiques, j'ai même acheté un recueil de mots fléchés dont je sélectionne certaines grilles où les lettres des cases que j'aurai numérotées donneront le nom d'un endroit. Une première série de douze énigmes est ainsi prête à la fin de la journée, je sais qu'il me faudra en inventer d'autres d'ici à une semaine. La journée a été intense intellectuellement, ce fut en même temps une partie de cache-cache avec Anne-Laure qui ne doit pas deviner ce que je lui prépare. J'attendrai qu'elle soit endormie pour mettre en place mon « mobile à énigmes ». Je devrais me sentir épuisé, mais tout cela m'a revigoré. Je me suis amusé à créer les énigmes. Surtout, je me sens utile…

Le lendemain, à son réveil, Anne-Laure découvre sur le mur en face de son lit son « calendrier de l'Avent ». Je lui explique la surprise et le principe des mini-enveloppes à énigmes. Elle me serre dans ses bras, elle est contente, elle me lance « Papa je t'aime ! », et je suis le père le plus heureux de la Terre, de l'Univers !

*

Les amis, eux, ont tenu parole ! Mon frère aussi… Tous ceux qui ont l'occasion de passer par la capitale, en déplacement professionnel ou pour raisons familiales, en vacances ou en formation, nous font signe. Ils veulent prendre des nouvelles d'Anne-Laure, ils souhaitent nous rencontrer, et nous voilà régulièrement invités par nos amis de passage.

Ce samedi soir, nous dînons avec Ashok. Dès son arrivée, il y a quelques jours, à Paris pour se rendre chez ses partenaires et fournisseurs commerciaux, il nous a appelés pour qu'on lui réserve impérativement cette soirée, juste avant son départ. À La Réunion, lui et moi avons l'habitude de nous voir chaque semaine pour échanger sur tous les sujets, commenter l'actualité, petite et grande, locale et internationale, sportive et politique, bref, on refait le monde ensemble avec amusement et complicité, souvent accompagnés par son frère Ajay, autour d'un thé ou d'un café. Ces moments nous manquent certainement à tous les deux, et nous nous faisons un plaisir de nous revoir enfin…

Nous arrivons dans le hall de l'hôtel où Ashok a pris ses quartiers, du côté de Montparnasse, et nous étions convenus de l'y rejoindre. Anne-Laure est toujours heureuse lorsque nous allons à la rencontre de ces personnes qu'elle ne connaît pas toujours, mais qui, elles, connaissent toutes son histoire. Elle se sent entourée, « cocoonée », protégée. Cela contribue à la sérénité qui s'est installée dans notre petite existence, malgré les aléas épisodiques des machines de Clinac qui continuent à ignorer le principe de la ligne droite pour préférer le parcours alternatif.

Le réceptionniste a prévenu Ashok, je m'attends à le voir apparaître au bout du couloir donnant accès aux ascenseurs. En me retournant, j'aperçois à une table dans le salon de bienvenue de l'hôtel un groupe de personnes qui me regardent en souriant. Mais oui, je les reconnais : Alain, Ron et Paul, trois autres amis de La Réunion. Quelle coïncidence extraordinaire ! Ils se lèvent et viennent nous saluer. Je les vois et entends rigoler face à ma mine stupéfaite. Je comprends alors la surprise qu'ils m'ont gentiment réservée, il n'y avait aucune coïncidence dans cette rencontre ! Ashok, le cachottier, nous rejoint enfin. Retard volontaire et délibéré ! Je comprends que nous allons tous passer la soirée ensemble. Le choix se porte sur un restaurant de spécialités américaines non loin de là.

Autour de la table ronde, nous sommes cinq hommes adultes et une petite fille qui fait l'objet de toutes les attentions. Anne-Laure est prioritaire sur la commande, on lui demande de choisir absolument tout ce qu'elle veut, et tout le monde veut lui servir sa boisson.

La soirée avance, nos discussions de « grands » nous font laisser s'isoler Anne-Laure. Elle avait prévu le déroulé du dîner et a amené avec elle sa console de jeux. La voici désormais dans son univers ludique, imperturbable, infatigable. Elle peut tenir toute une soirée comme ça, sans jamais demander à ce que l'on rentre, sans jamais se plaindre d'être toute seule, sans jamais montrer un quelconque signe d'essoufflement.

Au moment de nous quitter, Ron, que j'apprécie toujours pour sa grande sagesse, me prend à part. Son bras entoure mes épaules, il prend une posture fraternelle, et me dit :

— Je te souhaite vraiment du courage dans cette épreuve, et tu pourras toujours compter sur moi, n'hésite pas. Tu sais, à un moment du repas, je suis allé vers Anne-Laure pendant qu'elle jouait toute seule de son côté. Je voulais lui demander si elle allait bien, si elle supportait bien le traitement. Je me suis approché, mais je n'ai rien pu dire. Rien ! Je n'ai pas trouvé les mots pour l'aborder et lui causer. Je ne pensais pas que cela aurait été ainsi, que cela aurait pu être aussi difficile !

Moment d'émotion partagé, je ne trouve pas les mots, moi non plus. Ron continue :

— Avec toi aussi, il nous est difficile de parler de la maladie de ta fille. Excuse-nous si parfois nos propos peuvent te sembler décalés par rapport à votre situation, et si on préfère parler d'autre chose.

Je me rends compte que cette maladie érige une barrière contre l'usage des paroles spontanées. Elle n'agit pas que sur le corps de ma fille meurtrie, elle gangrène les esprits sains d'une angoisse à sa seule évocation. Sur le chemin du retour, la discussion avec Ron ne me sort pas de la tête, je la retourne en boucle, je me retrouve en pleine réflexion. Il me revient à l'esprit les mots durs que j'ai pu avoir, il y a quelques jours de cela, avec deux proches connaissances de mon île. Je les avais appelés en leur reprochant de m'avoir rayé de leur répertoire. « Tous mes amis m'ont appelé au moins une fois pour avoir de nos nouvelles, de ta part je n'ai pas eu un seul appel depuis que nous sommes à Paris, et tu prétends être un vrai ami ? » Tous deux avaient balbutié de la même façon quelques « mais non », « tu te trompes », avant que je ne raccroche brutalement. Je comprends dès lors qu'ils font partie de ceux dont la crainte de la maladie, et même de parler de la maladie, est exacerbée à son niveau maximal ! Je me promets de les appeler dès le lendemain et leur dire : « J'ai compris ton silence, mon ami, je te pardonne ! »

*

Un doux parfum de « bientôt les vacances » commence à flotter dans les couloirs de l'Institut Curie. Les ateliers artistiques tournent au ralenti, les salles de jeux se désemplissent, même la salle d'attente ne connaît plus la même affluence. Ne dit-on pourtant pas que la maladie ne prend jamais de vacances ? C'est bien vrai, mais l'être humain, lui, a besoin de souffler, de relâcher la pression et une prise de recul peut même provoquer un sentiment de meilleur-être capable de faire reculer les limites de la maladie. Certains mettent entre parenthèses leur traitement, d'autres vont se ressourcer en famille, d'autres encore vont s'évader dans des pays lointains et exotiques. Nous, nous sommes décidés à rester là, même le temps des vacances, pour vite en arriver au terme de cette radiothérapie qui n'en finit pas de jouer les prolongations !

L'école de l'Institut connaît également quelques bouleversements : les salles sont réquisitionnées pour les quelques élèves devant passer des épreuves du brevet des collèges ou du baccalauréat. Bénédicte ne peut plus assurer les cours d'Anne-Laure, elle nous transmet le « compte rendu d'activités » dont l'original a été envoyé au collège de La Réunion. « Anne-Laure a une intelligence vive et une bonne mémoire. Elle est venue régulièrement en classe pendant son séjour et a travaillé très efficacement. Excellent travail, félicitations ! », y a-t-elle écrit. Elle nous explique qu'en accord avec le professeur principal de sa classe à La Réunion la décision est d'ores et déjà prise : Anne-Laure passera en cinquième à la rentrée.

Rentrée ? Le mot résonne étrangement à mon oreille... Oui, nous en sommes déjà à évoquer la prochaine rentrée scolaire. La sixième d'Anne-Laure aura été vécue comme une drôle de parenthèse, avec ce déroulé troublant du temps qui nous a complètement échappé et dépassé. Je me projette déjà dans cette future classe de cinquième : comment Anne-Laure va-t-elle vivre le retour à une scolarité normale, dans une classe normale de trente élèves, avec un emploi du temps normal, des cours normaux et des devoirs normaux à la maison ? L'expérience des derniers mois nous aura appris à stimuler notre capacité d'adaptation. À toutes ces questions je réponds intérieurement : *On verra le moment venu comment et quoi faire !*

Anne-Laure, elle, ne semble guère perturbée par ces interrogations. Elle affiche une humeur joyeuse à l'idée de passer dans la classe supérieure et de retrouver très prochainement ses amies. Elle est heureuse de pouvoir leur écrire la bonne nouvelle, sur une carte comme elle sait les fabriquer elle-même, complètement personnelle et personnalisée. Les échanges de courriers et de messages sont fréquents entre sa classe et elle, et même les professeurs y vont de leurs petits mots. Il y a de la créativité et de l'émotion pure dans ces dessins et écrits parsemés de petits cœurs, de « tu nous manques », « bon courage », « reviens vite », « on pense à toi tous les jours ». J'ai des frissons, je craque en mille morceaux troublés, lorsque je lis ces lignes : « Dans la classe, on ne se parlait pas beaucoup, mais tu me manques. J'aimerais devenir ton amie quand tu reviendras. » Ce soutien par-delà les océans fait partie de ces flux vitaux qui assurent la bonne humeur et la toujours étonnante sérénité d'Anne-Laure. Son optimisme contraste avec mes migraines dues au surplus d'appréhension et au trop-plein de questionnements !

Puisque les événements nous amènent à nous projeter dans ce proche avenir de la rentrée scolaire, le moment est venu de ressortir la calculette et d'en rapprocher un calendrier. Je refais une énième fois le décompte des séances qui restent en sachant qu'il y a encore une période de maintenance à prendre en compte. Ceci nous amène au tout début du mois d'août, aux alentours du 4. Nous devrions donc pouvoir rentrer avec Ketty et Alizée, qui vont prochainement venir nous rejoindre. La bonne nouvelle, c'est Jérémy qui nous l'annonce. Il a pu négocier dix jours de congés et, aussitôt libéré de ses contraintes professionnelles, il sera avec nous à Paris. Il devra certes rentrer quelques jours avant nous, mais peu importe. Toute la famille sera réunie, enfin !

Pour le moment, c'est un plaisir de serrer la petite Alizée dans nos bras. C'est aussi un plaisir de voir les deux sœurs se retrouver, et retrouver leur complicité, dès la descente de l'avion. Dans la voiture, elles se font leur calendrier d'activités, de sorties, de loisirs et de shopping. Anne-Laure a eu tout le temps pour repérer des magasins de vêtements et de jeux qu'elle se promet de dévaliser avec Alizée! À son arrivée à l'appartement, Alizée a vite fait de repérer le « calendrier de l'Avent » d'Anne-Laure. C'était couru d'avance: elle en veut un aussi! Et me voici reparti dans un cycle de réflexions pour les énigmes et les petits cadeaux, et mon imagination commence à me demander quelques dopants pour remettre en route les neurones! Heureusement, Ketty est maintenant là pour m'aider, et les énigmes pour Alizée sont plus simples à écrire!

Pendant trois semaines, nous savourons ces moments de plénitude familiale retrouvée. Le sens des toutes petites choses de la vie éclate en un feu d'artifice de micro-bonheurs. Le bonheur de préparer une table pour un dîner en famille. Le bonheur de la grasse matinée interrompue par les rires des enfants. Le bonheur de succomber tous ensemble à une envie de gourmandises sucrées à des heures incongrues. Même les chamailleries de nos filles deviennent un instant de sourire, parfois de rire, mais toujours de bonheur!

Nous faisons le plein de visites et de sorties culturelles. D'un spectacle revisitant de façon humoristique les contes pour enfants et notamment *Le Petit Chaperon rouge,* nous retenons ce qui va devenir notre cri de ralliement:

Sirop Loulou,
Le sirop des p'tits loulous,
Sirop Loulou,

Ça nous rend fous,
Sirop Loulou !

Sur les manèges à sensations des parcs d'attractions non loin de la capitale, on nous entend ainsi chanter à tue-tête ce refrain lorsque le « wagon-bûche » dégringole le long d'une cascade aquatique ou lorsque le grand huit entreprend sa retombée infernale. Ces journées sont offertes par l'Institut Curie, à la faveur d'un partenariat avec ces parcs, que l'on découvre alors moins matérialistes et mercantiles que l'on pourrait penser.

À l'accueil, on nous a remis un laissez-passer qui permet un accès direct aux attractions. Un vrai privilège quand on sait que certaines files sont créditées de plus d'une heure d'attente, parfois même de deux heures pour les attractions les plus célèbres ! Un privilège qui a un prix inattendu, un revers douloureux, celui du regard pesant et des remarques fâcheuses des personnes bloquées dans les interminables queues. Nous essayons de les ignorer, je me dis qu'à leur place je me mettrais aussi probablement à grommeler. Certaines interjections sont quand même dures à encaisser, notamment lorsqu'elles sont assorties d'injures. Plus d'une fois, je me dis intérieurement : *Ah, s'ils savaient !*

L'injure, cette fois, devient insulte raciale et dépasse la limite de l'acceptable. Je m'approche de l'homme qui continue de vociférer et d'interpeller les animateurs de l'attraction pour leur demander de vérifier notre nationalité et si nous avons vraiment une personne handicapée avec nous. Il me toise de sa tête de plus que moi, je soutiens son regard perçant et lui lance avec hargne : « Je suis français et je vais vous le dire en français. Si vous saviez combien j'aurais préféré faire la queue comme vous et ne pas avoir de coupe-file. Et puis il y a des handicaps qui ne se voient pas, mais qui font souffrir quand même, alors il vaut mieux vous taire ! »

*

Pendant ce temps, la radiothérapie suit son cours normal. C'est-à-dire avec ses habituels retards, reports et surbookings. Nous subissons toujours ces aléas intempestifs avec agacement, mais l'atmosphère des vacances familiales nous rend plus tolérants. La fringale de bougeotte des filles est telle que chaque séance annulée ou reportée est aussitôt remplacée par une sortie shopping, cinéma ou goûter ! Elles profitent parfois de ces moments de liberté forcée pour envahir l'atelier peinture d'Élodie. La professeure d'arts plastiques a adopté Alizée depuis sa première visite à l'Institut et l'a conviée à accompagner sa sœur quand elle le souhaitait.

Quand même, il nous faut nous rendre à l'évidence au bout de deux semaines : le planning s'est vraiment trop étiré. Un surplus de séances annulées est en train de bousculer vertigineusement notre date de rentrée. Rien ne va plus. Nous avions prévu de rentrer tous ensemble, cela sera désormais très difficile, impossible même. Nous osons une proposition : est-il possible de faire deux séances par jour, afin de rattraper le retard ? Le protocole médical l'interdit strictement… Et le samedi, et le dimanche ? Faut pas rêver !

Nous négocions fermement avec les équipes du service de radiothérapie, Anne-Laure doit désormais passer en priorité et, coûte que coûte, tous les jours ouvrables possibles. Et si une machine est défaillante, qu'on l'admette instantanément dans une salle voisine, quitte à faire prendre du retard aux autres patients. Si nous suivons strictement ces consignes, notre retour peut être effectif une semaine après le départ de Ketty et Alizée et quelques jours avant la rentrée scolaire. C'est une date-butoir qui nous est essentielle : Anne-Laure doit pouvoir être présente dès la rentrée scolaire pour ne pas avoir à déjà cumuler des jours et des cours à rattraper.

Une nouvelle fois, nous devons nous résoudre à voir partir Ketty – et Alizée pour cet épisode – sans mettre le pied dans le même avion. Jérémy, lui, est déjà reparti depuis quelques jours. La séparation devrait être plus facile, nous savons que, dans une semaine, nous nous retrouverons chez nous ! En fait, c'est l'escalade des pleurs. Cette fois, aucun d'entre nous n'est capable de retenir ses larmes. Tant de regrets subsistent, nous nous étions tant imaginés revenir tous ensemble… Peu importe, faisons face, c'est la dernière ligne droite. Main dans la main, Anne-Laure et moi allons prendre cette ultime semaine à bras-le-corps. Notre programme est chargé, tant mieux, cela ne laissera que peu de temps à la cogitation. Il y a tant de choses à faire : ranger l'appartement de Guy, ramener la voiture et le GPS, récupérer les dossiers médicaux, chercher des cadeaux pour les amies d'Anne-Laure, faire la tournée de tous ceux qui nous ont accueillis, aidés, guidés, infirmiers, secrétaires, accompagnateurs, animateurs, du moins tous ceux qui ne sont pas partis en vacances, et faire des valises qui débordent du contenu de ces quinze semaines à Paris.

La veille de notre départ, nous sommes avec le docteur Jean pour un ultime rendez-vous. C'est le moment du bilan de cette longue période passée à l'Institut Curie. Anne-Laure a bien reçu la dose de radiations prescrite, pas un gray de plus, pas un gray de moins ;

elle a plutôt bien supporté le traitement et s'est montrée réceptive, curieuse, patiente. Une malade modèle, en quelque sorte, qui reçoit les félicitations du jury ! Intérieurement, je suis pressé de serrer la main du docteur en guise d'au revoir, non, d'adieu. C'est fi-ni ! L'Institut Curie, c'est maintenant du-pa-ssé.

Mes élucubrations internes sont vite balayées lorsque l'oncologue trace le protocole à venir : surveillance renforcée pendant deux ans, correspondant à la période de rémission, à savoir un contrôle IRM tous les trois mois au moins pendant la première année, puis sur une périodicité allongée à déterminer en fonction de l'évolution. Le docteur Jean précise son souhait que les premiers contrôles soient réalisés à l'Institut Curie même, sous sa direction. Ce qui signifie « ce n'est qu'un au revoir » en lieu et place de « avant de nous dire adieu » ! Nous allons même nous revoir très vite puisque le prochain rendez-vous est fixé au mois d'octobre, dans environ deux mois, pour profiter des congés du premier trimestre scolaire de l'académie de La Réunion.

Dans cet avion qui nous ramène enfin vers notre île et notre famille, ce n'est que du bonheur ! Quel contraste par rapport au vol aller qui nous avait paru triste, maussade et si long. Anne-Laure teste tous les jeux vidéo sur son écran, je fais le plein des films que je n'ai pu voir jusqu'à présent et, même si nous dormons très peu, nous ne sommes guère fatigués. Lorsque, au petit matin, les rivages de notre île se laissent découvrir par le hublot, puis la falaise de la célèbre route du littoral, j'ai le sentiment d'être en train de tourner une page. Je voudrais pouvoir tomber sur le mot « FIN » maintenant, mais nous avons bien compris, lors de l'ultime rendez-vous avec le docteur Jean, qu'il nous faudra encore faire preuve de patience. Alors que l'avion se pose sur la piste, j'efface rapidement ces pensées pour me préparer aux retrouvailles avec Ketty, Jérémy et Alizée.

Les valises sont vite récupérées, Anne-Laure et moi, nous nous précipitons vers la sortie. Les portes automatiques s'écartent, nous cherchons du regard notre petite famille. Dans le hall de l'aérogare, c'est en fait toute la famille qui est là. Toute, vraiment toute ! Mère, frères, sœurs, nièces, neveux, ils sont tous là ou presque ! Il y a plein de sourires, quelques touches humides montent aux yeux, nous sommes enserrés de partout. Quelle belle émotion, quelle belle joie ! Une joie intense qui nous fait instantanément gommer les difficultés des derniers mois. Pourvu que ça dure !

17 AOÛT 2008 – 18 MAI 2010

La course du temps subit de plein fouet les conséquences de notre retour tardif, elle s'emballe et nous impose une reprise effrénée. Nous avons juste l'espace d'un week-end pour nous remettre en bonne forme à défaut de pleine forme, retrouver nos réflexes et nos repères à la maison, gommer le décalage horaire – il n'est que de deux heures, tant mieux ! Anne-Laure reprend le chemin du collège dès ce lundi, nous la savons attendue par toutes ses amies avec qui elle commence cette année de cinquième. Elle a tant de choses à leur raconter, mais surtout beaucoup d'émotions à partager lors de ces retrouvailles.

Pour Ketty et moi, ce jour de retour au collège est aussi particulier et angoissant que lorsque nous déposions nos enfants pour la première fois à la crèche ou à la maternelle. Nous avons l'impression de repartir pour une nouvelle vie, en tout cas un nouveau chapitre. L'inédit de la situation nous confère une obligation d'information, et nous devons faire aussi notre rentrée. Nous commençons par pousser la porte de la principale, elle qui m'avait vu fondre en larmes il y a quelques mois. Dans ses yeux, la surprise. Sur ses lèvres, un sourire étonné… Personne n'attendait Anne-Laure, personne n'avait été prévenu, notre chaotique histoire à l'Institut Curie l'a voulu ainsi. Aucun d'entre nous ne pouvait prédire à quel moment ce retour aurait pu être programmé !

Nous sommes bientôt rejoints par la conseillère principale d'éducation et l'infirmière, à qui je résume, parfois avec peine et hésitations larmoyantes, le difficile déroulé de ces quatre derniers mois. Quelques très rares murmures accompagnent le récit que personne n'ose interrompre. Je m'attarde même sur des détails pour que chacun puisse replacer dans son juste contexte le retour d'Anne-Laure. Chacun doit penser intérieurement que « ce ne sera plus comme avant », personne ne veut l'exprimer.

La principale reprend la parole avec des mots d'encouragement et de soutien.

— Et vous, ça va, vous tenez le coup ?

— L'essentiel est qu'Anne-Laure tienne le coup, mais elle nous a déjà montré sa capacité à faire face à la situation.

— Que pouvons-nous faire pour l'aider ?

— La meilleure aide que vous et les professeurs pouvez lui apporter, c'est de la considérer comme une élève normale, une élève comme les autres.

Pour autant, nous nous doutons bien que cela n'est guère possible. Déjà, l'Institut Curie a fait passer la consigne : Anne-Laure doit bénéficier d'un projet d'accueil individualisé, un « PAI », véritable programme scolaire sur mesure, à déterminer avec l'équipe pédagogique, l'infirmière et le médecin traitant. Son emploi du temps doit gommer toutes les activités sportives, et les matières dites « facultatives » le seront réellement pour elle ! Privilège – mais ce mot a-t-il encore un sens ? –, elle peut se permettre de virer de son emploi du temps toute matière qui lui déplairait. Nous savons qu'Anne-Laure n'en fera rien, sa curiosité naturelle et son envie d'apprendre lui fixeront les bonnes limites. Ce que nous ne savons pas et ne pouvons absolument pas évaluer, ce sont les incidences de son traitement sur son état physique. Ces rayons qui ont bombardé son cerveau pendant près de trois mois ont-ils laissé des traces ? L'infirmière promet de suivre attentivement Anne-Laure.

Ce premier jour de rentrée se résume à une simple matinée de prise de contact. Nous récupérons Anne-Laure à l'heure du déjeuner, impatients de l'entendre nous raconter ses retrouvailles avec ses amis. On s'en doutait, elle a été au centre de toutes les attentions et toutes les curiosités. « J'aurais dû écrire un journal », nous dit-elle en rigolant.

Il nous faut également penser à ses différentes activités extrascolaires. Nous sommes dans le flou le plus complet, sans réponse à notre grande question existentielle du moment : « Devons-nous la ménager et la laisser se reposer, ou devons-nous la laisser reprendre sa vie trépidante de jeune fille avide de tout connaître ? » Il nous faut nous concerter avec les différents professeurs, et intégrer Anne-Laure à ces discussions. Dès l'après-midi, nous entamons notre tournée. Nous retrouvons d'abord Isabelle, la prof de danse classique. Un souvenir remonte à mon esprit : lorsque la tumeur d'Anne-Laure avait été découverte, elle devait participer à un stage de danse pendant toute une semaine. Elle était tellement heureuse de suivre ces cours intensifs ! Là, maintenant, la jeune fille est hésitante sur la question de la reprise de la danse. Anne-Laure montre son envie de recommencer cette saison nouvelle, mais elle craint de ne pouvoir physiquement suivre les évolutions. Isabelle met fin à la tergiversation :

— Anne-Laure, tu seras mon invitée pour cette année. Tu viens quand tu veux, quand tu te sens en forme, tu suis les cours à ton rythme. Si, pendant le cours, tu te sens fatiguée, tu arrêtes, tu vas te reposer. J'ai tellement envie que tu sois avec nous !

À Keyboard School, son école de musique, Anne-Laure montre la même hésitation. Après six années de pratique pianistique, et surtout après les moments éprouvants de la radiothérapie, il y a aussi un peu de lassitude qui semble venir perturber sa réflexion et son envie. Elle fait face à Alain, son professeur « canal historique », celui qui la suit depuis de longues années, celui qui l'a conduite à son prix d'excellence au concours Pian'Austral, et qui l'adore comme si elle était sa propre fille. Pour lui, il est absolument hors de question qu'Anne-Laure arrête le piano, il met tous ses arguments dans la balance.

— Anne-Laure, tu es douée et nous avons encore beaucoup de belles choses à faire ensemble. Ton père m'a dit que, même pendant ton traitement, tu avais continué à faire du piano.

— Oui, on m'avait trouvé un professeur à l'Institut Curie. Elle m'a dit que celui qui m'a appris le piano est un bon professeur parce que j'ai de bonnes bases.

— Je suis touché. Je serais encore plus content si tu revenais cette année avec nous. Qu'est-ce qui te fait hésiter ?

— Je ne sais pas si je vais pouvoir suivre pendant toute une heure en fin de semaine. Et, quand on prépare le gala, il y a beaucoup d'heures de répétition.

— Alors voilà ce qu'on va faire. Au lieu d'une heure de cours en groupe, je te propose une demi-heure pour toi toute seule, en individuel. Et le gala, on verra plus tard si tu veux le faire.

Anne-Laure sourit, l'affaire est conclue !

*

Peinture et arts plastiques : non négociables ! Surtout la peinture, affichée au sommet des préférences d'Anne-Laure, et dont elle ne souhaite oblitérer aucune des heures programmées. Au contraire, elle en rajoute au fil des mois, allant à la découverte de nouveaux professeurs, et parfois de nouvelles techniques, dans différents ateliers : huile, couteau avec Isabelle, crayon avec Bruno, acrylique, découpage, mosaïque avec Olivier.

De nouvelles contraintes apparaissent dans cet emploi du temps spécifique, et troué comme un gruyère vu les matières dont Anne-Laure est dispensée. Nous devons nous rendre disponibles pour aller la chercher, puis au besoin la ramener. En plus, nous la récupérons maintenant tous les midis, elle ne déjeune plus à la cantine. C'est toute une organisation à remettre en place autour d'Anne-Laure et d'Alizée, pour optimiser les déplacements, souvent difficiles dans le centre du chef-lieu dionysien à des moments clés de la journée. Pour faire une petite dizaine de kilomètres, il faut parfois près de trois quarts d'heure ! Pour le moment, nous pouvons encore compter sur l'aide de Jérémy, qui nous soulage de quelques allers et venues, mais il sera bientôt temps pour lui de s'envoler au loin, pour ses études en terre australienne. Nous sommes tous heureux qu'il ait pu mettre en place son projet de vie, sur lequel il a tant et si durement travaillé depuis de longs mois. Même si nous savons que la séparation va être difficile.

C'est inéluctable, dans quelques semaines, il sera parti, et nos plans de déplacement vont ressembler à des labyrinthes 3D en mode « résolution complexe ». Comme une de ces énigmes qu'Anne-Laure aime tant déchiffrer ! Pour résoudre ce casse-tête, nous avons une conviction : nous devons nous rapprocher du collège. Il nous faut absolument déménager et trouver un logement au plus près de l'établissement. En même temps, cela nous rapprochera du centre hospitalier et devrait rassurer l'oncologue qui désormais suit Anne-Laure. Le docteur Imane nous avait suggéré, sans vouloir nous alarmer, de ne jamais être très loin de l'hôpital.

Nous voici donc à éplucher les annonces immobilières dans les journaux et sur le Net, à pousser les portes des agences, à visiter appartements, villas, cases et autres maisons, du neuf, de l'ancien, à rénover, à réhabiliter. On trouve de tout, et les décisions sont toujours difficiles à prendre. Notre première expérience est malheureuse : un grand appartement, certes ; idéalement situé en plein centre-ville, certes ; mais avec une multitude de petits et moyens travaux à réaliser. Lorsque nous partons en octobre, répondre à la convocation de l'Institut Curie comme nous l'avait annoncé le docteur Jean, nous laissons les directives à l'agence. À notre retour, rien n'est fait, les salles d'eau notamment sont toujours inutilisables, alors que nos déménageurs ont déjà tout transporté ! Les va-et-vient entre la maison et l'appartement se démultiplient, nous épuisent, deviennent intolérables. Si nous tenons le coup, c'est qu'Anne-Laure est revenue de ses contrôles avec un moral à toute épreuve. Elle va bien, RAS dans toute sa petite tête. La prochaine étape sera à nouveau parisienne, le docteur Jean nous demande de revenir au mois de décembre en nous assurant que le contrôle suivant sera effectué à La Réunion.

Décembre… Calme plat à nouveau décrété, le cerveau d'Anne-Laure semble avoir gommé l'épisode de la tumeur. Mais on ne manque jamais de nous rappeler qu'il faut être patient, garder notre fille sous haute surveillance, pendant au moins deux années. Oui, nous avons compris ! Notre souci premier actuel est toujours de trouver le bon endroit où loger. Enfin, nos efforts et nos recherches sont couronnés de succès. Nous dénichons un appartement à moins de cinquante mètres du collège d'Anne-Laure et de l'école d'Alizée. Il n'est peut-être pas très grand, mais il est fonctionnel, et nous l'adoptons très rapidement. Un salon, une petite cuisine, une chambre pour les parents, une chambre pour les filles, espace optimisé, nous assumons de réduire notre surface de vie de près de trois quarts ! Désormais, tout est tourné vers le bien-être d'Anne-Laure, sa scolarité, ses activités, son suivi médical.

On aimerait pouvoir penser que la vie reprend bel et bien son cours, que la parenthèse est refermée, même provisoirement. Mais les coups de fatigue sporadiques d'Anne-Laure sont là pour nous ramener à la réalité de la suspension de nos existences à cette période de rémission. Parfois, nous revivons les épisodes vécus juste avant la découverte de la tumeur : coup de fil du collège – Anne-Laure est à l'infirmerie –, il faut venir la chercher. Habiter à moins d'un trottoir du collège prend alors toute sa justification.

Cet emploi du temps aléatoire est compliqué, mais reste gérable. D'autant qu'Anne-Laure met toute sa bonne volonté à suivre le programme et montre une réelle combativité face à ces situations. Elle devient la mascotte de toute la classe et de tous les professeurs qui la protègent, l'entourent, la sécurisent. Certains d'entre eux se proposent même de passer à l'appartement pour lui résumer les fondamentaux à retenir. Sa camarade Hanaé est une aide précieuse, elle lui scanne tous les cours manqués. Et il y a toujours une amie de classe pour l'appeler et parfois lui expliquer les leçons récentes.

Las... Ce fort élan de solidarité et la pugnacité d'Anne-Laure n'arrivent pourtant pas à enrayer la chute de sa moyenne générale. Elle peine à suivre quelques matières, et ses professeurs remarquent que ce sont essentiellement celles qui demandent du « par cœur » et de la mémorisation qui posent problème. Les matières littéraires essentiellement, ainsi que les langues. En revanche, du côté des mathématiques, où il est plus question de logique, tout va parfaitement bien. Les professeurs parlent d'inattention, alors que son comportement général leur donne toute satisfaction. L'interrogation nous apparaît alors légitime : les ondes de la radiothérapie ont-elles pu toucher la zone de la mémoire, ce que nous redoutions lors de l'intervention chirurgicale initiale ?

Le docteur Stéphane, qui dirige désormais le service oncologie pédiatrique de l'hôpital de Bellepierre à la suite de son confrère Imane parti rejoindre les rangs du privé, n'a pas de réponse. Nous lui faisons part de notre trouble grandissant, surtout qu'Anne-Laure est aussi maintenant sujette à des difficultés du sommeil, et même des insomnies. Il nous oriente vers une neuropsychologue. Nous comprenons que cette spécialiste doit détecter et comprendre les possibles changements qui ont pu intervenir sur le cerveau d'Anne-Laure après que celui-ci a été bombardé de tant de rayons. Elle peut et doit aussi aider notre fille à mieux vivre les éventuels traumas post-traitement qu'elle pourrait identifier. C'est donc un nouveau rendez-vous hebdomadaire à inscrire dans l'emploi du temps d'Anne-Laure et, par conséquent, du nôtre !

*

Ces rendez-vous hebdomadaires nous apparaissent comme une nouvelle surcharge de nos plannings déjà bien noircis... Le temps de la route, le temps de l'attente, l'heure convenue d'entretien entre Anne-Laure et Laurène, la neuropsychologue, le temps du retour, c'est un empilement de minutes qui nous pèse déjà. Nous avons tort. Rapidement, Laurène fait la démonstration de toute l'efficacité de son intervention. Anne-Laure a du plaisir à aller échanger avec elle pendant toute cette heure en tête-à-tête, elle nous dit à chaque moment son impatience de la retrouver, et son sommeil redevient apaisé.

En revanche, les difficultés scolaires ne s'estompent pas. Elles ne s'aggravent pas non plus. Mais nous sommes comme cloués, avec Anne-Laure, sur une échelle de laquelle personne ne peut ni descendre, ni monter. La situation stagne, patine, nous rend circonspects. La neuropsychologue propose une évaluation psychométrique, autrement dit une mesure de l'intelligence qui doit permettre aussi d'identifier les blocages et les défaillances pouvant expliquer la scolarité perturbée d'Anne-Laure. La référence dans ce domaine, nous dit-on, est le test WISC-IV, ou « Échelle d'intelligence de Weschler », qui donne une véritable photographie du cerveau, de ses forces et ses faiblesses. Nous avons envie de comprendre, alors, OK pour le WISC-IV !

Les résultats du test nous parviennent, ils sont plutôt étonnants ! Anne-Laure y est décrite comme une enfant précoce avec des capacités exceptionnelles. Extrait du compte rendu : « Elle possède un potentiel intellectuel très supérieur à la moyenne des enfants de son âge. Elle montre une excellente logique abstraite, un excellent esprit de synthèse. Elle possède la maturité d'une adulte. Certaines de ses habilités cognitives se rapprochent de celles d'une adolescente de dix-sept ans. » Nous sommes flattés de lire cette prose magistrale qui nous indique avoir un petit génie à la maison. Mais encore ? Pourquoi ces difficultés d'apprentissage ? L'explication semble se trouver quelques lignes plus loin, lorsqu'il est indiqué qu'Anne-Laure « puisse faire l'économie de certains apprentissages et développer des conduites opposantes dès qu'il s'agit d'apprendre des règles ou d'effectuer une action répétitive (recopier, réciter, apprendre) ».

Nous décryptons : Anne-Laure est intelligente, très intelligente même, mais elle ne fait aucun effort pour apprendre par cœur. Cet exercice l'embête, et elle a choisi de le mettre de côté. L'explication nous semble plausible, mais nous continuons de chercher un rapport avec sa tumeur et sa radiothérapie. En vain. Il n'existe pas. Sa scolarité difficile est liée à son état d'esprit, pas à l'état de son cerveau. Nous demandons à Laurène de continuer à la voir, lui parler, lui créer des jeux, en espérant qu'un déclic arrivera qui fera se combiner l'intelligence naturelle et la nécessité d'apprendre. Nous serions malaisés de nous plaindre : malgré tout, dans ces conditions acrobatiques, Anne-Laure réussit une bonne classe de cinquième et s'apprête à passer en quatrième.

Pourquoi donc nous inquiéterions-nous ? Surtout que les examens médicaux se suivent et se ressemblent.

Pendant les vacances de juillet, nous retrouvons à Paris le docteur Jean et toute son équipe de l'Institut Curie. Scanner, RAS. Tests de psychomotricité, RAS. Entre le docteur et notre fille, l'heure est aux sourires, aux plaisanteries. Quel contraste avec l'atmosphère lourde, stressante, sombre, de notre premier séjour dans cet établissement ! Je regarde ce hall d'entrée, ces cabinets alignés, ces chambres éclairées, tout un décor dans lequel j'ai tant attendu et, avec Anne-Laure, tant souffert, pendant des semaines longues comme une traversée du Sahara avec les pieds attachés. Ils me semblent aujourd'hui presque trop accueillants ! Balayons ce passé, profitons des vacances actuelles avec toute la famille, et préparons du bon pied la prochaine rentrée.

*

Ce qu'Anne-Laure retient avant tout de cette rentrée, elle nous le dit avec un énorme sourire : « Je me suis fait une nouvelle amie ! » Elle s'appelle Aude, elle vient juste d'arriver de la France continentale, elle découvre le collège et est forcément un peu perdue. Nous reconnaissons bien là notre Anne-Laure, celle de l'après-« je suis timide, mais je me soigne ». Elle, la petite fille réservée de la maternelle, a passé un cap, se montrant depuis quelques années la plus prompte à aller vers les personnes ayant besoin d'une aide, d'un soutien, d'une connivence nouvelle. Cette attitude la fait apprécier de nombreuses personnes, et nous en sommes particulièrement fiers. Surtout, ni la tumeur, ni l'opération, ni la radiothérapie n'auront eu aucun effet sur ce comportement !

Les premiers mois de la classe de quatrième sont, à notre désarroi grandissant, une redite de la rentrée précédente. Maux de tête et coups de mou en cascades. Le docteur Stéphane évoque la possibilité que ces crises soient en fait des manifestations d'un état épileptique. Un électro-encéphalogramme vient le contredire : « pas d'éléments en faveur d'une épilepsie », et le compte rendu du médecin ajoute : « Examen clinique notamment neurologique d'Anne-Laure sans particularité ». Personne n'y comprend plus rien, personne n'a d'explications à avancer. Sauf à croire qu'Anne-Laure profite de sa situation médicale pour se laisser aller. Mais voilà : elle fait l'unanimité de sa classe, profs et élèves confondus ! Même si ses notes stagnent, voire baissent, l'équipe pédagogique fait l'éloge des efforts déployés par notre fille, met en avant sa participation en classe. « Mais pourquoi vous inquiétez-vous », semblent-ils tous nous dire !

Il nous vient une idée : d'autres familles ont dû déjà connaître cette situation délicate, ou vivre dans un contexte qui y ressemble. Nous demandons à l'onco-pédiatre, à la neuropsychologue, au principal du collège, à l'infirmière de l'établissement, bref à tous ceux qui suivent et connaissent Anne-Laure, de nous mettre en relation avec d'autres parents ayant eu des enfants en rémission de cancer. Nous avons besoin de conseils, nous avons besoin d'échanger, nous avons besoin de comprendre ! Tant de questions se bousculent dans nos têtes.

Nous nous souvenons aussi de Monique, la maman de Laetitia, que nous avions recroisée à l'Institut Curie. Je retrouve son numéro de téléphone, soigneusement noté dans un carnet « à mémos », je l'appelle aussitôt. Finalement, nous vivons des situations similaires : Laetitia suit aussi un emploi du temps allégé, elle aussi connaît des coups de fatigue, elle aussi a des résultats en dents de scie. « Je ne veux pas m'inquiéter inutilement, ajoute Monique. Déjà, Laetitia arrive à suivre les cours, je ne lui demande pas plus. Je veux que, pendant cette période de rémission, elle n'ait pas de pression pour les résultats, l'important est de passer ces deux années, après on verra ! »

Oui, Monique a certainement raison. Mais que disent les autres parents que nous souhaitons rencontrer ? Nous nous rendons compte que notre demande sera difficilement satisfaite, voire ne sera pas satisfaite du tout ! Certains de nos interlocuteurs se retranchent derrière le secret médical, d'autres avancent que les cas connus de leur côté ne présentent pas de réelles similitudes avec celui d'Anne-Laure. Souvent, nous comprenons que les familles n'ont pas envie de parler. J'entends à nouveau la voix de Ron lorsqu'il m'expliquait les difficultés que même nos meilleurs amis pouvaient avoir à trouver les bons mots à employer, et combien il leur est difficile d'évoquer la maladie avec nous. Le cancer ne ronge pas que les corps, ne perturbe pas seulement les esprits, il vérole aussi les relations humaines… Le cancer est inhumain !

*

Surtout, ne pas laisser la déprime installer ses bourrasques sur notre quotidien. L'action me devient alors indispensable. Heureusement, mes activités professionnelles se positionnent sur une trajectoire positive, malgré le contexte de crise qui commence à poindre le bout de son vilain nez. Et mes responsabilités associatives me permettent de côtoyer nombre de personnes pour qui les valeurs d'amitié et de solidarité ne sont pas de simples postulats conceptuels. Cette dynamique et ces soutiens m'aident à équilibrer le stress quasi permanent que l'état d'Anne-Laure nous fait endurer.

Il y a parfois d'inattendues éclaircies… Lorsque j'entends le docteur Jean à l'autre bout du fil et à près de dix mille kilomètres, ma première réaction est naturellement la crainte d'une mauvaise nouvelle. C'est ainsi : l'image du médecin est liée à celle de la maladie et de la douleur, et nos esprits sont formatés pour cet instinct de défense et de défiance. Mais la demande du praticien est plutôt inédite, il nous parle d'une série de photos d'Anne-Laure réalisée lors de son premier séjour à l'Institut Curie, pour un article sur le site Internet de l'établissement. Je m'en souviens très bien, c'était dans l'atelier d'Élodie. Alizée y était aussi et, sur certaines photos, on voit les deux sœurs s'étreindre tendrement avec des sourires éclatants. Aujourd'hui, l'Institut souhaite utiliser un des portraits d'Anne-Laure pour illustrer sa campagne de collecte de fonds pour soutenir la recherche. Elle fera même la « une » du magazine de l'Institut ! Je me souviens qu'Anne-Laure avait été choisie pour une campagne publicitaire à La Réunion, et elle avait aimé cette expérience. Là, elle est heureuse d'apprendre qu'elle devient l'égérie d'une bonne cause.

Il y a aussi des événements qui nous portent et nous emportent… Au sein de nos associations, avec mes amis d'origine chinoise, nous œuvrons à une meilleure connaissance de la culture chinoise dans l'île, et prônons le développement des relations avec cet empire du Milieu, *Zhong Guo*, en pleine croissance, puissance émergente avec qui nous avons des affinités naturelles et historiques. Et nous devons savoir tirer profit de ce lien, sorte de cordon ombilical à travers les océans et les générations. Le positionnement géographique de l'île de La Réunion, en plein milieu de l'océan Indien, à la croisée des chemins de la Chine, de l'Europe et de l'Afrique, nous paraît stratégique. Nous pouvons être une charnière, un hub d'éclatement, sur cette « route de la Soie » version XXIe siècle. Recueillir alors, simplement, quelques miettes de l'important flux économique entre la Chine et l'Afrique, à l'échelle de notre petite île, se traduirait par une croissance notable et inattendue de notre activité économique, et La Réunion en a bien besoin !

Nous venons d'ailleurs tout juste, comme un signal éclairant notre vision, d'accueillir le premier consul général de la République populaire de Chine à Saint-Denis de La Réunion. Le diplomate est affable, chaleureux et exubérant. J'ai la chance de l'avoir pour voisin presque immédiat et nous nous lions rapidement d'amitié. Zhang Guobin adore Anne-Laure et Alizée, il ne cesse de leur faire des compliments et de les couvrir de cadeaux. Et lorsque vient le moment d'inaugurer les bureaux du consulat général, il demande à Anne-Laure d'être celle qui portera le bouquet de fleurs à l'épouse de Son Excellence l'ambassadeur de Chine en France à son arrivée à l'aéroport, puis de présenter le coussin avec les ciseaux aux officiels qui doivent couper le ruban de la célébration.

Ce jour-là, Anne-Laure a sorti sa robe chinoise toute rouge et dorée, de quoi étinceler sous les flashs des nombreux photographes. Alizée n'est jamais très loin, elles rivalisent toutes deux d'une juvénile élégance et sont les petites reines de l'événement. Elles sont heureuses d'être embrassées, félicitées, complimentées, et nous vivons tous ensemble passionnément les différents moments de cette journée intense qui se termine par un grand banquet dînatoire. Parmi les invités de cette soirée, Pascal tient une place particulière. Il a mis ses connaissances de la fonction publique au service du consulat général qu'il a conseillé pour son installation dans le chef-lieu. C'est aussi mon ami d'enfance, et il a promis d'être là, lui qui n'aime pourtant guère ces mondanités. Martine, son épouse, s'en amuse : « Il faut le faire sortir un peu plus, je compte sur Jerry ! », a-t-elle lancé à Ketty lorsqu'elle a appelé pour nous confirmer leur venue et être certain qu'on allait pouvoir s'y retrouver.

*

Quelques jours après l'événement, nous nous rendons compte, finalement, n'avoir ni vu, ni croisé, ni salué Pascal et Martine. Il y avait tant de monde à accueillir, tant de mains à serrer, tant de discussions à engager, que nous avions fait quelques entorses aux règles élémentaires de l'amitié ! Il faut absolument que je m'en excuse auprès d'eux. Plusieurs coups de fil restent sans réponse, le mobile de Pascal est aux abonnés absents. Et lorsque la sonnerie aboutit enfin sur un décrochage, j'entends une voix qui semble lointaine… Seraient-ils partis en voyage quelque part, de manière impromptue ?

Non, Pascal est bel et bien à La Réunion. Et Martine aussi, mais elle est dans une clinique dionysienne ! « Je n'ai pas voulu t'alarmer, explique mon ami, d'une voix un peu fatiguée qui explique l'impression d'éloignement. Le matin de l'inauguration du consulat, Martine avait rendez-vous pour faire des radios, et on lui a découvert une tumeur au poumon ! Elle a dû rester à la clinique, et elle y est toujours en observation… »

Il se veut rassurant : « On lui a fait une biopsie, et il faut attendre les analyses. On ne peut présager de rien, on reste confiant, ce n'est peut-être pas grand-chose... » Peut-être, mais dans ma petite tête, je ne peux m'empêcher de faire le rapprochement avec ce que nous avons vécu avec Anne-Laure.

Alors que Pascal me promet que l'on prendra le temps de déjeuner ensemble prochainement, je me mets à faire un décompte que j'avais oublié. Depuis la fin du traitement par rayons de la tumeur d'Anne-Laure, il s'est écoulé exactement 1 an, 5 mois et 29 jours. Le premier palier de sa période de rémission se termine dans un peu plus d'un semestre. Si cette étape passée signifie que le risque de récidive est considérablement diminué, il convient malgré tout de continuer des examens réguliers mais plus espacés. Ensuite, nous avait-on dit, il faudra attendre encore trois années pour prononcer la rémission définitive.

Un souvenir afflue alors à mon cerveau. C'était pendant cette fameuse dernière semaine à l'Institut Curie. Dans le hall d'accueil, j'avais engagé la discussion avec un certain Joël, que je sentais préoccupé. Il était venu de Grenoble accompagner sa fille Cindy-Anne qui, justement, était en train de s'amuser avec Anne-Laure dans la salle de jeux, alors que nous attendions de voir le docteur Jean. C'est ce même docteur qui avait suivi Cindy-Anne, atteinte d'une tumeur à la jambe, c'était il y a presque deux années.

— C'est rageant, raconte Joël. Après le traitement, les contrôles trimestriels ont tous été positifs. Pas de traces, rien ! On arrivait à la limite des deux ans après le traitement et, deux semaines avant la date de notre dernier rendez-vous pour le contrôle, on découvre une nouvelle rougeur sur la jambe de Cindy-Anne ! À deux semaines près, tu te rends compte !

Cette rougeur signifiait récidive… Et retour impératif dans le cabinet du docteur Jean, puis nouveau traitement, certainement plus lourd, plus contraignant. Sa voix posée et calme mais empreinte d'une colère contenue résonne encore à mes oreilles. Je me demande ce qu'est devenu Joël, et surtout sa fille. J'espère qu'elle s'en est sortie et qu'aujourd'hui, du côté de Grenoble, une famille est en train de rire, de s'amuser.

Je veux chasser ces pensées et ces souvenirs. Je ne veux pas me noircir l'esprit. Je ne veux pas croire aux parcours parallèles !

Trois mois après, un jeudi matin… La maisonnée se réveille paresseusement, nous sommes dans une période de vacances scolaires. J'aime bien traîner un peu au lit, dans ces moments-là. J'aime bien aussi lorsque, comme ce matin, Anne-Laure sort de sa chambre et vient se blottir contre moi. Je suis heureux, c'est une journée qui commence bien avec cette douceur câline.

Anne-Laure s'est retournée sur son côté droit pour bien se pelotonner contre mon petit ventre arrondi. Elle a l'air de s'assoupir encore. Soudain, elle hoquète un peu, son corps se tend, et elle commence à renvoyer.

NON !

PAS ÇA !!!

18 MAI 2010 – 1er AOÛT 2011

Retour aux urgences pédiatriques…

Retour à la salle des scanners…

Mode « total replay »…

Je n'arrête pas de me dire que non, ce n'est pas vrai, non ce n'est pas une récidive, non ce n'est pas la tumeur! Ketty se montre plus posée, plus forte et plus pragmatique, elle me dit : « Attendons de voir le médecin et de connaître les résultats des analyses, que veux-tu faire de plus ? » C'est bien vrai, que pouvons-nous faire? Nous sommes impuissants, aveugles et manchots, perdus en plein milieu de cet univers médical si spécialisé, si angoissant.

Le docteur Stéphane nous rejoint enfin. Au fil de nos rencontres, il a su nouer avec Anne-Laure une relation chaleureuse et affective, une complicité copain-copine. On croit même parfois voir le grand frère qui protège la petite sœur. Nous lui faisons toute confiance, et notre fille l'adore. Lorsqu'il arrive, elle lui saute presque dans les bras. « Qu'est-ce que tu nous fais encore là, jeune fille ? », s'exclame-t-il après nous avoir salués. Il ajoute : « Allez viens, on va voir tout ça », sur un ton si détaché et léger qu'il souffle instantanément sur les quelques nuages amoncelés au-dessus de nos têtes. Avec lui, nous baignons dans un climat de sécurité et d'optimisme, tant il sait nous rasséréner à défaut de nous rassurer. Pas de dramaturgie surjouée, et même la consultation se passe entre sourires et rires.

Il fait faire à Anne-Laure toute une série d'exercices : « Tiens-toi droite, les bras tendus devant toi, reste en équilibre », « fais la même chose, et ferme les yeux » ; « touche le bout de ton nez avec l'index de ta main droite, puis de ta main gauche » ; « suis du regard le déplacement de mon doigt » ; « serre-moi la main fortement ». Il lui teste les réflexes avec son petit marteau et en lui passant la pointe d'un stylo au-dessous des pieds. Anne-Laure s'en amuse, elle en rigole. L'oncologue nous fait son bilan de la journée : l'examen clinique est sans particularité, l'examen neurologique est normal, le bilan biologique est strictement normal, mais voilà : le scanner cérébral révèle trois petites taches. Cela embête le médecin. Cela nous angoisse.

Le docteur Stéphane demande à garder Anne-Laure en observation, elle devra passer la soirée à l'hôpital. Il nous faut nous organiser pour lui apporter des vêtements, ses affaires de toilette, et sa petite provision de livres. Évidemment, je décide de rester avec elle. Là, cette nuit, sur mon petit lit de camp, quasiment à même le sol, je cogite, je me prends la tête, et je m'auto-convaincs que ce n'est qu'une fausse alerte… Tout le monde l'a remarqué : à part l'épisode de renvoi du petit matin, Anne-Laure a été en pleine forme toute la journée. Bon, il y a ces petites taches sur le scanner qui nous fichent la trouille, mais je me raisonne et me dis qu'on pourra certainement les traiter. Anne-Laure a vu bien pire avec sa tumeur taille XXL de 7 x 5x 5 !

Je la regarde alors qu'elle s'est endormie. Son visage est serein, reposé, même souriant.

Dès le lendemain matin, Anne-Laure a sa permission de sortie. Moi aussi, d'ailleurs… Même pas douze heures de surveillance à l'hôpital ! Cela me conforte dans mon analyse qui se veut auto-rassurante. Je me demande si, finalement, ce n'était rien d'autre qu'une fausse alerte. Le docteur Stéphane nous suggère de revenir l'après-midi, pour faire ensemble un point sur la situation d'Anne-Laure. Pour le moment, nous rentrons chez nous, le cœur et la raison balançant ostensiblement du côté de la quiétude.

Nous voici de retour, quelques heures après notre « libération », à l'étage dédié aux soins pédiatriques, dans ces couloirs dont nous commençons à bien connaître les coins et recoins. D'ailleurs, au cœur de cet hôpital en pleine rénovation, véritable labyrinthe multiforme et en mutation presque constante, nous avons déjà pris quelques points de repère.

Toujours de cette façon un peu nonchalante, toujours avec ce petit sourire à la fois mystérieux et rassurant, le docteur Stéphane vient nous saluer. Il dirige Anne-Laure vers une salle de soins, où il demande à l'infirmière de prendre ses mesures et ses constantes, afin de remplir sa fiche de consultation. Il se retourne vers nous, nous fait entrer dans son bureau : « Venez, je vais vous expliquer ce qu'on va faire… » Une invite que je perçois sibylline et ténébreuse, que je rapproche de ce qui vient de se passer : à mon avis, le médecin a volontairement éloigné Anne-Laure. Toute cette conjoncture affole mes capteurs sensoriels. J'ai soudainement peur, très peur. Que va-t-il nous asséner ?

*

Maintenant assis en face du docteur, Ketty et moi sommes deux êtres perdus dans leurs questions et leur appréhension. L'attitude du docteur Stéphane nous a alertés, et le voilà qui sort lentement les clichés du scanner de leur enveloppe. Je tente de dédramatiser, du moins d'accélérer le temps afin de briser la tension qui vient de s'installer :

— Dites-nous tout, ne nous cachez rien…

— Non, je ne vous cacherai rien. Je crois que vous avez déjà compris, c'est une récidive !

Et m…, la tumeur est revenue ! On s'en doutait, mais on n'osait pas y penser. On ne voulait même pas en causer, Ketty et moi. Maintenant au pied du mur, il faut bien réagir, il faut bien dire quelque chose…

— C'est grave ou c'est très grave ? Est-ce que ça se traite ? Dites-le-nous franchement !

— Franchement, c'est un bien mauvais moment pour une récidive. C'est une catastrophe.

Le mot est massue, il nous percute de plein fouet. Nous avons fait comprendre au docteur Stéphane qu'il ne fallait pas prendre de gants, il a accepté de nous suivre dans cette logique, à nous d'assumer notre posture. Alors, je ravale ma salive, ma fierté, mon angoisse. Je prends la main de Ketty pour être unis dans cette nouvelle épreuve qui nous fait devenir muets. Nous sommes des paralytiques de la voix, alors le médecin enchaîne.

— Il nous faut d'abord faire une IRM. Puis, avec le docteur Jean que vous connaissez, nous allons nous concerter pour définir le traitement que nous vous proposerons pour Anne-Laure. Ce qui est sûr, c'est qu'il n'y aura pas d'intervention chirurgicale, la tumeur est sur plusieurs sites. Ce ne sera pas non plus une radiothérapie, on s'oriente vers un protocole chimiothérapique.

Il marque une petite pause.

— Et je dois vous dire quelque chose. Tout ce que nous pouvons vous proposer aujourd'hui est du palliatif, pas du curatif.

Là, ça fait tilt. Ça bouillonne soudainement. Je relève la tête, mes yeux hagards tâchent de fixer le regard du médecin.

— Pardon, vous pouvez répéter ?

— Tout ce que nous pouvons vous proposer est du domaine du palliatif, pas du curatif.

— Du palliatif… pas du curatif…

Je répète doucement chaque mot, je les détache, je les soupèse, je les ingère, je les comprends. Oui, malheureusement, je les comprends. Il faut le temps d'encaisser le choc… Ketty et moi nous nous regardons, mais je ne la vois pas. Je ne sens aucune larme, mes yeux sont pourtant embués…

Je reprends mes esprits, et en même temps la parole…

— Vous avez bien dit : palliatif et pas curatif ?

— Oui, c'est ça, vous avez bien entendu.

Une seule question, terrible, me vient à l'esprit, elle sort naturellement et instantanément de ma bouche, comme si je ne maîtrisais plus la parole.

— Et ça signifie quoi : six mois, deux ans, cinq ans, dix ans ?

— Ça, personne ne pourra vous le dire. C'est compliqué, vous savez. Il y a une dizaine d'années, nous n'avions aucun traitement disponible. Aujourd'hui, on peut vous proposer un protocole qui fonctionne plutôt bien, et peut-être que, demain, la recherche trouvera un traitement plus radical.

Je n'ai pas eu la réponse à ma question, mais, perdu dans mes douloureuses cogitations, je ne le remarque même pas. Ketty intervient à son tour, laissant vibrer sa fibre maternelle : elle pense avant tout à Anne-Laure. Elle se demande où elle est en ce moment. A-t-elle terminé sa séance avec l'infirmière ? Que fait-elle ? Surtout, comment lui annoncer la nouvelle ?

Nous revivons en accéléré quelques moments insupportables passés, à chaque fois qu'il nous fallait aller puiser des ressources inconnues pour nous armer de force et de courage avant d'aller annoncer les mauvaises nouvelles à nos proches, et surtout à nos filles. Parfois, nous avions choisi de faire passer l'information par un messager de confiance. Cette option nous semble la plus appropriée à la situation du moment, il est évident que nous ne serons jamais capables de le dire à notre fille. Nous demandons au docteur Stéphane d'informer Anne-Laure, en restant dans la limite de ce qu'une jeune adolescente peut accepter.

Avant d'ouvrir la porte de son bureau, afin de s'enquérir de la présence d'Anne-Laure, le docteur se retourne vers nous et, sur un ton de confidence et de compassion mélangées, demande :

— Êtes-vous croyants ?

Nous secouons la tête, en guise de réponse. Nous n'avons pas envie de nous attarder sur cette question.

— Vous comprenez bien que vos vies vont changer. Vous allez devoir apprendre à vivre au jour le jour.

— Nous nous en doutons. En tout cas, merci pour votre franchise.

Anne-Laure est sagement assise sur une des chaises de la salle d'attente. Comme d'habitude, elle est prévoyante et met toujours dans son sac un livre ou un jeu.

Là, elle est en train de tapoter sur la tablette de Ketty, certainement un de ces casse-tête qu'elle adore. Un sourire éclaire son visage, toujours ! Le médecin lui prend la tablette, elle fait la moue en croisant les bras, elle fait mine de s'offusquer. On les retrouve complices, et on serait prêt à sourire, voire à rire, si on ne connaissait pas, nous, la vérité de la situation.

Nous voici à nouveau dans le bureau. Ketty et moi, nous entourons Anne-Laure, sans oser la regarder. Face à elle, le docteur Stéphane se lance :

— Je dois t'expliquer quelque chose, Anne-Laure. Tu sais, cette tumeur que tu avais dans la tête, et que nous avons traitée ici et à Paris, elle est revenue. Il va falloir faire un nouveau traitement.

Sur sa chaise, Anne-Laure ne réagit pas. Elle continue de balancer ses jambes, ses deux mains en appui sur chaque bord de la chaise. Elle regarde le docteur en face d'elle, elle lui dit : « Zut ! » Simplement zut !

*

C'est une page blanche qui n'attend qu'un premier signe. Un signe de départ, un signe de vie, qui lui conférera sa raison d'exister. Des cahiers de toute sorte, il y en a partout chez nous. Anne-Laure et moi sommes des fous de papeterie, nous ne savons pas résister à un beau cahier, un stylo élancé, un bloc-notes élégant. Nous sommes aussi amoureux des mots. Avec les filles, il nous arrive souvent, le soir avant de nous endormir, de nous réunir autour d'une feuille. Nous ouvrons un dictionnaire au hasard des pages, choisissons à l'aveugle un mot et écrivons toutes les déformations, les allitérations, les dérivés, les combinaisons et les délires que nous pouvons imaginer à partir de ce mot. À partir de « pièce », nous avons écrit « Pis… est-ce ? », « Les Boules Pièces », « Es-pièce de garce ! », « Pièce de mon nez », etc.

Ce soir, personne n'a envie de jouer. Une chape de fatigue morale s'est abattue sur toute la famille. Alizée a vite compris la gravité de la situation, elle qui depuis deux ans vit à proximité de la maladie de sa sœur et avec cette même épée de Damoclès qui vient de tomber avec fracas. Elle qui adore sa grande sœur, certains parlent même d'une vraie fusion, est aussi « cassée ». Tout le monde s'est vite endormi, me laissant seul à mes pensées.

Je choisis soigneusement un cahier. Sa couverture est noire, naturellement, les couleurs de ma vie ayant brutalement viré au sombre ! Ce carnet noir, je décide de l'appeler mon « Âme-Stram-Gram », en pensant à la chanson de Mylène Farmer, à l'atmosphère à la fois sombre et mélancolique. Parce que ce sont mes états d'âme que je vais coucher dans ce carnet noir. Je décide de lui donner vie. Il y sera d'ailleurs essentiellement question de vie. Et de son miroir fatal, qui a été en filigrane, sans le nommer, de toute notre journée…

Sur la première page, j'appose instantanément le fil de mes pensées, je me fais maçon littéral, compilateur de quelques mots simples pour façonner un texte brut de décoffrage, cimenté par la pure émotion et le pur amour du père.

Je laisse ma colère, mon ressentiment, mais aussi mes espoirs guider ma plume, et j'écris dans l'Âme-Stram-Gram…

J'ai pour habitude de dire que la vie est une suite de parenthèses. Que l'on ouvre. Que l'on ferme. Les parenthèses peuvent être plus ou moins longues, plus ou moins intenses, plus ou moins difficiles, plus ou moins colorées… L'essentiel, souvent, toujours, est de savoir refermer ces parenthèses sans regrets, ni remords. Ne jamais se retourner vers son passé.

La parenthèse qui s'ouvre, ce jour, est pleine de mystères, de doutes, d'incertitudes. Une porte ouverte sur l'inconnu, véritable armure de cette maladie que l'on nous annonce et qui touche ce que l'on peut avoir de plus cher, notre enfant.

On voudrait refermer cette parenthèse le plus rapidement possible, évoquant la meilleure des issues. Le nombre de pages de ce cahier en sera le témoin. J'ose espérer que j'écrirai, ou le moins possible avec un happy end, ou le plus possible, en espérant que je n'en voie personnellement pas la fin.

Ces pages sont ma parenthèse. Elles sont pour Anne-Laure qui les lira un jour, après le mot « fin », j'en suis certain !

La nuit porte-t-elle conseil ? Non, elle est agitée de nervosité et fiévreuse d'interrogations multiples sans réponses. Un éclair dans la grisaille, pourtant ! Le visage du docteur Jean m'apparaît soudainement, entre deux moments de fébrilité et de somnolence. Nous ne doutons pas de la parole de son confrère d'ici, mais j'ai besoin d'une confirmation que je souhaite, secrètement, entendre se métamorphoser en contradiction.

Dès mon réveil, je saute sur le téléphone… Oubliant les deux heures de décalage avec la métropole, ce que le standard de l'Institut Curie ne manque pas de me faire comprendre : à part les urgences, aucun service ne peut être joignable à cette heure ! Je n'ai pas envie d'attendre, je vais me plonger dans mes dossiers professionnels. Impossible d'aligner deux mots pour écrire un argumentaire pour un prochain projet, rien ne sort. L'heure et demie d'attente paraît s'éterniser. Lorsque, à nouveau, j'ai en ligne l'Institut Curie, on me passe la secrétaire du service à qui je demande aussitôt le docteur Jean.

— Il est déjà en réunion, et je pense qu'il sera difficile de l'avoir au téléphone ce jour.

— Demandez-lui vers quelle heure je peux le rappeler, s'il vous plaît ! Son heure sera la mienne.

— Je vais le bipper, patientez un instant, il est actuellement en staff.

Le staff, le fameux staff. Qui réunit chaque semaine tous les responsables de service pour confronter leurs avis sur chaque patient traité. Je devine qu'il sera difficile d'extirper le médecin de cette réunion, étape essentielle de la vie de l'Institut. Lorsque j'entends à nouveau la voix de la secrétaire, je saisis un stylo et un bout de papier afin de bien noter le rendez-vous téléphonique qu'on va me proposer.

— Vous êtes bien le père d'Anne-Laure, c'est ça ? Il vous demande d'attendre une minute, il arrive, il souhaite absolument vous parler.

Dois-je me réjouir de cette sollicitude, ou dois-je m'en inquiéter ? Je penche pour le versant ombreux, surmonté de nuages menaçants. Dès qu'il prend le combiné, le docteur Jean veut se montrer amène, mais il ne fait qu'épaissir le nuage.

— J'ai beaucoup pensé à vous et à Anne-Laure depuis quelques jours, m'assène-t-il d'emblée.

Cela ne me rassure pas, j'ai même un mouvement de recul qui se traduit physiquement par ma main éloignant brutalement le combiné de mon oreille. Je me reprends…

— C'est donc grave, docteur. Dites-moi ce qu'il en est exactement !

— Je vous avoue que ce n'est pas la meilleure des situations.

— De quoi s'agit-il exactement ?

— C'est ce que nous appelons un gliome de haut grade. Il est compliqué à attaquer, mais des traitements existent.

— Vous avez traité beaucoup de cas comme celui-ci ?

— C'est une tumeur rare chez les enfants. Mais nous avons des solutions à notre disposition, faites-nous confiance, nous allons suivre attentivement le cas de votre fille.

Une question, déjà posée au docteur Stéphane, surgit abruptement, sans crier gare, dans la même formulation et presque avec les mêmes mots :

— Que pouvons-nous espérer : six mois, deux ans, cinq ans, dix ans ?

— Tout ce que je peux vous dire, c'est qu'on a malheureusement perdu beaucoup d'enfants !

— Oui, mais y a-t-il une moyenne ? Combien de guérisons ?

— Nous continuons à en suivre depuis plusieurs années, ils sont toujours en vie. Je ne peux pas vous parler de statistiques, cela ne veut rien dire.

Encore une fois, je n'ai pas de réponse, je reste sans voix, à essayer de trouver une stratégie pour faire parler encore plus le praticien à l'autre bout du fil, essayer de lui arracher des informations sensibles qu'il ne souhaite pas lâcher. Celui-ci prend les devants.

— Il n'y a plus de temps à perdre, dès que l'IRM sera faite, nous déterminerons le meilleur protocole chimio à suivre. Le docteur Stéphane vous en parlera. Ensuite j'aimerais vous voir ici dès que vous pouvez.

— Il était prévu que l'on vienne à l'Institut Curie pour un contrôle en juillet, on peut garder ce rendez-vous.

— Oui, c'est très bien comme ça, cela nous permettra de faire un point après deux mois de traitement.

Un nouveau cycle se met en place. Ça recommence. Non, plutôt, ça continue!

*

Nous nous retrouvons dans le bureau du docteur Stéphane. Comme des moutons qui vont où on leur dit d'aller sans la moindre parcelle d'énergie et de capacité de réflexion, totalement déphasés et dépassés, nous subissons les événements. Nous sommes aux mains de la machinerie médicale, et c'est notre fille qui se fait broyer. Quelle injustice!

— Voilà ce que nous allons faire pour Anne-Laure, annonce le médecin. Le traitement qu'on va lui administrer s'appelle Temodal. Il se prend sur 5 jours consécutifs, puis on arrête pendant 23 jours. On reprend ensuite le cycle 5 jours + 23 jours d'arrêt, et ainsi de suite.

Ainsi énoncé, cela semble si simple. Mais les conditions de prise de Temodal sont absolument effrayantes: au réveil, Anne-Laure doit d'abord prendre un médicament anti-nauséeux, puis ne rien boire ni manger pendant toute une heure avant de pouvoir prendre la gélule de Temodal. Ensuite, elle doit encore ne rien avaler pendant deux heures ! Soit trois heures complètement à jeun, déjà qu'elle n'est pas bien solide, ni épaisse, notre fille !

Ce n'est pourtant pas ce qui nous inquiète le plus. Dès que le docteur Stéphane a prononcé le mot « gélule », Ketty et moi avons eu un même sursaut. Nous échangeons un regard lourd d'anxiété et de dépit. Une alerte vient de se déclencher : Anne-Laure s'est toujours montrée réfractaire à tout ce qui s'appelle comprimés, cachets ou gélules. C'est bien simple : ça ne passe pas !

— Docteur, est-ce que Temodal existe sous une forme autre que les gélules ?

— Vous voulez dire en sirop ? Non, cela n'existe pas. Y a-t-il un problème ?

— Anne-Laure n'a jamais réussi à avaler un cachet, elle fait une sorte de refus.

— Effectivement, c'est un problème. Il faudra pourtant y arriver, il n'y a pas d'autres formes de Temodal, et donc pas d'autres solutions ! Si ça ne passe pas avec l'eau, on pourra remplacer par du lait ou un jus de fruits, peut-être qu'avec du sucré ça passera.

On n'ose rien lui dire, mais nous avons déjà essayé le jus de fruits, en vain. À nous de faire comprendre à Anne-Laure qu'il n'y a aucun autre moyen, et peut-être même que nous nous inquiétons pour rien. Après tout, cela fait longtemps que nous n'avons pas fait prescrire de tels médicaments à notre fille, en les faisant substituer par des sirops ou des suppos, alors pourquoi ne pas penser que, cette fois, un petit éclair viendra briser le chapelet des noires nouvelles.

La litanie des informations angoissantes est-elle terminée ? Non ! Il fallait s'y attendre, le docteur Stéphane aborde le chapitre des effets secondaires. En l'espace de quelques minutes, nous entendons des mots qui s'entrechoquent et deviennent des maux à leur simple énoncé. On nous parle nausées, étourdissements, vomissements, diarrhées, mucites, douleurs, perte de poids, anxiété, convulsions. Chaque mot est un direct, un crochet, un uppercut, j'encaisse, je chancelle mais je dois rester debout. De son côté, Ketty prend soin de tout noter. Son écriture est chancelante, perturbée, et encore plus lorsqu'on nous annonce qu'il sera nécessaire de faire une prise de sang hebdomadaire à Anne-Laure. Toutes les semaines ? Oui. Car il faut surveiller de près ce que le médecin appelle « la numération ». Il nous donne des valeurs limites pour le taux d'hémoglobine, le nombre de plaquettes, les polynucléaires neutrophiles, et nous entendons les sentences liées à la possible transgression de ces paliers : transfusion, hospitalisation, urgence !

Il nous faut reprendre nos esprits. À cet exercice, je dois reconnaître que les femmes sont souvent plus fortes que les hommes. Ketty sort la première du brouillard, elle fait valoir son sens des réalités. Son analyse est juste : la cure de Temodal dure cinq jours, avec les contraintes sévères et les effets attendus que l'on vient de nous décrire, il faut alors la commencer un week-end, pour minimiser les effets sur l'emploi du temps scolaire d'Anne-Laure, et pour que nous soyons complètement disponibles pour l'accompagner et la soutenir dans cette épreuve. Et le week-end, c'est demain ! Nous n'avons pas de temps à perdre, il faut aller tout de suite s'enquérir de la prescription pharmaceutique.

Ordonnance en main, nous fonçons à la pharmacie juste en face de l'hôpital. C'est l'une des plus grandes de toute l'île, une des plus anciennes aussi, et sa réputation veut qu'on y trouve tout, absolument tout. Tout ?

Et malheureusement, non : de Temodal, point ! Nous avons croisé le regard embêté, voire fuyant, du pharmacien, il semble à la fois apeuré et triste. Il nous fait comprendre que le Temodal n'est pas une prescription courante, il est même très rare qu'on lui en demande. Nous entendons aussi ce qu'il ne dit pas, mais pense très fort : je vous plains, si on vous a prescrit ce médicament, c'est vraiment grave !

— À mon avis, il n'y a qu'à la pharmacie de l'hôpital que vous pourrez en trouver.

Retour au pas de course dans le service du docteur Stéphane, déjà pour vérifier que nous pouvons effectivement avoir accès à la pharmacie de l'hôpital. Oui, nous dit-on, mais il faut y aller vite, c'est vendredi après-midi, les services ferment plus tôt. Dans le dédale des étages et couloirs de l'établissement, nous finissons par pousser une porte qui donne sur un sas minuscule, dont l'ocre des murs est rehaussé par la lumière jaunie des néons. L'échange se fait par une petite ouverture carrée dans le mur de séparation, derrière lequel on distingue des étagères qui débordent de produits pharmaceutiques. On trouvera bien du Temodal dans tout cet arsenal médicamenteux !

Même pas ! « Nous sommes désolés, il ne nous reste que deux boîtes, avec deux gélules chacune. Vous n'en aurez pas suffisamment pour la cure entière, il faudra patienter deux semaines, le temps qu'on nous réapprovisionne. »

C'est un nouveau coup de massue…

— Mais où est-ce qu'on peut trouver ce fichu Temodal !

J'ai presque envie de fracasser la porte… Mettre à bas toutes les étagères pour peut-être dénicher une boîte ou deux que le pharmacien n'aurait pas vues ! Je sais que c'est peine perdue. Pour nous, chaque jour de traitement en moins équivaut à laisser le champ de bataille à la tumeur, sans lui opposer la moindre résistance, et ça, il n'en est pas question.

Il faut reprendre le cours de nos pensées pour laisser la place à la réflexion et trouver « la » bonne idée, si tant est qu'il y en ait une. J'échange rapidement avec Ketty,, et nous nous disons que ce Temodal qui se fait si rare ne pourra se trouver que dans un établissement hospitalier.

J'interpelle le pharmacien :

— Anne-Laure avait été opérée au centre hospitalier de Saint-Pierre. Il y a peut-être du Temodal chez eux. S'il faut aller le récupérer là-bas, j'y vais tout de suite. Et même mieux, nous avons de la famille à Saint-Pierre, nous pouvons les appeler pour leur demander d'aller en chercher avant la fermeture. Donnez-nous un coup de main, passez un coup de fil à votre collègue pharmacien pour savoir s'il en a et s'il peut nous le garder !

— Patientez un instant, je fais le nécessaire.

Nous tournons en rond dans ce sas qui nous permet de faire seulement deux pas à droite et deux à gauche et revenir sur nos pas. J'ai l'impression de faire une ronde infernale, avec mes différentes ombres projetées par les faisceaux des halogènes au plafond. À peine en ai-je rattrapé une que la suivante me nargue au-devant. Je suis en train de vivre la projection imagée de notre épreuve actuelle : une course impossible ! Je le pense tellement fort qu'au retour du pharmacien je m'attends à une nouvelle mauvaise nouvelle pour enfoncer mon taux de résignation.

— Nous avons trouvé mieux que le centre hospitalier Sud. La pharmacie de la clinique de Sainte-Clotilde peut nous dépanner de deux boîtes de Temodal, allez-y, on vous y attend.

La clinique de Sainte-Clotilde est à quinze minutes en voiture. Nous y sommes en moins de dix minutes !

*

Ce vendredi soir, alors que nous nous écroulons à nouveau, victimes du stress accumulé toute la journée, La Réunion vit un moment sportif exceptionnel. Et incroyable ! À Saint-Pierre, l'équipe de football de la République populaire de Chine vient de battre l'équipe de France des Ribéry, Cissé, Évra, Anelka, Henry, Lloris et autres stars. C'est la dernière escale des Bleus sur la route qui les mène au Mondial de football, en Afrique du Sud et à un certain terrain d'entraînement de Knysna.

Nous aurions dû être dans les tribunes, avec nos amis. Dès l'annonce de la récidive d'Anne-Laure, deux de nos proches ont été heureux de récupérer nos invitations, elles étaient tellement recherchées et convoitées ! Nous savions que nos jours et nos nuits allaient être perturbés, et que toutes nos sorties seraient remises en cause. Alors, ce match, si unique et formidable soit-il, n'est plus ni dans nos priorités, ni dans nos pensées, ni dans notre emploi du temps. Le docteur Stéphane nous l'avait bien dit : « Vos vies vont être changées. » Il aura fallu, en quelques heures, digérer la brutalité des annonces, faire retomber la pression de la course au Temodal, et se rendre à l'évidence de la gravité de la situation.

Cette prise de conscience ne signifie ni acceptation, ni fatalité. Le mal est là, il est terrible. Il est même indestructible, si on déchiffre les dits et les non-dits des médecins. Pour autant, nous n'allons pas baisser les bras. Nous allons nous mettre en mode « combat ». Le « palliatif, pas curatif » du docteur Stéphane nous reste en travers de la gorge, mais Ketty et moi sommes décidés : nous devons tout faire, tout chercher, tout tenter. Sans avoir de regrets, tel sera notre leitmotiv. Nous repensons au livre de David Servan-Schreiber, *Anticancer*, qui a été notre livre de chevet lorsque la tumeur avait été découverte : l'auteur y disait qu'il faut « espérer le meilleur en se préparant au pire ». À nous de trouver notre équilibre sur ce fil de vie qui nous paraît désormais si ténu.

Je rentre doucement dans la chambre d'Anne-Laure, je me penche au-dessus de son lit. Elle dort comme un ange, elle a toujours son sourire collé aux lèvres. Mais qui pourrait croire un seul instant que dans sa tête se développe ce mal absolu ? Je suis complètement atterré, incapable du moindre geste. Je ne fais que la boire des yeux, imprimer sur mes iris ce visage absolument serein.

Qu'en sera-t-il demain ? Anne-Laure doit commencer sa prise de Temodal, selon le protocole assommoir qu'on nous a décrit. Surtout, nous avons eu la curiosité d'ouvrir la boîte afin de découvrir la fameuse gélule. Elle est énorme, un vrai petit haricot ! On l'a compris, c'est une nouvelle épreuve qui nous attend demain.

*

Cela tient du miracle le plus absolu : l'épreuve attendue, Anne-Laure l'a passée haut la main ! Il n'y a même pas eu d'épreuve, en fait… Ce matin, nous étions tous prêts pour la bataille de la gélule. Physiquement, nous nous sommes tous réveillés tôt pour accompagner Anne-Laure pendant son heure obligatoire d'attente après la prise du Zophren, le médicament préventif contre les éventuels nausées et vomissements. Moralement, nous

nous sommes appliqué la méthode Coué et le principe de la solidarité familiale. Le jus de fruits de secours était quand même sur la table, en prévision d'un remplacement d'urgence.

Au premier verre d'eau, Anne-Laure nous regarde, de ses yeux un peu étonnés, un large sourire éclairant son visage : la gélule est passée sans crier gare, sans coup férir, sans aucun rejet ! Ketty et moi, nous n'y croyons pas non plus. Mais si ! Anne-Laure laisse couler une larme, dans laquelle elle évacue le stress du matin, de la veille, de tous les jours précédents. En une fraction de seconde, fatigue, inquiétude, tension, questions et autres idées sombres s'évaporent ! C'est magique. C'est un moment de bonheur intense et partagé, mais tellement paradoxal quand on connaît le contexte. Le ton de la journée est donné : des sourires, des rires, de la joie et de la bonne humeur. Nous ne voyons même pas passer les deux heures qu'il nous faut attendre avant que notre fille puisse enfin prendre un petit déjeuner, presque à l'heure du déjeuner.

Il nous faut penser à tenir notre promesse. Un de nos arguments pour qu'Anne-Laure fasse l'effort d'ingérer le Temodal a été de mettre dans la balance un cadeau. Depuis quelque temps, elle lorgne sur un beau livre qu'on va lui acheter dès ce matin. C'est un livre rempli de labyrinthes de toutes sortes, en 3D, s'étalant sur deux pages, avec des pièges retors, sur plusieurs niveaux, etc. Je ne peux m'empêcher de faire un raccourci de l'esprit… Ces labyrinthes me font parfois penser à un cerveau, là où justement se niche le mal qui est en train de ronger ma fille. Est-ce un clin d'œil, un signe, une référence ? Ou encore un paradoxe cruel : elle qui adore les jeux d'esprit et de réflexion est atteinte au centre même de l'esprit et de la réflexion. Non, la vie n'est pas facétieuse, elle est terriblement mal faite!

Ce soir, nous terminons la soirée en famille devant la télévision et *Kung Fu Panda.* Demain nous programmons une sortie ciné pour aller voir *Prince of Persia.* Autour d'Anne-Laure, nous formons un bloc compact pour la protéger, mais aussi nous protéger. Nous n'avons guère envie de sollicitude ni de compassion, surtout pendant ces premiers jours d'apprentissage d'une « autre vie », et choisissons volontairement de ne pas prêter le flanc à des retours de trop grande tristesse en ne divulguant pas l'information. Même Jérémy, si loin, ignore encore le cruel rebondissement. En fait, nous ne savons pas comment lui annoncer la nouvelle, et nous voulons bien réfléchir aux mots à employer avant de l'appeler.

Lundi 7 juin 2010

Mais qui pourrait nous croire?

Mais qui pourrait penser en la voyant qu'un mal aussi terrible la ronge?

Anne-Laure a tout de la jeune fille en fleur: le sourire, le rire, l'envie de vivre, la joie d'aller au cinéma, l'amour pour ses proches et ses parents...

Elle révise ses leçons, elle prépare son cartable, elle oublie parfois un cahier. Bref, une fille de son âge, qui a parfois besoin d'une remontrance.

Il ne faut pas hésiter. Toujours se dire qu'elle est une jeune fille comme les autres. Que rien ne la distingue. Rien ne lui autorise de quelconques passe-droits. Comme nous l'avons toujours dit à ses professeurs : le meilleur service qu'on puisse lui rendre, c'est de la considérer comme toutes ses autres camarades de classe.

À ce propos, je pense à son amie Aude. Si proche d'elle, et surtout si attentive et attentionnée. L'image que je garderai toujours, c'est Aude qui accompagne Anne-Laure du regard, alors qu'elle quitte le collège avant ses camarades pour aller à son rendez-vous à l'hôpital, et qui lui fait un discret signe de la main alors qu'elle franchit le portail. L'expression d'une véritable amitié, et celle d'un espoir. Car ce sont ces émotions, ces sentiments, cette solidarité, qui peuvent aider Anne-Laure. On y croit, on y croira toujours.

Plus que jamais, le proverbe « Tant qu'il y a de la vie, il y a de l'espoir » éclaire notre quotidien. Qu'on ne vienne surtout pas me dire qu'il s'agit d'une banalité ! Pas pour nous, plus pour nous.

L'armistice, hélas, est de courte durée. Nous n'avions gagné que quelques batailles, alors que nous pensions avoir remporté une victoire totale. Nous baignons dans une sorte de gentille euphorie, portées par la bonne humeur d'Anne-Laure. Mais, ce matin, la quatrième gélule oppose une résistance acharnée, elle s'obstine à rester bloquée entre le palais et la gorge. À la première gorgée d'eau, Anne-Laure manque de s'étrangler, elle expulse le Temodal de sa bouche, nous retrouvons la gélule sur la table.

Le temps de reprendre ses esprits et son souffle, elle essaye à nouveau, en s'accompagnant toujours à l'eau, puis d'un jus de fruits. Mais non, ça ne passe toujours pas. Que ce soit à petites gorgées ou en prenant une bonne goulée, rien n'y fait. Les essais infructueux finissent par fragiliser la gélule qui commence à se tordre comme un chewing-gum. On ne peut même plus la prendre entre les doigts, elle se distend, se courbe, devient inconsistante, insaisissable et inutile. Elle est définitivement « out » ! Il nous faut nous rabattre sur une nouvelle gélule, et recommencer. Un second, ou un troisième, on ne sait plus, verre de jus d'orange. Le rejet de la gélule est persistant. Peut-être avec du sirop de menthe, qu'Anne-Laure aime bien ? Échec. Un verre de lait, bien chocolaté ? Et mat ! Nous sentons nos forces nous abandonner, alors que nous avons épuisé quatre gélules ! Quatre gélules qui trônent désormais dans la poubelle…

Cela fait plus d'une heure qu'Anne-Laure tente de venir à bout de ce fichu Temodal. Nous l'avons encouragée, en essayant de toujours garder notre calme. Nous l'avons soutenue, en essayant de trouver des solutions alternatives. Et nous craquons tous ensemble. Elle enfouit sa tête entre mes épaules, pleure à chaudes larmes et murmure : « Mais pourquoi est-ce que j'ai cette maladie ? » Je cherche Ketty des yeux, mais ils sont noyés et je ne distingue rien. En fait, je cherche une réponse, mais personne n'a de réponse ! Je pense « fatalité » et je la maudis. Je pense « malédiction » et me demande quelle a pu être ma faute pour qu'on nous fasse souffrir comme ça aujourd'hui !

Nous nous avouons vaincus, Anne-Laure n'aura pas son Temodal du jour ! Nous sommes écroulés, physiquement épuisés, moralement décimés. Le docteur Stéphane est prévenu, il comprend vite notre désarroi. Quoi faire ? Nous proposons de retenter la prise de la gélule dans l'après-midi, le médecin nous le déconseille et nous demande d'attendre le lendemain. En espérant que l'anatomie d'Anne-Laure se montre plus souple et plus réceptive au passage de la gélule. Nous sommes tous désarmés face à cette situation.

Le docteur Stéphane sait nous mettre à l'aise. Il se montre conciliant, bienveillant et se fait rassurant, mais nous éprouvons malgré tout un irrépressible besoin de nous confronter à d'autres avis et d'autres conseils. L'ami d'un ami d'une relation de travail connaît un spécialiste cancérologue qui œuvre dans une clinique privée. En quelques rapides relais téléphoniques, nous voilà en contact. Il me confirme que le Temodal est le traitement le plus adapté et qu'il ne pourrait guère faire mieux que son confrère. Nous n'en doutions pas.

Je lui fais part de notre souci primordial du moment qui occupe toutes nos pensées : comment faire pour qu'Anne-Laure puisse avaler ses gélules ?

— Essayez de faire passer la gélule avec de la confiture, ou du yaourt. C'est ce qu'on fait faire aux gamins pour leur montrer comment prendre un comprimé.

Promis, on va tester ça dès demain matin !

— Ce que vous pouvez également faire, c'est l'habituer à avaler des aliments de même taille, comme un haricot. Une autre astuce aussi, c'est mettre la gélule dans un macaroni, ça peut marcher.

Nous avons une nouvelle panoplie de mesures alternatives à notre disposition, il y aura bien une astuce qui fonctionnera !

Anne-Laure s'est assoupie, nous ne regardons même plus son emploi du temps scolaire, ce n'est plus une priorité. Qu'elle manque toute cette journée de cours nous importe peu.

De mon côté, j'ai pu annuler ou reporter mes rendez-vous de la matinée. Cet après-midi, je dois quand même aller à une réunion professionnelle importante, qui mobilise plusieurs personnes, prévenues depuis plusieurs semaines. Il me faut faire face coûte que coûte. Je me surprends à trouver la force d'exposer, d'argumenter, de contredire, de synthétiser, de trancher. L'espace d'une heure, ce travail m'éloigne du spectre du mal. Dès que la tension des discussions retombe, je craque. Je me confie à mes interlocuteurs. Je leur explique mon mal-être du jour, et surtout celui de ma fille, dont ils connaissent, pour la plupart, le récent passé difficile.

Je partage ma souffrance, et je m'en veux. Les autres n'ont pas à subir cela. Je m'en excuse auprès d'eux. Tous me disent de prendre quelques jours, quelques semaines, d'arrêter momentanément le boulot, mais j'hésite. Ne plus travailler ne va-t-il pas me rendre trop perméable à la douleur ?

*

Le Temodal joue avec nos nerfs. Il les transforme en montagnes russes, les faisant partir dans tous les sens, alternant montée d'adrénaline et descente de tension, et les vibrations intenses qui vont avec !

Le lendemain, la gélule passe. Nous avons suivi le conseil de notre interlocuteur de la veille : dans une cuillère de yaourt, ça a marché !

Le surlendemain, la gélule refait le coup de la fuite et du blocage. Yaourt, confiture, sirop de menthe, rien ne fonctionne ! Une nouvelle matinée de rude bataille perdue, et c'est une journée entière de fatigue et de questions qui nous abat.

Enfin, l'ultime cachet de la série passe le jour suivant, mais après plusieurs essais qui nous laissent une nouvelle fois sur les rotules.

La cure de cinq jours a été étalée avec peine sur sept jours ! Nous ressortons de cette épreuve complètement laminés. La question d'Anne-Laure, « Pourquoi est-ce que j'ai cette maladie ? », ne sort pas de ma tête. Je la regarde à nouveau somnoler, sa peluche préférée du moment, un beau canard tout jaune qu'elle a baptisé Mimi, enserrée dans ses bras. Je lui murmure à l'oreille : « Si je pouvais entrer dans ta tête et échanger nos cerveaux, je le ferais tout de suite... » À sa réaction, je comprends qu'elle a tout entendu. Elle ouvre un œil, vient se pelotonner contre moi. Elle sait que j'adore cette tendresse !

Nous avons trois semaines de répit devant nous. Je suis décidé à lui faire plaisir ! Anne-Laure veut-elle lire les derniers mangas sortis, je l'emmène faire une razzia de *Détective Conan, Tsubasa* et *Chocola et Vanilla* chez le spécialiste du chef-lieu. Anne-Laure a-t-elle envie de tartelette au citron meringuée, passion gourmande qu'elle partage avec moi, je lui achète, ou plutôt je nous achète une tarte complète ! Nous savons qu'elle affectionne les jeux de société, alors, dès que nous pouvons, toute la famille se retrouve autour du plateau de « Mille Bornes », de « Labyrinthe », des « Mystères de Pékin », de « Mastermind » ou de « SOS Ouistiti », un jeu découvert dans la salle des loisirs de l'Institut Curie. Oui, profitons de ces moments !

La direction du collège a été prévenue, il nous est impossible de garder plus longtemps le secret, les longues absences d'Anne-Laure au collège n'étant pas passées inaperçues. L'annonce de la récidive a vite fait le tour de la classe. Ses amies les plus proches s'inquiètent et nous appellent. Nous leur expliquons que lorsque, au sortir de la cure de chimiothérapie, Anne-Laure reprendra quelques forces, elle sera de retour sur les bancs du collège. Certaines se disent prêtes à venir la chercher pour l'accompagner, d'autres annoncent qu'elles viendront passer du temps avec elle. Aude est toujours volontaire pour lui faire parvenir par courriel les copies des cours, mission dont elle s'acquitte déjà avec générosité et tendresse, ajoutant toujours à ses messages un petit mot d'encouragement.

Ces marques d'affection aident Anne-Laure à retrouver le sourire et le chemin du collège. Les épisodes difficiles de la prise du Temodal sont vite oubliés. Désormais, personne ne peut se douter du mal qui la ronge. Lors d'une réunion de parents d'élèves à laquelle elle nous accompagne, seules quelques personnes sont au courant, mais personne ne fait de remarques. Il s'agit de préparer un prochain voyage de toute la classe en Chine, prévu pour le mois d'octobre. Nous avons donné notre accord pour son déplacement, pour prolonger notre volonté de ne pas la mettre à part. Intérieurement, nous espérons que rien ne viendra perturber cette décision.

*

Mais que suis-je donc allé faire sur Internet ? Les médecins nous avaient prévenus : n'essayez pas de chercher des informations sur la Toile, elles pourraient vous induire en erreur, et vous alarmer inutilement. C'est compter sans ma curiosité naturelle, et surtout mon envie de croire que, malgré les affirmations du corps médical, je trouverai une solution « curative » plutôt que « palliative » quelque part.

La recherche «gliome haut grade» m'amène sur des pages au charabia insoutenable. Sur un site, je lis: «Les taux de survie pour les enfants atteints de gliomes de haut grade sus-tentoriels sont faibles, ils vont de 10 à 30 %.» Cela fait bel et bien écho à l'exclamation du docteur Jean: «Vous savez, on en a perdu beaucoup!» Sur une autre page, il est dit que «le gliome de haut grade est une forme de tumeur cérébrale à évolution rapide, la moitié de tous les malades succombent au cours de l'année du diagnostic». Je ne veux pas y croire, je continue à surfer comme un fou jusqu'à tomber sur des phrases comme: «Sachez que plus les années passent, plus le temps de survie est allongé.» Au détour d'un témoignage poignant, je me raccroche à cette injonction de son auteur qui fait partie des «survivants»: «Ne vous basez pas sur les médianes ou les stats de survie!» La tempête invitée sous mon crâne semble alors perdre un peu de son urgence et de son intensité.

Les jours s'écoulent désormais lentement, nous piégeant dans la digestion des informations, avalées et diluées dans l'impulsion du quotidien. Le fil de nos existences amène le stress, la colère, la tension sur une pente descendante. Lorsque je m'en aperçois dans un moment de sérénité, je prends peur... Certes, nous disons toujours que nous voulons vivre comme si tout était normal, ou presque, notamment pour transmettre force et courage à Anne-Laure. Nous ne voulons montrer aucun abattement, aucun découragement, aucune faille. Mais quand même! Je commence à trop réfléchir, à me dire qu'il y a une certaine forme d'irresponsabilité et d'indécence à vouloir ainsi perpétuer des journées à faire «comme si». Et le fait que nous réussissions plutôt bien à le faire, au bout de ces quelques jours, me culpabilise.

Certains nous diront que c'est une force, j'accepterai cette assertion parce qu'elle nous arrange, nous évite des explications, et finalement nous valorise. Mais avons-nous besoin d'être valorisés ? Non, nous voulons seulement que les traitements soient efficaces. Plus que jamais, le regard des autres doit nous laisser indifférents. Et que cette indifférence ne soit pas perçue comme une distance, une froideur, une barrière. Non, c'est ma ligne de force à moi !

Le matin suivant, comme un reflux de mes réflexions du jour d'avant, je me réveille avec une fanfare dans la tête. Ça cogne dans tous les sens, les points d'interrogation en nombre sont autant de marteaux qui tapent tous ensemble sur des parties opposées de mon crâne. Ai-je envie de me réveiller, ou est-ce que je préfère m'endormir pour ne plus jamais me réveiller ? Ai-je envie que le temps s'écoule vite pour accélérer les cures et la rémission espérée, ou ai-je une préférence pour un ralentissement des heures et des minutes afin de goûter à chaque instant passé avec Anne-Laure ? Dois-je passer par la case « démission » de toutes mes responsabilités associatives ? Dois-je suivre la décision de Ketty, qui s'est déjà mise en préretraite, et tout abandonner, boulot, bureau, projets ? La matinée est, du coup, particulièrement cotonneuse.

Les nuages qui s'embouteillent dans mon esprit ne s'éparpilleront que dans l'après-midi, à la faveur d'une réunion à laquelle nous avons été conviés depuis quelques semaines. C'était peu avant la récidive d'Anne-Laure. Nous avions fait connaissance de l'atelier Les P'tits Prins, dont la présidente Jacqueline nous a téléphoné en se recommandant du service de pédiatrie oncologique de Bellepierre.

— On nous a laissé vos coordonnées parce que votre fille Anne-Laure a été choisie pour un voyage que notre association organise prochainement à Paris. Nous avons la chance d'avoir été invités par la présidence de la République aux prochaines festivités du 14 Juillet. Cinq enfants seront dans les tribunes pour assister au défilé sur les Champs-Élysées, puis ils participeront à la garden-party à l'Élysée.

Quelle bonne idée ! Il nous faut quand même en savoir plus sur cette entité nouvelle qui déboule soudainement dans notre quotidien. Nous sommes déjà rassurés par la douce et agréable voix de la présidente. Elle nous explique que son atelier fait partie du comité réunionnais de la Ligue contre le cancer, et accompagne les enfants suivis dans le service oncologie de l'hôpital de Bellepierre. Il s'agit de mettre quelques rayons de soleil dans la vie de ces jeunes en rémission ou en cours de traitement. Tous les mercredis, les membres des P'tits Prins vont jouer avec les enfants en séjour à l'hôpital, et régulièrement ils organisent diverses activités pour les jeunes atteints d'un cancer, de la sortie en mer ou à moto à la visite de jardins ou sites réunionnais, jusqu'aux séjours à la neige, loin là-bas, sur le continent !

*

Je connais le monde associatif, et toute l'énergie de la passion qu'il faut dépenser pour la réussite d'actions citoyennes et bénévoles. J'imagine aussi la difficulté psychologique d'être à proximité de tous ces enfants malades, pour certains gravement. Je ne peux m'empêcher d'être admiratif en écoutant Jacqueline nous faire la présentation de l'atelier et surtout de ce projet « 14 Juillet ». Il a fallu de longs mois et plusieurs interventions avant d'obtenir un accord des services présidentiels.

Ensuite, il a fallu faire la chasse aux partenaires et sponsors afin de boucler le budget. L'idée géniale des P'tits Prins a été de demander aux parlementaires réunionnais de parrainer chacun un enfant en leur offrant les « miles » cumulés sur leurs nombreux voyages entre La Réunion et Paris. Ainsi, le billet d'avion d'Anne-Laure lui est offert sur le compte du sénateur Jean-Paul Virapoullé. À Paris, les enfants et les accompagnateurs pourront même visiter le Sénat, et d'autres sorties seront à programmer, pendant les quatre jours de leur périple.

— Alors, est-ce que vous êtes d'accord pour que Anne-Laure parte avec nous ?

La réponse à cette question est évidemment oui. Jacqueline nous a alors conviés à la réunion du jour, regroupant les enfants, leurs parents et les responsables des P'tits Prins qui participent à ce séjour. Lorsque nous en parlons à Anne-Laure, elle a cette réaction que j'adore : elle serre ses petits poings, lève les bras en l'air, sautille en faisant une ronde sur place et s'écrie « chouette ! » Nous retrouvons bien là notre petite fille espiègle et frétillante.

Ketty, Anne-Laure et moi sommes satisfaits de pouvoir enfin mettre un nom sur un visage. Jacqueline est un petit bout de femme plein d'énergie et d'élégance naturelles. Nous remarquons tout de suite la douceur de ses traits et expressions, comme nous l'avions ressenti au téléphone, et son aisance dans la communication avec les autres qui lui permet de briser la glace instantanément. Elle inspire confiance, et l'équipe autour d'elle apparaît soudée, solide et d'expérience. Nous faisons aussi connaissance avec les autres enfants devant être du voyage, et leurs parents. Autour de la table, chacun est appelé à se présenter, et Jacqueline demande à chaque enfant ce qu'il aime ou ce qui le passionne. Timmy est accro aux sports de combat, Julien ne jure que par l'Olympique de Marseille, Tiana adore les mangas, Sophie passe beaucoup de temps avec sa console de jeux. Anne-Laure, elle, met en avant son goût pour la peinture. Cela éveille l'intérêt de Jacqueline qui veut en savoir plus : quelles sont les techniques qu'Anne-Laure affectionne, quels sont ses sujets de prédilection, dans quel atelier suit-elle les cours, etc.

— Tu as beaucoup de tableaux chez toi ? demande-t-elle à Anne-Laure.

— Je ne sais pas, j'en ai fait beaucoup depuis que j'ai commencé à peindre. Peut-être quarante...

— Il y a de quoi faire une exposition ! Il faudra qu'on y pense...

À notre coin de table, Ketty et moi en rigolons. Nous adorons les œuvres de notre fille, cela est normal, mais de là à en faire une exposition, cela paraît bien improbable. Devant notre expression de perplexité, Jacqueline nous promet qu'elle viendra voir les tableaux de notre fille et affirme être certaine qu'il y a quelque chose à faire !

Lorsque lui vient soudainement une autre idée :

— Anne-Laure, penses-tu pouvoir faire une peinture qui représente La Réunion et que nous pourrions offrir à Carla Sarkozy lors de la garden-party ?

C'est le genre de défi qu'Anne-Laure aime relever. Son sourire fait office de réponse immédiate. Intérieurement, je félicite Jacqueline pour cette proposition, elle va permettre à Anne-Laure de s'évader moralement de sa maladie, s'exiler dans des contrées plus colorées et donner un sens à son parcours artistique.

La réunion s'achève sur les informations pratiques de ce futur périple qui fait déjà pétiller les regards des enfants. C'est un bonheur de côtoyer leur euphorie juvénile, parenthèse enchantée de leur existence actuelle trop fortement médicalisée et forcément injuste. Il n'est pas question d'un quelconque équilibre, puisque seule la guérison peut venir annihiler l'intégralité des fragments de cette sombre période. Il s'agit d'amener les foulées de ces enfants sur un arc-en-ciel, même fugace, et les emmener quelques instants loin des chemins de traverse imposés par les tourments de leur vie.

Alors que les familles quittent la salle, nous demandons à rester encore un peu avec l'équipe des P'tits Prins. Nous devons les informer de la situation nouvelle, puisque, depuis l'appel de la présidente, l'état de santé d'Anne-Laure n'est malheureusement plus tout à fait le même. La rémission a perdu une bataille, elle a lâché prise face à la récidive… Face à cette mauvaise nouvelle, nous sentons d'abord une vraie empathie avec Jacqueline, Claude, Yves et les autres. Nous ressentons aussi leur force de caractère, certainement puisée dans leur expérience au sein des P'tits Prins. Leurs mots sont chaleureux et réconfortants. Récidive ou pas, ils sont déterminés à emmener Anne-Laure avec eux à Paris. Nous regardons de plus près le calendrier, le séjour tombe plutôt bien, il est programmé entre deux cures de Temodal et ne perturbera donc pas le cycle de chimiothérapie.

À cette même période, Anne-Laure doit revoir le docteur Jean à l'Institut Curie. Nous y serons en famille avec elle et, du coup, son billet d'avion pris sur les « miles » du sénateur peut être remplacé par le billet de son transfert sanitaire. Utilisons donc ce passage pour un autre enfant malade ! Tout le monde se satisfait de cette idée, et nous

nous quittons comme de vieux amis qui viennent de se retrouver. C'est bien ce sentiment qui nous anime, celui d'avoir intégré un nouveau cercle d'amitié, voire une nouvelle famille.

*

Anne-Laure prend le défi du tableau particulièrement à cœur. Elle s'empresse de faire des recherches dans des livres consacrés à La Réunion, elle commence à faire quelques esquisses et crayonnés, elle met déjà quelques idées en place. C'est toute sa passion pour la peinture qui trouve là un terrain d'extériorisation et une raison d'être. La peinture est d'ailleurs devenue son activité quasi exclusive. Au grand dam d'Alain, son professeur de musique, elle a préféré arrêter le piano. Elle continue la danse, au sein d'une nouvelle structure, mais avec quelques peines. C'est vraiment devant son chevalet, les pinceaux et la palette de peinture entre les doigts, qu'elle s'éclate.

À l'atelier d'Isabelle, elle vient de participer à une exposition des œuvres des élèves, enfants et adultes, avec en point focal un travail collectif autour d'une toile dont chacun s'est partagé un espace. Nous remarquons les symboles choisis par Anne-Laure : sur sa partie du tableau, une coccinelle voisine avec un sablier renversé. La « bête à bon Dieu », comme le veulent les traditions et les croyances, est censée porter chance et bonheur. Elle avance lentement mais sûrement, et inspire la sympathie. Le sablier matérialise le temps qui s'écoule, mais voilà, il est renversé. Est-ce le temps qui s'est arrêté ? L'instant est-il figé ? Est-ce une ligne de fracture ? Qu'a voulu dire Anne-Laure en privilégiant ces deux éléments sur sa part d'univers ? Je veux y voir du positif : c'est la mise en scène d'un porte-bonheur qui vient réparer les délicatesses des temps derniers.

C'est le soir du vernissage. Anne-Laure s'amuse avec sa petite sœur et ses amis de l'atelier, passe de salle en salle, croque les petits-fours comme elle le fait avec la vie. Cela nous semble assez incroyable, rien ne la distingue des autres. Elle est parfaitement à l'aise dans ce monde qui est le sien, dans ce climat de sérénité qu'Isabelle a réussi à instaurer dans l'atelier. La professeure de peinture vient d'ailleurs nous voir, avec son éternel sourire. Cela fait plusieurs années qu'elle suit l'évolution artistique d'Anne-Laure, laquelle lui est restée fidèle au fil de ses déménagements successifs. Elle ne cache pas son affection pour notre fille, et nous savons qu'elle avait été émue et soucieuse lorsque Anne-Laure avait dû aller suivre son traitement à Paris. Devons-nous lui dire qu'Anne-Laure fait une récidive ? Non, nous ne souhaitons pas jeter un voile d'ombre sur cette soirée si agréable.

Nous réfléchissons encore à la question, mais c'est Isabelle qui nous prend par surprise. D'un ton complice et touchant, elle nous dit être au courant de la situation. Elle nous raconte : il y a quelques jours, elle allait commencer le cours lorsque Anne-Laure a demandé à tous les élèves et à elle-même de se regrouper au centre de l'atelier, elle voulait leur dire quelque chose. Elle leur a dit quelques mots simples, mais si forts : « C'est revenu ; ma maladie est revenue… » Personne n'a rien dit et, dans un élan commun et naturel, ils se sont tous pris la main, formant une chaîne de solidarité autour d'Anne-Laure, comme un bouclier de protection. Ils lui ont dit des mots d'encouragement, des « Nous sommes avec toi », des « On t'aime ». Puis chacun est retourné à ses pinceaux et à son tableau. Mais plus rien ne sera comme avant !

*

Il est peut-être temps pour nous d'informer nos proches. Le moment vécu par Isabelle et ses élèves nous est donné en exemple. C'est Anne-Laure qui nous montre la voie, nous devons avoir le courage de nous exprimer, comme elle l'a fait. Pourtant, nous sommes faibles et cédons à la procrastination. Combien de fois avons-nous la main sur le téléphone, mais ce n'est que pour l'effleurer et le remettre en place !

Alizée elle-même, du haut de ses huit ans, a besoin de s'exprimer : « Papa, est-ce que je peux dire à ma maîtresse que ma sœur est très malade ? » Comme un rappel pour nous signaler qu'elle aussi souffre de la situation, souffre pour sa sœur, se rend compte que nous ne menons plus une vie normale.

Fallait-il une étincelle pour éveiller nos consciences ? C'est mon neveu Gaël qui va la provoquer. Il nous a croisés alors que nous déambulions dans les rues de la ville, mais nous ne l'avions pas remarqué. Alors, ce soir, il nous passe gentiment un coup de fil.

— Bonsoir, tonton. Ça va ? Je vous ai vus, cet après-midi en ville. Vous aviez l'air très fatigués. Il se passe quelque chose ?

Je sais Gaël très sensible, d'autant qu'il a toujours décrété : « Anne-Laure est ma cousine préférée. » Il vient d'être père d'un petit garçon et tout ce qui touche aux enfants l'émeut particulièrement. Alors, je ne peux pas lui dire ce qu'il en est. J'évite, je mets en cause le travail trop prenant, autant pour moi que pour Anne-Laure au collège.

Gaël poursuit :

— Et Anne-Laure, justement, ça se passe bien pour elle ? Elle se remet de son traitement ?

— Oui, ça va. Si elle a l'air fatigué, c'est certainement un coup de barre, tu sais elle reste toujours fragile après sa radiothérapie.

— C'est sûr ?

— Mais oui, ne t'inquiète pas. S'il y a quelque chose, toute la famille sera prévenue.

— Bon, n'hésite pas, tu le sais !

Je raccroche en ayant la désagréable impression de ne pas avoir été très convaincant, auquel s'ajoute un fâcheux sentiment de culpabilité. Non, je n'ai pas le droit de soustraire le bulletin de santé d'Anne-Laure au cercle familial. La solidarité, la force, l'énergie, c'est dans ce cercle premier qu'on ira les puiser, et nous en aurons bien besoin. Gaël a allumé un clignotant dans nos têtes, il nous faut en tenir compte. Mon premier appel sera pour son père, lui qui était venu nous voir à Paris, avait passé du temps avec nous et couvert Anne-Laure de cadeaux. Puis j'appelle mes sœurs.

Personne ne se doutait de l'évolution maligne de la maladie. Personne ne s'attendait à une telle nouvelle ! Ketty vit les mêmes émouvantes et perturbantes sensations lorsque, à son tour, elle informe les siens. Nous sommes tous devant un mur cimenté d'incompréhension, d'incertitude et de colère. Mais que pouvons-nous y faire ? Mes sœurs parlent de prières, de médecines alternatives, elles me demandent comment nous aider. Je n'ai pas de réponse à cette question, je souhaite simplement que la famille, toute la famille, soit à nos côtés lorsque nous en aurons besoin. Et d'abord, une nouvelle fois démissionnaire face au plus difficile, je leur laisse le soin d'en parler à notre mère. Nous nous mettons d'accord sur un demi-mensonge : nous lui dirons qu'Anne-Laure doit suivre un nouveau traitement pour l'aider à guérir plus vite, ce qui peut la fatiguer, mais nous ne lui parlerons pas de récidive.

Il me reste une personne à voir, c'est mon père. Un grand-père qu'Anne-Laure, ni nos autres enfants, ni même Ketty, n'ont pas connu puisqu'il est décédé lorsque j'avais quinze ans. Un matin, sans prévenir qui que ce soit, je rejoins la côte opposée de l'île, je me rends au cimetière où il repose. Je n'ai rien apporté, ni fleurs, ni bougies. Je n'ai pas besoin de ces artifices qui sont censés exprimer le contact que l'on veut garder avec le défunt. J'ai besoin d'un moment avec papa, un moment de solitude à deux ! Je tombe à genoux devant la stèle avec une croix massive ornée d'une simple photo, en noir et blanc, mais qui reflète avec tant de justesse le fort caractère de mon père. Il se fait évidence à travers un regard puissant, une posture rigoureuse, et en même temps une grande sérénité se dégage de ce portrait.

— Tu sais ce qui se passe dans ma vie, papa. Tu sais aussi que je ne crois pas en grand-chose, pas en la vie après la mort, pas au paradis, ni à l'enfer. Je ne sais pas s'il y a un Dieu quelque part, ou quelque chose qui y ressemble. Je sais juste que tu as toujours été un bon père qui a aimé tous ses enfants sans jamais faire de préférence. Tu aurais aimé tous tes petits-enfants pareillement, tu aurais tellement aimé Anne-Laure. Alors, de là où tu es, je te demande de l'aider. De nous aider. Je ne sais pas quoi faire, éclaire-moi pour trouver une solution, il faut la sauver. S'il te plaît. S'il te plaît. S'il te plaît...

*

Anne-Laure a terminé son tableau pour Carla Sarkozy ! Elle a choisi en premier plan l'oiseau emblématique de La Réunion, le paille-en-queue, qu'elle fait s'envoler avec élégance dans un ciel bleu étincelant, respirant la sérénité, symbolisant la liberté, marquant l'élévation. Il y a une vraie énergie qui émane de cette peinture, et je me dis égoïstement qu'on ne va quand même pas la laisser à la première dame, si importante et si star soit-elle. Alors, j'ose, et je demande à Anne-Laure d'en refaire une autre, identique. Je veux garder le tableau original, que Carla Sarkozy se contente de la version bis !

Elle acquiesce, elle dit qu'elle va le faire, même si elle ressent un peu plus de fatigue. Car, entre-temps, la grande scène de ménage avec la gélule de Temodal a recommencé. Au début de la seconde cure, celle-ci joue encore avec nos nerfs en refusant de se laisser avaler. Yaourt, confiture, crème au chocolat, tout y passe, mais la gélule, elle, ne passe pas ! Ketty émet une idée : et si on ouvrait la gélule pour en extraire la poudre intérieure, le principe actif du Temodal ? Sans la capsule, la poudre pourrait être diluée dans un jus ou pris avec un élément accompagnateur. Le docteur Stéphane prend avec circonspection et perplexité cette demande inédite. C'est une première, il ne veut pas se risquer à rendre seul une quelconque décision, et souhaite en référer d'abord au staff de l'Institut Curie. Il leur faudra une journée de concertation avant de nous dire « oui ». Oui, mais attention à ne jamais toucher la poudre contenue dans la gélule avec les doigts. Et il faudra bien la recouvrir de l'aliment que l'on aura choisi, et surtout ne pas la diluer dans du jus ou un liquide quelconque.

On se doutait de la toxicité du produit, nous en avons la confirmation.

Nous avons souvent lu et entendu que la chimio est elle-même un véritable poison, que les traitements sont aussi nocifs que le mal, que l'on ne se remet jamais d'un tel traitement sans séquelles. Oui, mais quoi faire alors ? Tous les conseillers et pseudo-conseillers que l'on croise ici et là, jamais avares de réflexions caractérielles affirmées avec la force de leur propre conviction, mais tellement théoriques, ont-ils des solutions à nous proposer ? Non... Nous, parents, avons-nous le droit de refuser les traitements que le corps médical nous préconise ? En théorie, oui, moralement, absolument pas. Nous devons tout tenter pour amener notre fille sur la voie d'une potentielle guérison, et même ne pas nous contenter de subir le privilège de la connaissance des médecins, et aller au-delà de ce que l'on peut nous proposer. Pour cela, je n'hésite plus désormais à en parler autour de moi, afin de susciter des réactions, voire des retours d'expérience. Sur Internet, je surfe sans relâche et commence à explorer quelques pistes.

Pour le moment, nous sommes libérés de la pression de la prise du Temodal. Le nouveau processus fonctionne bien. Ketty fait preuve d'une grande dextérité dans la manipulation de la gélule, qu'elle enveloppe dans une serviette en papier, avant d'en étêter soigneusement le haut qu'elle a laissé dépasser, et renverser la poudre dans une cuillère déjà garnie d'un fond de yaourt. En recouvrant l'ensemble d'une nouvelle couche de yaourt, nous avons finalement reconstitué une gélule d'un genre nouveau ! La capsule, c'est le yaourt, et le principe actif se retrouve bel et bien enfermé à l'intérieur ! Nous alternons parfois avec une crème au chocolat, un entremets que notre fille adore. Anne-Laure peut tout engloutir sans peine. Enfin, le protocole peut être suivi sans contretemps, ni anicroche. Il était vraiment temps que l'on trouve la solution, elle est venue de nous et c'est ce que nous retenons avant tout : pour notre enfant, nous n'hésiterons jamais à bousculer les préjugés et les habitudes, faire tomber les barrières. Personne ne le fera à notre place, alors nous assumerons !

Dans ce protocole, et depuis le début de la chimio, un nouveau rendez-vous récurrent est inscrit sur notre calendrier : tous les vendredis, Anne-Laure doit faire une prise de sang. Il s'agit de surveiller les effets du Temodal, notamment sur les globules blancs et les plaquettes, comme le docteur Stéphane nous l'avait expliqué. C'est une nouvelle épreuve : notre fille n'est pas bien épaisse, ses bras offrent une surface d'épiderme modeste, et ses veines y sont presque indécelables. Il faut toute l'expérience, la patience et la douceur des meilleurs infirmiers pour cibler au premier essai le bon endroit et opérer en toute quiétude. Mais, au fil des semaines, la détection devient plus difficile, les veines semblent se soustraire à la piqûre, les infirmiers doivent s'y reprendre à plusieurs reprises, et Anne-Laure en bave. Face à cette adversité, elle a une façon bien particulière de gérer la situation. Comme pour exorciser la souffrance, elle se met à balancer des jurons qu'elle ne dit jamais ailleurs, et qui résonnent étrangement dans la bouche d'une jeune fille.

« P… ! »

« M… ! »

« Fais c… ! »

Tous s'étonnent, s'amusent aussi de ces écarts de langage sporadiques et lui pardonnent aussitôt. Dès que l'épreuve est terminée, elle retrouve son sourire angélique et répond systématiquement « ça va » à toutes les interrogations et inquiétudes. Jamais elle ne se plaint, jamais elle ne demandera d'arrêter. Elle souffre, mais elle fait face, stoïquement !

Ce dimanche, la solidarité du sang s'exprime, le cercle premier se reforme. Toute la famille se décide à venir nous rendre visite, cela fait longtemps que nous n'avions reçu ensemble mes sœurs et frère, et quelques-uns de nos nièces et neveux, à la maison. Anne-Laure est contente, Alizée encore plus. Elle adore décorer les tables, elle se met à fabriquer des étiquettes nominatives façon « scrapbooking » et recherche comment elle va présenter son pliage de serviettes. Nous avons besoin de ce moment qui insuffle une énergie nouvelle, lorsque l'on se dit que rien ne peut nous arriver quand on a cette force collégiale autour de nous.

Sur notre calendrier, nous voyons s'approcher rapidement le jour du départ pour Paris. Anne-Laure a refait le tableau du paille-en-queue et du volcan. Surprise, le ciel est maintenant plongé dans le noir, le paille-en-queue s'est un peu éloigné du volcan. Elle en a fait la version « nuit » ! Est-ce cette atmosphère nocturne qui accentue la beauté de l'éruption volcanique déclinée en fond de décor ? Est-ce la puissance intrinsèque du feu du volcan ? Est-ce l'envol racé de l'oiseau blanc ? Est-ce ce mélange équilibré entre la légèreté et la fureur ?

J'avoue, j'ai envie de garder les deux tableaux, mais je me raisonne… Finalement, j'opte pour la version « nuit », Carla aura la version « jour » !

*

Paris, nous revoici. En plein été, à l'approche de la fête nationale. Nous retrouvons d'abord Jérémy qui a fait le voyage depuis l'Australie. Lorsque nous avions enfin osé franchir le pas, il y a quelques semaines, et l'appeler pour lui expliquer la situation, il s'est aussitôt mis en tête de nous rejoindre, et surtout passer du temps avec sa sœur. L'annonce avait forcément été bouleversante, nous avions tenté d'être les plus rassurants possibles, mais la fibre familiale avait remplacé toutes les télépathies possibles. Loin là-bas, il a ressenti dans nos intonations la gravité de la situation. Il n'a que deux petites semaines de vacances, il nous les consacre intégralement.

Le lendemain, nous retrouvons la bande des P'tits Prins, enfants et accompagnateurs, à qui nous laissons Anne-Laure pour son escapade du 14 Juillet, qui se limitera finalement aux Champs-Élysées. Cette année-là, le président Sarkozy a décidé de ne pas organiser la garden-party, choix d'une démagogie symbolique guidée par le contexte de crise économique ! Nous vivrons le défilé par procuration, Anne-Laure nous ayant chipé l'appareil photo et se mettant à mitrailler tous azimuts. C'est à la fin de la matinée, au moment de l'éparpillement des personnalités et invités qu'Anne-Laure va remettre son *Paille-en-queue s'envolant au-dessus du volcan* à la première dame. « Carla est vraiment jolie », nous dira-t-elle. Et le tableau ? « Elle l'a donné à quelqu'un derrière elle. » Certainement un de ses assistants ! Je doute du devenir de cette toile, mais peu m'importe, moi, j'ai la plus belle des versions !

Le séjour des P'tits Prins dans la capitale se poursuit, et nous les accompagnons dans leur suite de balades et visites, du Jardin des Plantes et son exposition sur les dinosaures jusqu'au Sénat où l'élu Jean-Paul Virapoullé, en quelque sorte le « parrain » d'Anne-Laure sur cette opération, accueille toute la petite délégation. Je suis toujours impressionné par l'organisation de Jacqueline et ses complices, qui ont tout prévu, planifié et millimétré. Il existe une réelle symbiose entre les membres de l'association, qui se traduit au quotidien par une grande confiance et une énorme sérénité. Nous apprenons à les connaître. Et à les apprécier. Ils nous confient leur histoire, ou comment une bande de collègues de travail, voyant s'approcher le moment de la retraite, a voulu prolonger leur amitié et leur sens du partage en consacrant leur temps désormais disponible à une bonne cause. « Nous n'allions quand même pas faire du tricot », rigole-t-on dans les rangs ! Leur préférence est allée vers les enfants en traitement et en rémission de cancer, et c'est, comme on dit, avec « des cœurs gros comme ça » qu'ils sont partis vers le service d'onco-pédiatrie de Bellepierre. Ce n'est pas le choix le plus simple, il faut le reconnaître. Tous les membres des P'tits Prins font d'ailleurs l'objet d'un suivi psychologique régulier, au sein de l'établissement. Admiratifs, Ketty et moi le sommes ! De paroles en confidences, nous arrivons à nous trouver des terrains d'affinités communs. Nous découvrons même que Claude et Yves sont de très proches amis de la famille d'Alexandre. Oui, le mari de notre nièce Fabienne dont nous avions célébré les épousailles à Maurice dans un état d'esprit plutôt perturbé, il y a deux années de cela !

Vient le temps de se quitter. Les P'tits Prins rentrent à La Réunion, nous restons sur Paris pour profiter de la famille reconstituée, mais aussi pour notre rendez-vous à l'Institut Curie. Au moment de nous dire au revoir, nous nous promettons de nous réunir à nouveau, sur notre terre réunionnaise. Jacqueline nous confie à nouveau son envie de voir les autres tableaux d'Anne-Laure.

Nous pensions que l'idée de l'exposition appartenait au passé, mais elle est toujours bien présente dans la tête de la présidente. Nous lui redisons nos doutes. « Nous viendrons voir, et nous déciderons ensemble », s'exclame-t-elle, comme sûre de son fait. Promis !

Comme prévu, Anne-Laure consacre une journée à sa meilleure amie Aude, également de passage en famille dans la capitale parisienne pour quelques vacances. Ensemble, elles vont visiter Versailles. C'est une escapade fatigante mais appréciée par notre fille, en raison de la présence de cette amie qui est un des piliers indispensables lui ayant permis de continuer à avancer dans sa scolarité et dans sa vie de tous les jours. À la prochaine rentrée, elles seront déjà en classe de troisième, et Anne-Laure retrouvera avec ses amies toute cette solidarité qui n'a cessé de s'exprimer et de croître au fil des mois. Notre fille est devenue l'objet de toutes les attentions et elle est un peu la mascotte de cette classe dite « orientale ».

Quelques jours de vacances encore, avant le départ de Jérémy pour l'Australie. Nous le reverrons en fin d'année à La Réunion, selon le calendrier des vacances universitaires australiennes, très différent de celui que nous suivons en Europe. Et, avant de rentrer à notre tour à La Réunion, nous devons passer par la case « Institut Curie » et le bureau du docteur Jean. Là, nous vivons un « copier-coller » de ce que nous avons connu dans le service d'onco-pédiatrie à Bellepierre, lors de l'épisode de la récidive d'Anne-Laure, en condensé : les mêmes exercices pour l'examen neurologique, les mêmes évaluations et constats, les mêmes attentions et mises en garde. Et un même scénario de prise de parole lorsque le docteur Jean éloigne Anne-Laure du bureau afin de nous exprimer ce que nous connaissons déjà, la gravité de la situation. Un élément nouveau apparaît, lorsque le médecin nous apprend que la tumeur dont souffre notre fille est rare, très rare même, chez les enfants. Que les traitements sont avant tout destinés aux adultes. Qu'on ne peut pas réellement s'avancer sur les effets concernant une jeune adolescente. À La Réunion, le docteur Stéphane nous l'avait laissé entendre, mais sans insister. Cette fois, c'est très clair : pour la médecine, Anne-Laure est perdue.

*

Alors, quand la première IRM post-chimio, réalisée quelques jours après notre retour à La Réunion, montre une régression des taches, nous oscillons entre étonnement et joie, même contenue. On nous a laissé sous-entendre tant de tristesse, on nous a façonnés et enfermés dans un écrin si sombre, habillé de la gravité des mots et des diagnostics, qu'on ne voyait plus la lumière. Et voilà qu'un rai étincelant vient éclairer nos journées. Le rayon devient même un vrai faisceau lumineux, un mois plus tard, lorsque la seconde IRM confirme l'évolution tant attendue : les masses tumorales ont encore diminué.

Il fonctionne donc bel et bien, ce traitement ! Malgré les doutes que nous avions cru discerner dans le discours des médecins, le Temodal produit son effet. Mais il y a un prix à payer, et Anne-Laure en subit le coup de boomerang. Les quelques jours qui suivent la prise du Temodal, elle se fatigue plus vite, elle a besoin de plus de temps de récupération. Elle a des vomissements intermittents et parfois, pour reprendre son expression, « il y a comme des bulles qui éclatent dans ma tête ». Chaque petite migraine venant opprimer la tête de notre fille nous fait frissonner. Chaque appel en provenance du collège nous fait frémir. Anne-Laure, elle, garde un imperturbable sourire. Chaque matin, elle s'en va au collège avec un entrain manifeste, même en sachant pertinemment que nous devrons peut-être, deux ou trois heures plus tard, venir la récupérer à l'infirmerie, complètement exténuée et incapable de suivre les autres cours de la journée. Elle se bat pourtant, affirme à chaque fois qu'elle va repartir au collège dès qu'elle se sentira mieux, s'énerve contre ses absences répétées.

La chaîne de solidarité mise en place par ses copains et copines de classe tient bon. Elle s'enrichit même de maillons supplémentaires, avec des professeurs qui soulignent le courage d'Anne-Laure et lui procurent des copies des cours, certains n'hésitant pas à nous appeler pour être bien sûrs qu'elle a pu suivre et comprendre les leçons. Un renfort inattendu vient consolider un peu plus le réseau d'attentions qui se construit autour de notre fille. Une fin de matinée, alors que je vais récupérer Anne-Laure qui vient de se retrouver, une fois encore, à l'infirmerie du collège, je croise Joël, qui officie en tant que conseiller principal d'éducation. À plusieurs reprises, il m'avait accueilli et accompagné dans les couloirs du collège lorsque je devais aller reprendre le cartable d'Anne-Laure qu'elle avait laissé en salle de classe, ou rencontrer un professeur devant me faire passer des cours ou des énoncés d'exercice. Nous échangions quelques mots polis, mais évitions le sujet douloureux de l'état de santé d'Anne-Laure.

Ce jour, sur le chemin qui me mène à l'infirmerie, il m'interpelle depuis le seuil de son bureau.

— Je vous accompagne, me dit-il.

Nous traversons la cour, et il engage une discussion qui débute par une assertion particulièrement inattendue…

— Vous savez, j'ai une mission personnelle vis-à-vis d'Anne-Laure.

— Comment ça ?

— Oui, je suis chargé de veiller sur elle comme je le ferais si elle était ma fille.

— Merci, je suis très touché, mais…

— C'est ma tante Thérèse qui me l'a demandé. Elle m'a dit, lors d'un déjeuner familial il y a quelques semaines : « Tu as une jeune fille qui est très malade dans ton collège, elle s'appelle Anne-Laure. Tu dois veiller sur elle pour moi. C'est ma petite-fille… »

Ces derniers mots provoquent une onde de réorganisation de mes neurones, et je comprends enfin ! Thérèse est la grand-mère maternelle d'Anne-Laure, mais notre fréquence de visites et rencontres est plutôt aléatoire, et même d'une amplitude très évasée. Elle a refait sa vie, il y a bien longtemps de cela. Ketty avait cinq ans lorsqu'elle avait pris cette décision qui l'a amenée à déménager à l'autre bout de l'île, en laissant ses enfants aux soins exclusifs de leur père. Autant dire qu'entre la mère et sa fille, la benjamine de la fratrie, la distance n'est pas que géographique et physique, elle est aussi affective !

Aujourd'hui, les lignes de destin s'entrecroisent : Thérèse vit avec l'oncle de Joël. Le nom de ce dernier aurait dû me faire réagir bien avant, mais nos pensées sont tellement tournées vers Anne-Laure que l'évidence nous devient camouflée et anodine. La charge émotionnelle de la situation nous empêche de balbutier quoi que ce soit. Je serre la main de Joël, dit simplement « merci », avant de rejoindre Anne-Laure.

Aussitôt rentré à l'appartement, je m'empresse de tout rapporter à Ketty. C'est tellement frais dans ma tête qu'aucun détail de notre discussion ne lui est épargné. Je sens Ketty émue, mais elle ne dit mot, comme troublée par cette irruption soudaine de sa mère dans le fil compliqué de notre vie actuelle. Anne-Laure a tout entendu et compris. Elle s'en réjouit, elle qui déjà apprécie beaucoup Joël, en tant que CPE. Dès lors, nous savons pouvoir compter sur un soutien encore plus important au collège.

*

Jacqueline et les P'tits Prins persistent dans leur idée : ils veulent organiser une exposition des tableaux d'Anne-Laure ! Depuis que nous les avons invités chez nous et qu'ils ont découvert les quelques œuvres de notre fille, ils n'en démordent pas. La petite équipe s'est montrée curieuse et intéressée, détaillant les quelques tableaux que nous avons accrochés le long de l'escalier, et même fouinant dans les anciens cartons à dessin. Anne-Laure s'en amuse, elle raconte et décrit ses expériences artistiques avec la petite voix enfantine qu'elle prend lorsqu'elle est contente. Elle redécouvre avec excitation ses tout premiers travaux. Nous aussi. Ketty et moi vivons le souvenir ému de ces moments merveilleux passés avec Stéphanie, la première artiste qui a su transmettre sa passion à notre fille. Nous revoyons quelques toiles qui nous étonnent quand on distingue la date en signature : 2004, Anne-Laure avait sept ans lorsqu'elle avait réalisé au crayon un paysage de montagne embrumé empreint de la poésie d'une aube à peine ensoleillée.

Finalement, nous sommes nous-mêmes étonnés par la production substantielle d'Anne-Laure ! Mais cela mérite-t-il réellement une exposition ? Ce sont des œuvres très personnelles, qui n'ont que la qualité émotionnelle de travaux d'une enfant à qui nous vouons naturellement beaucoup d'affection. Le public ressentira-t-il la même empathie ? Nous en doutons. Pour Jacqueline, la cause est entendue. Et, pour lever nos dernières hésitations, elle propose de présenter Anne-Laure à un peintre qui a l'habitude d'accompagner les P'tits Prins dans leurs différentes actions, et l'exposition mêlera leurs œuvres. Et pourquoi ne pas envisager de faire quelques tableaux à quatre mains, en prévision d'une installation ? L'idée plaît à Anne-Laure, nous demandons à voir et réfléchir.

Rendez-vous est pris dès le week-end suivant avec Bernard, le partenaire des P'tits Prins, artiste-peintre à ses heures perdues, et même plus. Car l'amateur éclairé qu'il est souhaite faire de son art un métier à part entière, et il prend résolument la voie de cette reconversion professionnelle. Lorsque nous le rencontrons, il nous explique être en train de liquider son entreprise de services dans le bâtiment. Après de longues décennies dans ce secteur, il décide de changer résolument de vie. Assez trimé comme ça, il a la chance de pouvoir choisir aujourd'hui de faire ce qu'il aime.

Avec sa compagne Ketty – le même prénom que mon épouse ! –, il nous fait visiter son « chez-lui ». Dans sa villa d'un beau quartier de Saint-Denis, il y a des tableaux partout, dans le salon, sur la terrasse, dans la chambre, à l'étage, et bien sûr dans son atelier. Des tableaux de toutes les tailles, sur tous les thèmes : nature morte, scènes de vie, moments de joie, paysages pittoresques…

Ses cadrages font la part belle à des détails, voire des gros plans zoomés, comme ce morceau de canne à sucre que l'on a envie de prendre à pleines mains… En dénominateur commun, une façon de lancer de subtiles lignes dynamiques qui donnent à toutes ses œuvres une profondeur et un relief particuliers. On sent la maîtrise des traits et la dextérité du pinceau. Cela nous paraît fou de penser faire se croiser les deux générations. Comment leurs univers, si différents, si divergents même, pourront-ils se rejoindre ? Bernard n'a absolument pas cette préoccupation en tête, il est en train de s'amuser avec les filles. Il a sorti des cartes, des dessins à colorier, sa compagne amène des jus de fruits, des biscuits, des gourmandises. Nos filles se sentent à l'aise, le courant passe entre elles et Bernard et Ketty. Ils savent y faire, quand même ! C'est déjà un point très positif.

Jacqueline nous a rejoints. Elle tient à suivre le projet, auquel elle accorde un intérêt qui nous semble démesuré, mais qui nous touche particulièrement. Jamais notre fille n'aura été entourée d'autant d'affection de la part de personnes que nous ne connaissions même pas il y a quelques mois, voire quelques jours, et quelques heures même ! Anne-Laure est heureuse, son visage est rayonnant et elle déborde d'une énergie nouvelle. Cela suffit à notre bonheur du moment. Oui, l'idée de ce mix entre générations autour d'une passion artistique commune est en train d'engendrer une gerbe d'étincelles joyeuses et colorées qui agite nos esprits. Alors, nous donnons notre accord pour l'exposition « Anne-Laure et Bernard ». Tous deux feront une sélection de leurs œuvres et, à partir de la semaine prochaine, ils se retrouveront pour créer un tableau ensemble. Bernard dit avoir déjà son idée : « On va s'amuser ! », s'exclame-t-il en tapant dans les mains d'Anne-Laure. Nous refaisons le tour de la maison, revoir les œuvres du nouveau complice artistique de notre fille, et nous commençons à les associer selon les thèmes, les couleurs, les techniques et les rapprocher de celles d'Anne-Laure.

Nous sommes déjà dans l'imaginaire réalisé d'un pari jadis un peu fou, devenu projet pour l'instant un peu flou ! Car il nous reste à savoir quand et où nous allons pouvoir installer cette exposition. Nous faisons ensemble le recensement des possibles, et l'état de nos relations privilégiées afin de faire aboutir notre envie commune au plus vite. Jacqueline et moi nous nous répartissons les contacts à activer. Et à moi de trouver un titre à l'événement !

*

Les cures de Temodal passent, parfois difficilement, les IRM aussi. Ces dernières continuent de montrer au mieux une légère diminution des taches, au pire une stagnation des tumeurs. Dans mon référentiel de valeurs, la stagnation n'est pas acceptable. Je suis adepte de la citation de Confucius : « Qui ne progresse pas chaque jour recule chaque jour. » Alors je doute, malgré les lectures qui se veulent rassurantes des radiologues et des médecins, sur la base des résonances magnétiques. Je plonge carrément vers l'anxiété lorsque Anne-Laure doit, à plusieurs reprises, partir à l'hôpital pour des transfusions de plaquettes. C'était la menace qui pouvait être détectée par les prises de sang, elle est devenue réalité.

Les couloirs de l'hôpital nous deviennent familiers, trop familiers, nous nous y déplaçons les yeux fermés ou presque ! Nous y sommes quasiment toutes les semaines : visites de contrôle avec le docteur Stéphane, examens radiologiques, transfusions de globules ou de plaquettes, et, depuis plusieurs semaines, rendez-vous avec Patricia. Elle est la psychologue du service, et suit Anne-Laure avec laquelle elle s'enferme pendant toute une heure. Nous ne sommes pas admis à ces entretiens, qui se passent exclusivement entre la psy et notre fille. Patricia a promis de nous tenir régulièrement au courant, ce qui se traduit souvent par un simple « elle va bien ». Un jour, elle nous avoue qu'Anne-Laure lui a fait promettre de ne pas nous raconter ce qu'elle dit pendant ces séances. Nous savons juste qu'elle fait s'exprimer Anne-Laure par des dessins, des jeux, et qu'elles échangent très librement sur tous les sujets. Nous comprenons rapidement que notre fille a besoin de cette respiration, sans nous avoir dans son espace vital. C'est une des conséquences de sa maladie : désormais, nous sommes ensemble très souvent, nous vivons des heures entières dans une même bulle.

Depuis quelques semaines, j'ai décidé de rendre les clés de mon bureau. Mon lieu de travail sera la maison, ou l'appartement, là où Anne-Laure aura besoin de moi, là où je peux être immédiatement disponible en cas de besoin. Désormais séparé de mes collaborateurs, je suis seul avec des intervenants extérieurs, des « free-lance » comme on les appelle, pour suivre mes différents dossiers. J'ai remisé dans le tiroir le plus profond plusieurs projets, même importants, je me consacre à une petite poignée de quelques entreprises fidèles qui me font confiance. Côté associatif, le conseil d'administration me demande de garder mon poste de président, les membres du bureau pallieront mon absence tant qu'ils le pourront. C'est une marque de solidarité et même de fraternité qui me touche énormément. Je m'investis quand même dans quelques actions, car l'activité associative donne aussi des occasions de se libérer l'esprit, de penser à autre chose.

Ce que l'on nous avait prédit est donc en train de se réaliser : nos vies changent, inéluctablement. Nos journées, nos heures, nos pensées, nos gestes, nos loisirs, nos repas, nos relations, nos sorties, toute notre existence est conditionnée par l'état de santé et par le moral d'Anne-Laure. Petits désordres et grands chambardements composent notre menu quotidien. Au rayon des bouleversements, nous avons dû prendre la décision de ne pas envoyer Anne-Laure en Chine avec sa classe, pour le séjour linguistique prévu pour la troisième. Il y a quelques semaines, les images de sa tumeur en régression nous avaient convaincus qu'elle pourrait y aller. Avec l'équipe pédagogique, les accompagnants et les médecins, nous avions estimé que son voyage était de l'ordre du possible, juste entre deux périodes de chimio, à un moment où sa courbe de mieux-être serait à son apogée. Nous avions aussi mis dans la balance l'exemplaire solidarité montrée par les élèves de la classe vis-à-vis d'Anne-Laure et nous ne doutions pas un seul instant qu'elle serait suivie avec beaucoup d'attention !

Mais les premiers jours d'octobre sont particulièrement éprouvants. Anne-Laure ne cesse de se plaindre, elle se traîne au lit, elle dort mal, sa scolarité est fortement perturbée. Elle manque des jours entiers, elle a du mal à rattraper ses cours, ses coups de fatigue sont des assommoirs. Elle chuchote plus qu'elle ne cause, et on comprend qu'elle réclame Patricia, auprès de qui nous prenons aussitôt rendez-vous. Comme à l'accoutumée, toutes deux s'enferment dans le bureau, nous laissant à notre inquiétude grandissante. Nous voyons aussi arriver le docteur Stéphane, la situation est-elle donc aussi grave ? Enfin, Patricia nous réunit tous, en laissant Anne-Laure à ses dessins. La psychologue a identifié le problème : Anne-Laure voit s'approcher le départ pour la Chine, avec doutes et craintes entremêlés. Elle ne se sent pas capable de gérer le voyage dans les conditions actuelles, et redoute de faire supporter une pression supplémentaire à ses amies et ses professeurs. Nous sommes une semaine avant le départ, mais nous n'avons pas l'ombre d'une hésitation : nous allons prévenir le collège de l'annulation du voyage d'Anne-Laure.

Au moment de quitter le docteur et la psychologue, nous avons une interrogation qui nous brûle les lèvres :

— Mais pourquoi ne nous l'a-t-elle pas dit avant ? Pourquoi a-t-il fallu attendre aujourd'hui, avec vous ?

— Elle vous protège, elle ne veut pas vous inquiéter, lâche Patricia.

*

L'enchaînement des épisodes compliqués me convainc que je dois chercher ailleurs. Chercher quoi, je n'en sais rien, mais je fouille, je surfe, je mène ma quête. Des solutions alternatives ? Des traitements parallèles ? Des moyens d'atténuer ses douleurs ? De quoi stopper les migraines et vomissements ? Des recettes « miracles » ? Les bons mots pour soutenir Anne-Laure ? J'ai un besoin compulsif d'aller chercher des informations et des témoignages. Je traîne sur le Net, je commande des livres, mais ils sont toujours faits par des médecins pour des médecins et je n'y comprends rien, alors je relis *Anticancer*, de David Servan-Schreiber.

À nouveau, nous souhaitons pouvoir échanger avec d'autres parents. Nous demandons aux membres des P'tits Prins de nous aider dans cette recherche. Du côté de mes proches, on me parle avec insistance du docteur René. Il officie dans le sud de l'île, et jouit de la réputation de réussir de vrais miracles à partir de techniques médicinales nouvelles, là où les thérapies traditionnelles ont échoué. Chez lui, la liste de rendez-vous est noircie bien des semaines, voire des mois avant. C'est un ami de la famille, je lui envoie directement un courriel avec un descriptif de la tumeur qui embête Anne-Laure accompagné de ses dernières IRM. Il me répond rapidement : « Ma méthode ne pourra pas guérir ta fille, je peux malgré tout l'aider à accompagner sa maladie. »

Je pense à la médecine traditionnelle chinoise, et constitue un dossier complet que je remets à notre ami, le consul général de la République populaire de Chine. Il le fait parvenir aussitôt à ses relations du ministère de la Santé chinois en leur demandant de contacter les plus hautes sommités de la médecine traditionnelle. Une réponse ne tarde pas à arriver, on nous passe le message qu'en Chine on adopte les standards européens, et plus particulièrement français, pour ce type de maladie. Ce sont les meilleurs, disent les spécialistes chinois. À défaut d'entrevoir de nouvelles thérapies, cela nous rassure !

Pendant ce temps, Anne-Laure alterne les tendances. Son taux de présence au collège n'est toujours pas exceptionnel, et les journées postcure sont toujours problématiques. Mais elle trouve l'énergie nécessaire pour la préparation de l'exposition. Elle se rend chaque week-end chez Bernard, chez qui nous la récupérons parfois fatiguée, allongée sur le fauteuil du salon. Le tableau commun commence à prendre forme, nous le voyons de loin puisqu'on nous interdit de l'approcher. Il faut garantir l'effet de surprise! Alizée partage le secret avec sa grande sœur, elle l'accompagne souvent chez Bernard et Ketty, chez qui toutes deux se sentent bien, en famille presque. En tout cas, les deux sœurs restent très complices, malgré quelques chamailleries d'enfants qui nous font souvent sourire et penser que la vie continue, malgré tout!

Les difficultés scolaires d'Anne-Laure nous interpellent à nouveau. Pourtant délivrée de la pression du voyage en Chine, dont sa classe est revenue depuis quelques semaines déjà, elle traîne toujours sur ses cours et ses rattrapages. Nous oscillons entre l'envie de lui lâcher la bride et l'exigence pour elle de mettre plus de rigueur à l'ouvrage. Ce sont encore de nouvelles interrogations qui viennent fracasser notre quotidien.

Résumons la situation: les examens sont positifs, ils montrent un recul des tumeurs, nous pouvons espérer, sinon une guérison, qu'Anne-Laure soit avec nous pendant de longues années encore; d'ailleurs, les médecins chinois nous ont affirmé que les traitements français sont les meilleurs; mais son état physique est aléatoire, allant jusqu'à des crises de fatigue intense; et les conséquences de la chimio commencent à devenir lourdes, entre nausées et transfusions. Dans ces conditions, peut-on exiger de notre fille qu'elle travaille avec l'assiduité d'une élève de son âge? Peut-on lui demander de faire le nécessaire pour qu'elle soit dans la moyenne de la classe?

Ses professeurs nous font part de son sérieux et sa bonne participation. Ils nous disent qu'une baisse de ses notes ne veut strictement rien dire, et ne doit pas nous alarmer. Nous devons d'abord penser à l'accompagner sur son chemin de malade. Notre instinct parental est désorienté. Tout nous semble contradictoire. Nous sommes dans l'œil d'un tourbillon.

Est-ce que je peux comparer avec l'expérience de de mon ami Pascal, avec qui j'échange régulièrement ? Nous continuons à nous voir autour d'un café, d'un petit déj', ou même dans son bureau. Nos conversations de vieux amis ont changé de nature : les évocations de nos bons souvenirs d'antan laissent place à des causettes sur la santé. Nous parlons médicaments, traitements, séquelles, médecins, mais avant tout nous nous soutenons mutuellement. Martine est toujours sous chimio, mais peut-on vraiment pousser l'analogie avec la situation d'Anne-Laure ? Martine n'est plus à l'école, loin s'en faut, c'est une adulte qui vit différemment sa thérapie et ses conséquences. Et elle n'a pas la même tumeur. Pascal est toutefois tout aussi troublé et perdu que nous, et la relation avec son épouse est parfois aussi compliquée que nos discussions avec Anne-Laure. Et puis Martine ne lui a-t-elle pas dit un jour : « Il n'y a qu'Anne-Laure qui puisse me comprendre » ? Nous finissons par nous dire que toutes deux doivent se rencontrer, se parler et confronter leurs conditions.

J'évoque cette idée avec Anne-Laure, mais je sens un blocage. Il ne vient pas de ma fille… Mais de moi-même ! Je me surprends à lui parler avec beaucoup de retenue et de distance, hésitant dans le choix de mes mots, balbutiant mes phrases, rallongeant les silences. J'avoue intérieurement ma crainte, je ne suis pas certain de vouloir cette rencontre, alors qu'Anne-Laure est en train d'acquiescer.

Je ne vis pas ce grand instant de doute pour la première fois. J'ai déjà connu cette circonstance épineuse, lorsque

Anne-Laure m'avait demandé des nouvelles d'un autre ami, Alain, alors en pleine convalescence. Victime d'un grave accident domestique, il a eu le cerveau endommagé par un éclat métallique, et a perdu une grande partie de ses facultés. Cela a causé un grand émoi dans nos milieux associatifs, Alain en étant un des piliers, connu et reconnu pour son engagement, et sa passion pour la photographie. Il est apprécié de tous, et Anne-Laure l'aime beaucoup. Après une intervention chirurgicale extrêmement périlleuse, il vit une rééducation longue et pénible. J'explique à Anne-Laure qu'on vient de transférer Alain dans un établissement spécialisé.

Elle me demande alors :

— Dis, tu m'emmèneras le voir ?

— Heu, je ne sais pas si c'est possible…

Je botte urgemment en touche.

— Je me renseigne, on en reparle. D'accord ?

Je ne sors pas de sa chambre, non, je cours au-dehors !

C'est une peur effroyable que je n'ai jamais connue et qui m'entraîne dans un trou noir… La peur de l'autre, je la vis comme un effet-miroir qui en amplifie le choc. Mes expériences passées m'ont fait comprendre ce que peuvent ressentir les autres quand ils ont connaissance de la typologie de la maladie d'Anne-Laure. Les mots « cancer » et « tumeur » sont des répulsifs, je le sais ! Mais que pourra ressentir ma fille si elle est, à son tour, confrontée à d'autres souffrances, d'autres mal-être ? Comment réagira-t-elle ? J'ai la vision d'une jeune fille retenant ses pleurs, s'enfonçant dans une déprime absolue.

Je ne reparlerai plus jamais à Anne-Laure de l'éventuelle rencontre avec Martine et Alain.

*

Nous sommes tous en quête d'équilibre. Nos existences sont vouées à la recherche d'une harmonie familiale, d'une stabilité professionnelle, d'une eurythmie affective, d'une plénitude citoyenne, dans cet ordre ou un autre. Nous sommes contraints à des exercices permanents de jonglerie jusqu'à acquérir la maturité suffisante et l'expertise nécessaire pour assurer pleinement cet équilibre, sans avoir à se poser la question. Comme le sportif professionnel qui, à force de répéter le même geste, le même mouvement, la même séquence, va l'exécuter avec l'efficacité naturelle qui le fera sembler si facile au regard des autres. Comme le professionnel de la mécanique qui va savoir instantanément où positionner sa clé à molette pour donner le bon coup de vis, sans avoir à réfléchir !

Mais, parfois, même l'équilibre le plus maîtrisé peut subir une bourrasque qui tend à le métamorphoser en équilibre instable. Il faut alors faire preuve d'un sens aigu de l'adaptabilité afin de ne pas trop tanguer et sombrer d'un côté ou de l'autre. Nous sommes maintenant sur le fil ténu de cet équilibre tangent. Nous devons faire appel à nos expériences de vie, puiser dans les épisodes heureux et douloureux, pour pouvoir rester droits. Comme des fildeféristes, nous pouvons nous aider d'une perche qui nous permet de ne pas trop vaciller et d'avancer sur le fil de notre existence.

Cette perche, c'est Jacqueline qui nous l'a tendue avec ses P'tits Prins. Cette perche, c'est cette exposition que nous souhaitons programmer avant la fin de l'année, comme pour montrer à la face du monde que cette terrible année ne nous a pas abattus et que notre fille est toujours debout ! Avec l'équipe des P'tits Prins, nous sommes unis par un solide et inattendu esprit de corps. Nous sommes dressés, tous ensemble, vers cet objectif commun. Cette effervescence nous permet, à Ketty et moi, et même à Alizée, de nous immerger dans d'autres pensées, et lorsque les défaillances d'Anne-Laure, physiques ou scolaires, nous font le coup de la marée montante, nous mettons le moteur du reflux en marche en redoublant de travail et d'efforts pour faire avancer le projet.

Ketty s'y est totalement immergée, elle se montre débordante d'énergies et d'idées. Elle tente de dégager des thématiques communes aux œuvres des deux artistes afin de les regrouper en univers cohérents. Par couleurs, par tailles, par séries, elle compose, dispose, regroupe. Elle sélectionne les tableaux et dessins, même anciens, d'Anne-Laure, et choisit soigneusement les encadrements avec une spécialiste de ce travail qui est aussi un art véritable.

Anne-Laure et Bernard poursuivent inlassablement leur œuvre commune. Notre curiosité l'emporte et nous risquons quelquefois un regard vers l'atelier où nous voyons prendre forme un geyser de petits tableaux recouvrant l'immense toile derrière laquelle disparaît même notre fille ! La peinture reste le dernier hobby d'Anne-Laure, qui vient tout juste de faire sa dernière représentation de danse. L'activité lui procure toujours du plaisir mais aussi beaucoup de fatigue, elle préfère consacrer ses moments forts et sa petite énergie à la peinture et à l'exposition à venir.

Je suis aussi pris dans le tourbillon des recherches et des préparatifs, j'en oublie même l'Âme-Stram-Gram dont les pages sont désormais orphelines de mes mots.

J'aurais pu y consigner un nouveau frisson de solidarité vécu au sein même du collège. Nous y avons été récemment invités à partager un bilan du séjour de la classe en Chine, celui auquel nous avions finalement dû renoncer à faire participer Anne-Laure. Les élèves ont préparé un diaporama pour montrer aux enseignants et aux parents leur travail, mais aussi la bonne ambiance qui a régné pendant ce périple. On les y voit ensemble, avec leurs correspondants de la ville de Tianjin, sur les bancs de l'école, à table pour un déjeuner « à la chinoise », ou encore assistant à un spectacle. Le diaporama se déroule, et laisse soudainement découvrir une photo avec tous les élèves de la classe regroupés devant un monument. Chacun porte une feuille avec une lettre, pour composer une phrase qui nous va droit au cœur : ANNE-LAURE, ON PENSE À TOI. Nous ne savons quoi dire. Nous gardons le silence, il est de toute façon plus beau que n'importe quel mot hésitant et balbutié en cet instant magnifique.

Nous nous replongeons avec encore plus d'énergie et de motivation dans la préparation de l'exposition, dès lors que le lieu et les dates se précisent. Avec Jacqueline, nous avons frappé à toutes les portes des mairies, des services culturels, des médiathèques, des galeries privées, et de divers sites susceptibles d'accueillir cette installation que nous imaginons. Mais pouvions-nous rêver d'un plus bel emplacement que celui qui nous est proposé en premier, et évidemment accepté tout de suite ? C'est à la Villa du Département qu'Anne-Laure et Bernard accrocheront leurs œuvres ! Cette bâtisse est une grande maison créole à l'architecture traditionnelle, si remarquable, flanquée d'un magnifique jardin sur ses côtés et sur l'arrière-cour, la façade avant s'ouvrant sur un vaste parvis serti d'une imposante fontaine. Sise sur l'artère historique du chef-lieu, derrière ses barreaux grillagés, elle attire tous les regards. C'est une demeure d'apparat, propriété du conseil général de La Réunion qui y reçoit ses invités de marque et y organise diverses manifestations.

Nous savons que la Villa est particulièrement demandée, et que bien peu de nominés y ont finalement accès ! Il nous faut mesurer la chance que nous avons, et Bernard n'en revient pas : ses tableaux exposés dans un tel lieu, c'est une première pour lui qui a pourtant déjà connu d'autres accrochages importants. Même les dates qui nous sont proposées, eu égard au calendrier des manifestations déjà programmées, sont parfaitement en phase avec nos souhaits. L'exposition aura lieu avant la fin de l'année, en plein cœur du mois de décembre, du 11 au 20 exactement.

Qu'est-ce qui nous vaut donc ce privilège ? On nous laisse entendre que la présidente du conseil général a personnellement donné son accord. Nous connaissons Nassimah Dindar, très sensibilisée aux personnes en difficulté, qu'elles soient jeunes ou âgées, menant une politique sociale efficiente pendant ses mandats. Nous savons également qu'elle a été elle-même en délicatesse avec sa santé. Enfin, par les relations que nous entretenons depuis de longues années dans le cadre de nos activités associatives, elle a pu côtoyer Anne-Laure lors de diverses réceptions et comprendre que notre fille n'est pas toujours au mieux. C'est un cœur de femme, de mère et de citoyenne qui s'est ouvert, en même temps qu'elle nous a ouvert les portes de l'inespérée Villa du Département !

Nous avons deux mois devant nous, autrement dit il faut se presser. Il y a tant à faire ! Sous la férule des P'tits Prins, les uns se chargent de coordonner les services du conseil général devant aider à la préparation du lieu et la mise en place des supports de l'exposition. Les autres commencent à penser à l'organisation du vernissage, sa logistique, ses invitations, son protocole. Mon champ d'action est celui de la communication, je mets en place le plan média, j'imagine les différents supports de communication, je commence à écrire les textes du catalogue. Et, surtout, nous avons baptisé cette exposition commune : en soulignant par une astuce graphique qu'il s'agit d'1 passion partagée par 2 générations, ce sera « 1 Instant 2 Bonheur » !

*

Ce qui se passe est inouï, presque incroyable. C'est un spectacle inédit qui fait se retourner tous les passants et les automobilistes, tout le long de la rue de Paris. Ils découvrent et croisent un impressionnant cortège de motards, chevauchant de grosses et imposantes cylindrées, qui remonte l'artère en s'étirant sur plusieurs dizaines de mètres. En tête de cette colonne pétaradante, escortée par d'autres motards arborant l'uniforme de la police nationale, Anne-Laure est juchée sur un incroyable chopper, d'un jaune étincelant, aux chromes rutilants, son pilote à l'avant de cette machine qui ne peut laisser indifférent et qui aimante les regards.

On a l'impression que tous les motards de l'île se sont donné le mot pour rendre inoubliable l'arrivée d'Anne-Laure dans la cour de la Villa du Département, pour le vernissage de « 1 Instant 2 Bonheur ». André, le responsable de toute cette organisation, est un proche des P'tits Prins. Il nous explique que la mobilisation a été lancée sur la Toile sous la houlette du Club motocycliste de la Police nationale. De nombreux clubs ont délégué leurs représentants. Ils ont le look de l'emploi, barbes fournies, blousons de cuir, santiags, tatouages, gros bras et compagnie. Je découvre aujourd'hui, derrière cette image d'Épinal, des cœurs « hénaurmes », et j'essaye de les remercier un par un, mais ils sont tellement nombreux !

Ce soir, c'est le grand soir… la grande première… Anne-Laure et Bernard, les P'tits Prins et nous-mêmes allons enfin pouvoir montrer à nos invités, et ils sont nombreux, le fruit d'un travail de plusieurs semaines intenses. Des semaines passées très vite, pour monter cette exposition en un temps record. Nous y sommes enfin ! Je regarde ma fille, sur le chopper désormais garé en plein milieu du parvis de la Villa du Département. Elle lève les bras au ciel comme un geste de victoire, elle sourit à n'en plus finir, elle tourne la tête dans tous les sens pour répondre aux sollicitations des nombreux photographes présents. Je pense à ces derniers jours. Anne-Laure est sortie tout juste de sa septième cure de Temodal, elle est dans sa phase de récupération. Personne ne le croirait, en la voyant ainsi rire et prendre la pose avec ses ami(e)s du collège, les taties, tontons et toute la famille, mais aussi les médecins et infirmiers qui la connaissent, et ses professeurs venus en nombre !

Anne-Laure a montré sa détermination en minimisant les habituels effets post-chimio. Certes, elle a été un peu fatiguée comme à l'accoutumée, mais elle a su trouver l'énergie et la volonté nécessaires pour assumer son rôle pendant ce vernissage. Dès cette arrivée tonitruante, elle est déjà la star de la soirée ! Lorsqu'elle doit faire son discours, je me surprends à l'entendre lire sans hésitation le mémo sur lequel elle a préparé ses remerciements et noté ses mots d'enfant enrobés d'une simplicité désarmante, alors que les répétitions avaient été un peu ardues. Elle fait même rire le public, son public, quand elle raconte que Bernard a failli se blesser dans son atelier lors d'une séance de peinture à deux. « La morale de cette histoire, c'est que l'art peut être dangereux », dit-elle en souriant. Les applaudissements sont nourris, une vague d'émotion déferle sur la Villa du Département.

Peut-être Anne-Laure a-t-elle puisé sa force de ce jour dans les bonnes nouvelles de ces dernières semaines. Une IRM réalisée mi-novembre a montré une nouvelle régression des tumeurs. La courbe continue de s'incliner devant la chimio, et la régularité avec laquelle elle le fait nous redonne une confiance grandissante. L'autre éclaircie du moment, c'est le retour, il y a quelques jours, de Jérémy. Son année universitaire en Australie se termine de manière positive, il est admis dans le cycle suivant qu'il commencera en début d'année prochaine. Et, dès l'annonce de l'exposition, il nous avait prévenus : pas question de faire son inauguration sans qu'il soit présent ! Anne-Laure aussi nous l'avait dit : elle veut que toute la famille soit réunie !

Anne-Laure et Bernard veulent bien maintenant dévoiler leur peinture commune, qu'ils ont simplement intitulée « Notre Espace ». Sur cette toile de 1 mètre sur 2, ils ont reproduit plusieurs de leurs tableaux en miniature dans un désordre indescriptible, mais maîtrisé. Bernard explique son idée : « C'est comme si nous étions dans l'atelier avec les fenêtres ouvertes, lorsqu'un gros coup de vent vient faire s'envoler tous les tableaux qui étaient là ! » Du coup s'entremêlent sur la toile, sur fond d'un bleu céleste, plusieurs fragments des peintures de nos deux artistes préférés du moment. On reconnaît là la plantation de cannes à sucre de Bernard, qui vient s'entrechoquer avec le volcan d'Anne-Laure, les coquelicots qui font la valse avec la coccinelle, et tant d'autres. C'est plutôt malin, puisque cette grande fresque désordonnée vient se faire le résumé concis des univers d'Anne-Laure et Bernard.

Et, tout en bas, une signature commune, « Les passionnés », et des citations choisies et écrites par Anne-Laure : « Vous savez, dans la vie, c'est l'intention qui compte. Et puis, tant qu'il y a de la vie, il y a de l'espoir. Mais n'oubliez pas : la vie doit continuer ! »

Devant l'immense tableau, tous les invités veulent se faire prendre en photo avec les artistes. Anne-Laure va et vient, signe même des autographes dans le catalogue édité pour l'occasion. Nous la perdons de vue, elle n'est plus notre fille, elle est la fille de tous nos invités. L'essentiel est qu'elle soit heureuse. Ce soir, elle est resplendissante. Elle continue à faire de l'humour : « Je crois que je vais avoir une crampe à la bouche, tellement on me demande de sourire pour les photos », lâche-t-elle avec un grand… sourire !

Tout le monde a oublié le glioblastome malin, et d'ailleurs personne n'en parle. Nous savourons tous l'instant présent, avec gourmandise. 1 vrai Instant 2 Bonheur !

*

Décembre, le mois des enfants, est pour nous celui des P'tits Prins. La grande aventure de « 1 Instant 2 Bonheur » est couronnée d'un beau succès populaire et médiatique. Dès que nous le pouvons, nous nous rendons sur le site de l'exposition pour assurer l'accueil.

Lorsqu'elle est présente, Anne-Laure prend plaisir à commenter ses œuvres avec les visiteurs, souvent interpellés par son jeune âge. Son livre d'or se remplit de mots gentils et d'encouragements inédits, parfois accompagnés d'une exhortation à la victoire.

« *Une maturité qui me surprend pour ton jeune âge. Une vraie artiste au talent immense. Les couleurs et les thèmes m'ont agréablement surpris. Bon courage dans ton combat !* » (inconnu)

« *On a envie de visiter et de revisiter cette parenthèse de vie... Un grand bravo et un grand merci pour ce moment de bonheur !* » (Christiane)

« *Ça me fait plaisir de voir que tu t'accroches et que tu poursuis ta passion. Cette exposition, tu l'as bien méritée ! C'est bien de nous faire partager au lieu de tout laisser chez toi ! Tu es vraiment très courageuse, c'est une chose que je ne nierai pas (pour une fois Mme Pauwels a raison à 100 %).* » (Sarah)

« *Bravo... Une belle victoire picturale ! Et je prie pour une victoire autre !!!* » (Stephy)

Nous retrouvons régulièrement les membres des P'tits Prins dans les différentes salles de la Villa du Département, à refaire le monde devant les univers artistiques de nos deux peintres pour remiser aux oubliettes la délicate santé d'Anne-Laure. Nous savons pourtant que ces micromoments merveilleux que nous vivons ensemble, c'est grâce, plutôt à cause de cette maladie. Quel vilain pied de nez du destin ! Jacqueline n'en finit pas de couver Anne-Laure, présidente protectrice, amie attentionnée, tatie dévouée avec parfois même des accents de seconde mère... Elle est multicarte de la solidarité, multicœur dc la tendresse. « 1 Instant 2 Bonheur » nous a vraiment rapprochés, nous nous sentons en harmonie avec Jacqueline et les P'tits Prins. Nous n'allons pas nous quitter, en ce dernier mois de l'année. Bientôt, ce sera le Noël des P'tits Prins avec tous les enfants malades suivis dans le service du docteur Stéphane. Sur le bateau qui accueille l'association et ses invités, Jacqueline n'a pas oublié Alizée, qui se voit gratifiée de son petit cadeau aussi. Il y a vraiment une ambiance de famille !

Quelques jours après, Anne-Laure est conviée à un événement inédit. Jacqueline nous l'avait annoncé, il y a quelques semaines : notre fille a été choisie pour être la marraine d'une tortue marine qui sera prochainement larguée en mer, après un passage par la ferme Kelonia. Cet établissement recueille les tortues malencontreusement blessées par les pêcheurs ou les embarcations, parfois prises dans des filets qui ne leur sont pas destinés, ou alors échouées sur des côtes qui leur sont hostiles. Après avoir été soignées et requinquées, les tortues sont remises dans l'océan, dans leur milieu naturel. Ce nouveau largage de tortues a un intérêt scientifique particulier, les cinq tortues concernées ayant été équipées d'une petite balise de géolocalisation qui permettra de suivre, comprendre et analyser leurs déplacements.

Anne-Laure est marraine de la tortue baptisée Carotte. Elle l'accompagne sur le bateau qui s'en va au large des côtes réunionnaises pour cette remise en mer. Devant la caméra d'une télévision locale, elle fait montre d'un bel aplomb et fait monter la température émotionnelle lorsqu'elle dit face à l'objectif, avec sa moue et son sourire toujours charmeurs : « On remet Carotte à la mer, cela veut dire qu'elle est guérie. Je voudrais être comme elle, j'espère que moi aussi je guérirai… »

*

Ce mois de décembre était également marqué dans mon calendrier professionnel depuis longtemps. Je suis missionné pour la maîtrise d'œuvre d'une manifestation internationale regroupant des organismes et des entreprises œuvrant dans les biotechnologies. Pendant deux journées, ils sont près de cinquante représentants venus de Chine, d'Inde, de l'île Maurice, de Madagascar et d'Afrique du Sud pour échanger leurs expériences et trouver des pistes de partenariats avec leurs homologues réunionnais. Il m'aura fallu, ces derniers mois, jongler entre cette lourde organisation et la préparation de l'exposition, un double fil rouge qui m'a servi de rails pour garder un cap volontaire et positif, ne pas perdre pied face aux événements.

En marge de ces rencontres internationales, une délégation venue de Chine s'insère dans la programmation. Je suis mis en contact avec le chef de la délégation, également responsable d'une formation universitaire en médecine traditionnelle chinoise. On me le présente comme une sommité de sa discipline, un maître incontournable. Je me souviens que notre première approche avec la médecine traditionnelle chinoise, par l'intermédiaire du consul général de la République populaire de Chine, avait été mitigée, en tout cas n'ouvrait pas la voie vers une solution. Alors, pourquoi ne pas tenter une seconde chance, un second espoir ? La lueur pourrait-elle jaillir de cette consultation impromptue, presque chapardée à la fin d'une soirée-dîner ?

Le spécialiste ausculte de ses doigts les épaules, le ventre et quelques autres parties du corps d'Anne-Laure, il examine ses yeux, sa langue, la fait se retourner, lui palpe le dos. Personne auparavant ne lui avait dit ce dont souffrait ma fille, il affirme pourtant ressentir des perturbations au niveau de la tête et annonce qu'il s'agit probablement d'une tumeur au cerveau ! Nous sommes quelques amis de la famille, ainsi que le consul général de Chine, témoins ébahis de ce juste diagnostic.

Sur une feuille, il nous écrit une prescription en chinois, que nous traduit aussitôt un de nos amis. Mais les plantes de son ordonnance improvisée ne se trouvent que dans l'empire du Milieu ! Nous avons suffisamment de contacts, là autour de nous, pour quand même essayer de passer outre à la barrière de la distance. Nous savons aussi qu'il faudra passer les barrières douanières, les plantes étrangères ne rentrant pas facilement en territoire français. Le médecin nous dit encore quelque chose que l'on nous traduit aussitôt : « Cela ne peut lui faire que du bien. » Nous comprenons aussi l'autre traduction implicite de cette assertion : ce n'est pas avec cette tisane que notre fille guérira... Nous hésitons : devons-nous insister pour pouvoir importer ces plantes, ou devrons-nous y recourir uniquement si une opportunité se présente ?

Nous sommes, de toute façon, emportés dans le tourbillon des fêtes de fin d'année, ses préparatifs, son ambiance. Nous apprécions la soirée de Noël en famille, chez une des sœurs de Ketty. Les cousins et les cousines qu'Anne-Laure adore sont tous là. Et, moi, je suis heureux, ma fille, avant tout, est toujours là ! J'y pense encore plus au soir du nouvel an. Nous avons choisi de rester entre nous, premier cercle familial resserré. À table, je dévore Anne-Laure du regard. Personne ne pourrait imaginer qu'elle subit les ravages d'une abominable tumeur et des conséquences de son difficile traitement, tant elle garde un visage serein et souriant. Elle paraît même joufflue, on la dirait ainsi bien portante, mais je sais que ses « joues de hamster », comme nous le disons en rigolant, sont dues à la prise de cortisone prescrite depuis le début de son traitement. Nous savons aussi que ses portions alimentaires se réduisent au fil des semaines, alors même qu'elle n'a jamais été très gourmande le temps « d'avant ». Elle n'est pas mince, elle est fluette, fragile, poupée à protéger et qui sait elle-même se protéger grâce à un étonnant moral.

C'est aussi le moment de penser au bilan de l'année écoulée, et cette Saint-Sylvestre prend une saveur très particulière, étrange et amer goût de victoire : cette année qui se voulait sombre et noire, nous l'avons battue à plate couture. Anne-Laure a été la plus forte, sa volonté et son traitement font régresser la tumeur. J'aurais préféré qu'il n'y ait ni victoire, ni défaite : c'est une bataille qu'elle n'aurait jamais dû engager. Comment disent-ils, nos jeunes d'aujourd'hui ? Ah oui : VDM !

*

Le logiciel de l'habitude est un virus ineffable et vénéneux. Tel le serpent Kaa face à Mowgli, il vous hypnotise, vous amadoue, vous susurre « Aie confiance ». Il vous enlace dans ses anneaux de l'oubli, vous éteint avant de vous étreindre. L'ambiance encore toute fraîche des fêtes de fin d'année et le temps alangui des vacances lui sont des complices dévoués et zélés. Ensemble, ils forment une chaîne cotonneuse sur laquelle on laisse s'assoupir son quotidien. Nous retrouvons ainsi, en ce début d'année, une formule routinière installée depuis quelques mois en appui du rythme imposé par la maladie : cure de Temodal – coups de fatigue – nausées – retour de forme – prises de sang – visites de contrôle – rendez-vous avec la psy.

Nous ébréchons quelque peu cette logique d'accoutumance, alors que s'approche la rentrée scolaire. Dans notre recherche de solutions alternatives, nombre de proches nous ont parlé de la méditation transcendantale, de sa capacité à réduire les stress et angoisses. Certains avancent même son pouvoir d'auto-guérison. Je n'y crois guère. Il y a quelques années de cela, je m'étais prêté à l'expérience, l'objectif étant de trouver une technique de relaxation et de redynamisation. Initié à la MT, comme disent les gens avertis, et nanti de mon « mantra », je m'étais retrouvé à 180 degrés de mes attentes et de ce que l'on m'avait promis ! Après ma méditation du matin, mes batteries physiologiques devaient être chargées à bloc. Et, le soir, mon « mantra » devait me permettre d'évacuer le stress de la journée et de trouver un sommeil apaisant. Faut-il croire qu'un miroir avait pris possession de mes facultés pour renvoyer à une réalité inversée les effets promis ? Le matin, je me rendormais, et le soir, je n'arrivais plus à trouver le sommeil ! Deux semaines de ce régime à haut dérèglement ont eu raison de mes convictions. Malgré l'insistance de mes professeurs qui me demandaient de revenir les voir pour « me faire réviser » (sic !), je remisai la MT au fond d'un tiroir à souvenirs.

Pourtant ! Ils sont nombreux autour de nous, amis de confiance et même certains proches membres de la famille, à nous raconter avec emphase et éloquence leurs expériences de méditation transcendantale. Jean-Marc est tellement féru de MT qu'il en fait lorsqu'il est en plongée, il nous assure qu'il démultiplie ses sensations fortes ! Yves a initié ses deux garçons, qui ont connu une extraordinaire scolarité les ayant menés vers les plus grandes écoles supérieures, et lui-même semble avoir trouvé une source d'éternelle jeunesse ! Marie est droguée de sa méditation biquotidienne qui, dit-elle, lui donne une pêche incroyable et lui permet de travailler deux fois plus vite que le temps d'avant son initiation ! Je suis certainement le mauvais élève de la classe, le contre-exemple plus que parfait. Alors, je fais fi de mes réticences. Pourquoi ne pas tenter l'expérimentation pour Anne-Laure, si cela peut contribuer à lui faire gagner un peu plus vite son combat contre ce fichu glioblastome ?

Je m'affranchis quand même de la tâche et botte en direction de Ketty. C'est elle qui emmènera Anne-Laure à l'initiation. Et, tant qu'à faire, la petite sœur Alizée va également y aller et toutes trois vont faire connaissance avec la fameuse méditation transcendantale. Je les revois à leur retour de la séance initiatique, celle où le professeur livre à chacun dans l'oreille son « mantra » secret. Anne-Laure et Alizée semblent s'être bien amusées, Ketty a souffert d'une attente un peu trop longue. Il faut maintenant passer à la pratique, le temps seul nous indiquera l'effet potentiel de la MT sur notre cercle familial, et, ce qui nous importe avant tout, sur Anne-Laure. Pour le moment, elle prend très au sérieux ses temps de méditation. Lorsque je vois la porte de sa chambre fermée, je sais maintenant qu'elle est dans sa phase de méditation. Je souris, je soupire, j'espère…

*

Un nouveau passage par la case « résonance magnétique », le premier de l'année qui vient de commencer, est inscrit au calendrier. Il y a toujours un peu d'appréhension, certes, mais nous y allons en toute décontraction. D'autant que nous venons tout juste de fêter le nouvel an chinois et nos têtes résonnent encore des pétarades et des tambours des lions et dragons. Dans nos esprits, les fractales de la routine continuent de développer leurs courbes et arabesques élégantes, gorgées par notre insouciance au sortir des vacances et des fêtes et par le bon comportement général d'Anne-Laure.

Camouflé derrière le tapis de fractales, Kaa choisit ce moment pour surgir et venir resserrer son étreinte après nous avoir tant endormis. La découverte des nouvelles IRM est un choc. Les clichés sont violents. Des taches bodybuildées y apparaissent, plus nombreuses, plus éparses, on dirait même plus noires. En tout cas, plus menaçantes que jamais ! Le ciel nous était déjà tombé sur la tête, mais Anne-Laure avait opposé son courage, son caractère, sa joie de vivre. Les nombreux soutiens reçus de tous nos proches, et même nos nouveaux amis des P'tits Prins, nous avaient permis de relever ensemble le plafond. Il s'écroule à nouveau. Il nous assomme. Il nous enfonce.

Les commentaires sont inutiles, nous avons compris : la tumeur a enclenché la marche en avant, elle grossit, elle prolifère. Comment cela peut-il être possible ? Nous sommes incrédules, en état de choc. Bien sûr, il y a eu cette force de l'habitude lénifiante qui a atténué notre vigilance. Nous avions même fini par nous convaincre que les médecins avaient volontairement noirci le tableau. « Palliatif, non curatif », résonne à nouveau comme un refrain lancinant que nous avions fini par ne plus croire. Le corps médical, pour nous, avait ouvert en grand le parapluie. Nous, nous avons été en plein déni !

Dans le cabinet du docteur Stéphane, le silence occupe l'espace, il tient monologue. C'est une duperie : en fait, le médecin parle, mais je n'entends plus rien. Les mots, habillés de l'insondable texture scientifico-médicale, font la traversée du désert. Je n'ai qu'une interrogation en tête : quoi faire ? Je ne m'imagine pas accepter cette évolution sans rien tenter. Ketty est en parfaite cohérence de pensée, elle a même eu le bon réflexe d'amener à ce rendez-vous une coupure de presse. C'est un extrait du quotidien régional *La Provence.* Il nous a été envoyé il y a quelques semaines par notre tante Jacqueline, qui vit dans les Bouches-du-Rhône, non loin de Marseille. Il y est question du dix-millième patient atteint d'une tumeur au cerveau, traité en décembre 2010 à l'hôpital de La Timone, à Marseille, à l'aide d'un procédé révolutionnaire, le « gamma knife » : « Grâce à un rayonnement gamma très localisé, il permet d'opérer le cerveau sans ouvrir la boîte crânienne, en une seule séance et une seule journée à l'hôpital. »

D'une seule et même voix, Ketty et moi exprimons notre volonté d'aller voir là-bas, de nous enquérir de cette technique qui semble si bien porter son nom. Nous voulons un rendez-vous avec le spécialiste du « gamma knife » dont le nom est cité à plusieurs reprises dans l'article. Nous voulons y aller, et le plus vite possible, et évaluer les possibilités d'appliquer à Anne-Laure ce traitement. Cela est non négociable ! Le docteur Stéphane a pris la mesure de notre détermination, il s'engage à contacter La Timone et nous tenir aussitôt informés.

Nous ressortons de son bureau, les nerfs à vif et les neurones en ébullition. Abattus, mais volontaires. Anne-Laure semble subir le contrecoup des mauvaises nouvelles, elle se réfugie derrière l'écran de sa console de jeux. Le déroulé des festivités du nouvel an chinois ne nous laisse guère de répit pour un apitoiement généralisé : ce soir, Alizée se produit avec son école de danse lors d'une grande réception à laquelle nous avons nous-mêmes invité quelques amis. Il nous faut à nouveau jouer le jeu de la dissimulation, auquel Anne-Laure se prête avec une grande sérénité. Elle tient bon, elle est vraiment très forte. Comment fait-elle pour garder ce même sourire, ce même allant, cette même humeur ? Autour de nous, personne ne se doute de la nouvelle dépression qui vient tout juste de s'abattre sur notre existence.

Les officiels viennent de faire leurs discours d'accueil, Alizée a présenté quelques danses chinoises, tout le monde est à table. Anne-Laure a soudainement un coup de fatigue. On la remarque chanceler sur sa chaise, tanguer dangereusement. Nous décidons que Ketty et elle vont rentrer à la maison plus tôt que prévu. À nos amis, nous arguons d'une journée difficile pour expliquer le coup de mou. Cela n'est pas tout à fait faux, il ne faut pas tout mettre sur le compte de la maladie ! Alizée et moi, nous nous ferons déposer par un de nos proches. Il faut nous adapter à la circonstance.

On nous avait prévenus : il faudra apprendre à vivre au jour le jour. Vivre au jour le jour est en train de devenir vivre heure après heure.

Mercredi 9 février 2011

Reprendre ces écrits…
Rouvrir ce cahier…
Refaire le monde…

Pourquoi a-t-il fallu attendre cette mauvaise nouvelle pour revenir à ce papier ? Je me sens coupable d'une certaine forme de trahison, de laxisme, de laisser-aller, envers moi-même et ma fille.

Ainsi donc, cela repart. Mauvaise évolution, vraie révolution.

Quoi faire ? Se dissimuler dans la fusion de la vie quotidienne, s'y perdre, corps et âme ? C'est ce que l'on essaie de faire. Ou alors, comme Anne-Laure elle-même, se construire une carapace, décaler ses pensées, ses gestes, ses actes.

Non, je ne sais plus quoi faire. Pour l'instant, je veux écrire. Et écrire encore demain. Et après-demain. Je n'oublie pas l'objectif fixé : qu'Anne-Laure lise un jour ces feuilles.

Ce sont des mots et des paroles captés ici et là, parfois chuchotés sous couvert d'une gêne discrète, parfois lancés crûment pour provoquer une réaction. À l'hôpital, j'ai cru entendre une phrase du genre : « Les jours sont comptés. » Cela m'irrite, je ne veux pas le croire, je ne veux pas qu'on le dise ! Et puis j'essaye de me raisonner. Oui, après tout, c'est vrai : je veux bien compter les jours, mais en milliers de journées.

Mon ami Pascal, à qui j'apprends la mauvaise nouvelle, me sort sans avertissement aucun : « Il faut se préparer au pire. » De sa part, je peux tout entendre, je peux tout accepter. Nous vivons dans le même référentiel de la douleur, et le même timing de l'attente. L'évolution du cancer de Martine suit une courbe aléatoire et de nouveaux examens sont attendus. Et quand je lui parle de notre demande pressante d'aller à La Timone, Pascal me dit : « Il n'y a plus rien à perdre », je sais qu'il a raison.

Surtout qu'Anne-Laure subit cette fois le contrecoup de la maladie. La carapace semble se fendiller, et un magma d'irascibilité émerge. Elle se montre plus énervée qu'à l'accoutumée, elle ne cesse de se disputer avec Alizée, laquelle, avec son caractère bien trempé, ne se laisse pas faire. Une tension inconnue jusqu'alors s'installe dans la maisonnée. Anne-Laure se réfugie derrière sa console de jeux, et personne ne peut la déranger. Elle s'enferme parfois dans sa chambre, elle ne veut parler à personne. Je ne peux que comprendre. Quiconque tenterait de se mettre à la place d'Anne-Laure se retrouverait face à un mur de questions insolubles qui se résumerait à une interrogation de synthèse : comment peut-on faire pour continuer à vivre normalement quand on a cette saloperie dans la tête ?

Moi-même, j'ai la tête en compote. Un cerveau qui éclate dans tous les sens, sous le feu nourri des interrogations et des inquiétudes. J'ai des images violentes, des pensées amères, des idées noires, qui se succèdent en flashs ininterrompus comme si j'avais avalé un stroboscope. Ketty est d'humeur sombre, il ne peut en être autrement. Elle intériorise, elle sourit, elle donne le change, mais je ressens la fibre maternelle tendue à l'extrême, qui vibre sur une tonalité aiguë proche de la saturation et de la déflagration. Nos journées s'étirent sous l'effet de ces douleurs morales qui deviennent faiblesses physiques dues à la tension accumulée. Je me surprends à faire des siestes, moi qui déteste ce temps qui me semble perdu. Et je dois faire appel à des solutions médicamenteuses pour pouvoir m'endormir !

Il nous faut prendre une respiration nouvelle, ne pas se laisser gangrener par la pression du moment. Pour l'homme de communication que je suis, cela passe naturellement par la parole. Je profite de la grande complicité qui nous lie, Anne-Laure et moi depuis notre séjour parisien, et bien avant même. Lorsqu'elle était bébé, sa mère ne nous disait-elle pas : « Elle va t'aimer beaucoup », en se fiant à son regard posé sur moi ? Seule une mère peut ressentir cela.

— Anne-Laure, dis-moi tout ce qui te passe par la tête. Qu'as-tu envie de faire ?

— L'école m'embête, je n'arrive plus à suivre, ça me fatigue.

— De toute façon, tu as déjà un emploi du temps allégé, tu peux encore choisir tes matières, le professeur principal te l'a dit.

— Oui, je sais. Mais j'irai encore au collège, il y a des professeurs que je veux continuer à voir.

— Tes amies aussi, je suppose.

— Elles peuvent aussi venir me voir à la maison. Dis, on pourra apprendre à faire des sushis ensemble ? J'ai vu des vidéos sur YouTube, ça a l'air facile.

— D'accord, on en fera ce dimanche, demain j'irai chercher les ingrédients.

— Et ce serait bien qu'on fasse des marches en famille, tout le monde ensemble.

— On organisera ça en même temps qu'un pique-nique. D'ailleurs, avec tes taties, on avait déjà dit qu'on le ferait.

— Et puis j'aimerais qu'on regarde des DVD ensemble, mais que toi et moi.

Résurgence de notre vie commune parisienne, période Institut Curie ! Chez Guy, nous avions du temps à passer devant les programmes du petit écran, et avions alors découvert nombre de séries policières. Toujours férue d'énigmes, de casse-tête, et autres problèmes de logique, Anne-Laure s'était amourachée des fameux *Experts*, *Las Vegas, Los Angeles* et *Miami*, mais aussi de *Numbers*. Dans cette série américaine, un agent du FBI fait régulièrement appel à son frère, génie des mathématiques, pour l'aider à résoudre crimes et délits grâce à l'élaboration de modèles algébriques. Aujourd'hui, les coffrets vidéo de toutes les saisons disponibles des *Experts*, de *Numbers*, mais aussi de *Mentalist* et de *Lie To Me*, qu'Anne-Laure a découvertes ultérieurement, trônent sur nos étagères. Anne-Laure avale les épisodes les uns après les autres. Je lui promets que les prochains, je les regarde avec elle.

Le docteur Stéphane et toute son équipe nous ont dit être à notre disposition, qu'on pouvait venir leur parler dès qu'on le souhaitait. La seule chose qui nous importe aujourd'hui est la réponse de La Timone. Elle ne tarde heureusement pas à arriver, nous y avons rendez-vous dans une semaine. Nous sommes pressés d'y être. En attendant, ce dimanche, nous faisons des sushis et des makis, les tout premiers de ma carrière de cuisinier japonais amateur ! Anne-Laure prépare les ingrédients, Alizée fait cuire le riz, Ketty s'occupe des sauces et moi, j'enroule des makis… qui commencent par se casser en morceaux. Mais même les morceaux épars et éventrés sont savoureux, parce que nous les avons faits ensemble, en famille et dans une bonne humeur propice à chasser les nuages.

Ô temps, si tu pouvais vraiment suspendre ton vol !…

*

Chez Tatie Jacqueline et Tonton François, l'expression « havre de paix » prend toute sa dimension. Posé à l'écart des grandes autoroutes, entre Aix et Marseille, le village de Bouc-Bel-Air respire le bon air et le bien-être d'une authenticité campagnarde préservée. Louis Chedid a parfaitement calibré cette atmosphère dans une chanson baptisée du nom de ce village.

Un bastidon sur la colline
Les cigales en prime
Bouc-Bel-Air, Bouc-Bel-Air
Souvenirs d'enfance au paradis

Cette qualité de vie est enrichie par les qualités de cœur de nos hôtes. Une vraie seconde famille, attachante et généreuse, chez qui nous prenons toujours énormément de plaisir à passer des moments de vacances.

Ce ne sont pas des vacances, cette fois. Le pilote de notre voyage est une angoissante interrogation à résoudre au plus vite : le « gamma knife » peut-il aider Anne-Laure ? La gravité de la situation décuple l'affection que nous porte cette partie de la famille. Jacqueline et François sont là pour nous accueillir, mais aussi Stéphanie et Laurent, leurs enfants qui adorent nos filles, et que nos filles adorent. Nous regrettons qu'Alizée ait dû rester à La Réunion, pour cause de scolarité. En revanche, Jérémy nous a rejoints. Avant de repartir pour sa troisième année d'études à Brisbane, il a fait un crochet par la France métropolitaine, ce qui lui permet de passer quelques jours avec nous. Il y a une grande complicité entre tout ce petit monde, qui contribue à mettre de la chaleur dans la grisaille de ces premières heures, en plein hiver métropolitain.

Ensemble, nous dédramatisons la situation par de chaleureuses embrassades, par de revigorants éclats de rire. Personne n'évoque la maladie devant Anne-Laure, Jacqueline et François attendent qu'elle soit allée dormir pour nous exposer leur propre inquiétude et nous assurer à nouveau que nous pouvons compter sur eux, et que, s'il nous faut rester plus longtemps en terre continentale, leur maison est à notre disposition. Ils ne font que confirmer toute cette grandeur d'âme qu'on leur connaît depuis longtemps.

*

C'est fou ce qu'un couloir d'hôpital peut ressembler à un autre couloir d'hôpital ! Des nuances de couleurs froides qui se répondent d'un établissement à l'autre, des revêtements de sols usés d'une typologie identique, des chaises presque jumelles pour aider à l'attente, et des revues aux pages autant usitées dont seuls les titres changent. Dans la pile de ces magazines, je découvre un titre qui m'interpelle : *À chacun son Everest*. Il fait part des activités d'une association qui emmène les enfants atteints de leucémie et de cancer en séjours en plein Everest. Le principe : « aider les enfants à guérir "mieux" en atteignant leur sommet ». J'ai la surprise d'y trouver des photos d'enfants de La Réunion, encadrés par Ketty, la compagne de Bernard le peintre, et Mounira, une infirmière du service oncologie pédiatrique de Bellepierre, à laquelle nous sommes très liés. Elle était au collège avec moi, et il aura fallu ces tristes circonstances pour que nous nous croisions à nouveau, de longues années après !

La lecture d'*À chacun son Everest* me ramène à l'exposition « 1 Instant 2 Bonheur », et à de fugaces images de joie et de plaisir. Elles semblent bien loin, calées tout à l'arrière du tunnel du temps, et pourtant c'était il y a moins de trois mois ! Nous avons à nouveau perdu toute notion du temps, tout ordonnancement logique de la vie. Avant notre départ pour la métropole, je disais à un de mes fournisseurs : « Je n'arrive plus à travailler, je n'arrive plus à mettre deux idées ensemble, je suis dans le flou le plus complet… » J'observe Ketty qui feuillette machinalement une revue, et Anne-Laure qui balance des jambes sur sa chaise, le regard un peu dans le vague, et je comprends que nous sommes tous dans un même état d'esprit.

Enfin, on vient nous chercher. Nous faisons connaissance avec le docteur Arnauld, du centre de cancérologie pédiatrique. Lorsque nous découvrons son bureau, je me fais la même réflexion que pour les couloirs : il n'y a rien qui ressemble plus à un bureau d'un praticien hospitalier qu'un autre bureau d'un praticien hospitalier, même à des milliers de kilomètres de distance. Un même dénuement presque ascétique, un même minimum sur un bureau complètement anonyme, un écran similaire comme sorti des temps préhistoriques de l'informatique.

Nous avons l'impression d'avoir rembobiné le film et appuyé sur « play ». Le déroulé de l'examen nous semble tout aussi familier : nous refaisons une énième fois l'historique de la maladie, de ses symptômes à la récidive jusqu'aux derniers traitements ; et Anne-Laure se prête à l'examen neurologique dont nous avons désormais en mémoire automatique chaque exercice. Le docteur Arnauld regarde à nouveau l'épais dossier…

— Le docteur Stéphane m'a expliqué votre attente sur la faisabilité d'un traitement par « gamma knife », nous l'avons déjà étudiée. Au vu des dernières images, cela ne sera pas possible. Le « gamma knife » est efficace sur des tumeurs localisées, là nous avons une maladie multifocale et métastatique.

Nous encaissons le coup.

Ketty triture la coupure de presse qu'elle a à nouveau entre les mains.

— Nous souhaitons discuter du cas d'Anne-Laure en réunion de staff, qui aura lieu demain. Nous avons plusieurs protocoles à proposer et devons échanger entre nous en concertation pluridisciplinaire. Je vous propose de nous revoir dans deux jours.

Silence… Le docteur Arnauld le rompt…

— Il y a une possibilité à laquelle nous pouvons réfléchir.

Nous sursautons, à l'affût de la moindre nouvelle qui pourrait venir contrebalancer l'attente déçue du « gamma knife ».

— On pourrait demander l'inscription d'Anne-Laure dans un protocole expérimental. Mais il y a un inconvénient majeur.

— Lequel ?

— Il faudra que vous déménagiez pour venir vous installer en métropole.

— Ce n'est pas un problème !

Ma réponse a jailli instantanément, sans prendre le temps d'une quelconque concertation avec Ketty et Anne-Laure. Dans leurs yeux, je discerne leur acquiescement. Je fais un rapide aparté à l'oreille de Ketty : « On vend la maison, on trouve quelque chose ici, je gérerai mes dossiers à distance, je l'ai déjà fait ! » Je me fais même la réflexion que je pourrais trouver du boulot du côté de Marseille, j'y ai quelques contacts.

— Ces traitements expérimentaux nécessitent un suivi régulier et constant, rajoute le docteur Arnauld.

Je ne pense pas qu'on vous permettra de revenir depuis La Réunion tous les mois.

— Je vous le redis, nous sommes prêts à venir nous installer dans la région.

Une petite lumière vient de s'allumer au loin.

Elle est soufflée par un vent de nouvelles contraires lors du rendez-vous suivant, au lendemain de la réunion de staff.

Non, Anne-Laure ne sera pas acceptée dans un processus expérimental. Le docteur Arnauld explique que plusieurs des éléments de la multithérapie concernée ont déjà été prescrits à Anne-Laure.

Oui, il nous faut rentrer rapidement à La Réunion. Le docteur Arnauld vient de consulter à nouveau Anne-Laure. Il la trouve bien plus fatiguée qu'il y a deux jours et, surtout, a détecté à l'examen neurologique, un fait nouveau et inquiétant : Anne-Laure présente des troubles lorsqu'elle est en situation de marche, et ce n'est vraiment pas un bon signe !

*

Aussitôt rentrés à La Réunion, nous sommes entraînés dans une spirale d'événements que nous ne pouvons ni anticiper, ni maîtriser, à nouveau pantins d'un destin en pointillés, aux seules mains de la médecine. Depuis notre ultime rendez-vous à La Timone, nous savons à quoi nous attendre : le traitement que doit désormais suivre Anne-Laure est un protocole dit « PCV », une combinaison de trois thérapies, dont deux en intraveineuse. Chaque cure est étalée sur six semaines, nécessitant une hospitalisation de jour toutes les deux semaines pour les injections de divers produits. Chaque séance, nous prévient-on, dure plus d'une heure, parfois même approchant les deux heures selon le temps d'écoulement du produit. Oui, le protocole est lourd, délicat, et certainement épuisant.

Nous retrouvons le docteur Stéphane. Il s'agit de mettre en place le calendrier des cures. Son collègue de La Timone lui a retranscrit par messagerie électronique son sentiment d'urgence. Lui-même en prend conscience, vu l'état de fatigue d'Anne-Laure. Circonstances aggravantes : céphalées et vomissements sont répétitifs chaque matin, et notre fille continue de présenter quelques troubles légers de l'équilibre. Le médecin commande, « par acquit de conscience », une IRM, et demande à garder Anne-Laure en observation.

Il faut bousculer la programmation du service radiologie, qu'à cela ne tienne ! Le docteur Stéphane décrète l'urgence des images et, quand il les a enfin, elles semblent lui brûler les doigts. Nous devinons la mauvaise nouvelle : l'IRM montre une nouvelle majoration des lésions. Plus de temps à perdre : il faut commencer au plus vite le protocole PCV. Il y a un préambule à ce début, la pose d'un « PAC », ou « Port-a-cath », un petit boîtier qui doit être placé sous la peau et par lequel on va faire transiter les différents produits de la chimio. Cela nécessite une petite intervention chirurgicale sous anesthésie générale. L'hôpital est devenu une seconde demeure pour nous qui errons de service en couloir, de salle d'attente en bureau de consultation…

Le lendemain, Anne-Laure est admise en hôpital de jour. Elle commence son protocole PCV avec une première injection de vincristine, le V de PCV. Elle semble moins fatiguée, elle a même retrouvé son sourire, l'air de dire sa confiance dans ce nouveau traitement.

Moi, je viens de passer deux journées terribles…

J'ai vu ma fille souffrir…
J'ai vu un médecin angoissé…
J'ai entendu des mots compliqués et qui font peur…
J'ai compris la résignation de beaucoup…
Moi, je veux continuer à me battre !

*

Je me replonge dans les méandres et les arcanes de la Toile. Je n'aurais pas la conscience tranquille si je n'allais pas ainsi fouiner en quête d'informations et de potentielles solutions. Non, ce n'est pas possible. Je trouverai bien quelque chose, ou quelqu'un qui aura connu le même fil difficile à rapiécer, à solidifier, à sauver ! D'un disque dur, je ressors quelques pages jadis sauvegardées avec diverses informations sur des traitements possibles. On y parle souvent d'espoir, de recherche, de découverte, mais pas encore de guérison ou de solution, et le temps du conditionnel est généralement privilégié.

Un article surgit subitement de l'écran. Est-ce son titre qui m'interpelle avec autant de force : « La résurrection de la bactérie *Deinococcus radiodurans* enfin élucidée ? » Est-ce parce qu'il est fait état de la faculté de médecine de Necker-Enfants malades, dont on nous a souvent parlé ? Est-ce la succession de mots-clés ayant provoqué l'apparition de cette page sur le moteur de recherche, et notamment cette phrase : « Cette découverte fondamentale pourrait être la base d'une nouvelle médecine régénérative : on peut ainsi imaginer "ressusciter" des neurones morts et vaincre les pathologies dégénératives du cerveau. » Je m'attache à décrypter ce charabia à partir de quelques connaissances glanées ici et là et pense comprendre que cette bactérie est capable de se régénérer seule en réorganisant son ADN. L'article précise que cette découverte est fondamentale dans la lutte contre les cancers.

Un fil logique s'organise dans ma tête, cela pourrait donc fonctionner sur la tumeur d'Anne-Laure ! Je me promets d'en discuter avec le docteur Stéphane, en attendant je surfe pour trouver un contact. Des noms sont glissés au fil de l'article, je googlise, je vais sur le site de Necker, mais aussi de l'université Descartes et de l'Inserm de Lyon, cités dans l'article. L'adresse mail d'un certain professeur Alain finit par émerger de la masse des données. Je lance ma bouteille à la mer, je lui écris un message résumant le cas d'Anne-Laure, avec en pièces jointes les dernières IRM, assorti d'un véritable appel au secours. Je clique sur l'onglet « envoyer » en poussant un énorme soupir qui mêle espoir et incertitude. Je sais que je vais, tous les jours, guetter ma messagerie, dans l'attente d'une réponse du professeur Alain.

Pendant que je parcours le vaste labyrinthe numérique, peut-être en quête de quelques chimères, Ketty garde ses esprits bien ancrés dans la réalité des difficultés d'Anne-Laure. Elle se révèle pragmatique et perspicace, avec une lucidité qui ne fait parfois plus partie de mes propres repères. Elle fait preuve de malice en inventant un nouveau subterfuge pour qu'Anne-Laure prenne convenablement sa chimio. En plus des injections, elle doit prendre oralement son procarbazine, le P de PCV. Ce n'est plus la grande bataille du Temodal, mais Anne-Laure rechigne toujours régulièrement, souvent même. Nous pouvons comprendre son blocage dès lors que l'on retrace son parcours des derniers mois, balisé par une médication à outrance. Pour que ça passe, Ketty a imaginé la bonne astuce. Elle attend que nous sacrifiions à notre nouveau rituel : tous les soirs après le dîner, nous nous mettons tous autour de la table pour jouer au « Baccalauréat ». Et là, lorsque Anne-Laure est plongée dans ses colonnes en quête des bons mots, sa mère lui présente subrepticement son verre. Dont elle avale aussitôt le contenu, sans se poser de question, toute concentrée sur son jeu !

La scolarité d'Anne-Laure est un autre problème récurrent, dont nous n'arrivons pas à démêler l'écheveau complexe. Ses passages réguliers à l'hôpital et ses coups de fatigue au collège ajoutent des trous supplémentaires dans un emploi du temps déjà très aléatoire, créent de la confusion dans une continuité déjà bien altérée. La solution passerait-elle par le Cned, Centre national d'enseignement à distance ? Ketty y a travaillé pendant de nombreuses années, elle en connaît parfaitement les mécanismes. Au moment où Anne-Laure aborde la dernière ligne droite de ses « années collège » avec en ligne de mire le brevet qu'elle doit passer dans quelques mois, pourquoi pas ? Un dossier d'inscription est rapidement bouclé, il ne manque qu'une attestation de radiation de l'établissement que Ketty doit aller quérir au secrétariat. Elle en revient, démunie du moindre document et un peu désappointée.

Je m'en étonne…

— Comment ça, on n'a pas voulu te donner le certificat de radiation ?

— Non, ce n'est pas ça. En arrivant, je suis tombée sur Joël, le CPE.

— Ah oui, le protecteur missionné par ta maman.

— Il est au courant de notre démarche, et il nous déconseille d'inscrire Anne-Laure au Cned. Plutôt, il nous recommande de ne pas enlever Anne-Laure du collège. Parce que cela serait la couper de ses amies, de ses habitudes. Il dit aussi que ce n'est pas bien grave si elle manque des cours.

— Cela ne va pas l'aider à préparer son brevet des collèges, non ?

— Le brevet, c'est peut-être secondaire. Si elle peut le passer, tant mieux, sinon, personne ne lui en voudra.

— Oui, tu as certainement raison. Et puis il ne faut pas isoler Anne-Laure, il faut lui laisser un minimum de vie sociale.

— Je crois qu'elle tient beaucoup à ses amies. Et, au collège, Joël sera toujours là pour la surveiller attentivement.

— Qu'en dis-tu ?

— Du coup, je n'ai pas réclamé le certificat. Laissons tomber le Cned.

Je n'ai aucune peine à me rallier à cette conclusion.

*

On voudrait faire une IRM tous les mois, toutes les semaines, ou même juste après chaque injection. On aimerait tellement pouvoir suivre en temps réel l'évolution du traitement, et aller espionner à flux tendu le tréfonds du cerveau d'Anne-Laure avec ce fol espoir d'une nouvelle phase de recul de la tumeur ! Mais, on nous a déjà prévenus, nous devons faire preuve de patience le temps de deux cures avant de laisser les rayons opérer leur travail de sondage du malsain et nous dire si le PCV fait son effet.

Patience… Patience… La patience est une charge qui pèse déjà lourdement sur mon dossier Inserm. Je scrute le moindre courriel qui débarque sur ma messagerie. J'attends toujours l'avis du professeur Alain, mais ma boîte de réception reste vide de sa réponse. J'insiste, je renvoie un premier « reminder » accompagné du pictogramme signifiant « priorité élevée ». Si je pouvais adjoindre un clignotant et un klaxon à ce message, je le ferais de suite, et j'en mettrais même un paquet de dix !

Se plonger dans le travail ressemble alors à une tentative d'exorcisme de cette attente qui se prolonge. J'ai la chance de pouvoir compter sur de véritables partenaires qui non seulement connaissent le sens du mot « solidarité », mais surtout l'appliquent au-delà du langage basique et facile de la simple théorie, celle qui ne fait que causer et faire causer. Me devinant quelque peu désemparé, en tout cas fortement préoccupé et perturbé, Frédéric, que j'accompagne depuis quelques années déjà dans l'évolution de son entreprise d'optique, me prend à part à la fin d'une réunion : « S'il faut que tu arrêtes trois mois ou plus, n'hésite pas, et ne t'en fais pas, je continue à te verser tes honoraires. » Je suis touché, mais je ne peux accepter ! Non seulement cela ne rentre pas dans le référentiel des valeurs de ma vie, tant professionnelle qu'amicale, mais j'ai vraiment besoin de travailler. Même au ralenti. Même avec une efficacité amoindrie. Frédéric comprend et accepte mon positionnement. Je sais qu'il mettra en œuvre, avec sa fidèle adjointe Isabelle, toutes les ressources suppléments internes pour venir m'épauler, et rattraper mes inévitables défaillances.

Dans mon tiroir professionnel, j'ai fait du rangement. J'ai mis de côté certains dossiers, et renoncé à certains engagements. Je continue à suivre deux grands projets aux échéances proches. Dans six mois, l'entreprise familiale d'Ashok, cet ami qui nous avait fait la surprise d'une soirée avec plusieurs autres copains à Paris, va fêter son centenaire dans l'océan Indien. Pour cet exceptionnel anniversaire, nous faisons le pari d'investir une grande propriété historique réunionnaise, et d'avoir un minimum de huit cents invités. Les directeurs des marques les plus prestigieuses de la joaillerie et de l'horlogerie, avec qui Ashok travaille, ont promis de faire le déplacement. Nous préparons ce projet depuis plus d'une année. La date est surlignée depuis longtemps dans nos calendriers, ce sera le 11 novembre 2011, soit le 11/11/11, une trinité arithmétique empreinte d'une grande force symbolique.

Trois semaines après cette soirée du centenaire, c'est un séminaire de deux jours sur les enjeux du développement durable dans les nouveaux territoires que je dois concrétiser pour la Fédération des entreprises publiques locales. Lorsque son président Alain m'a confié cette mission, alors que j'hésitais à me lancer, il m'avait dit: « Je sais que cela t'aidera à penser à autre chose, alors fais-le ! D'autant que tu sais bien le faire... » Une marque de confiance et un témoignage d'amitié associés à un discours de fraternité comme on aimerait en entendre plus souvent. Lorsque ce séminaire tirera sa conclusion, nous serons fin novembre et mon calendrier de missions s'arrête là. Je n'ouvre plus d'autres dossiers, j'attends de voir l'évolution des choses. Et, avant tout, de la santé d'Anne-Laure.

*

Plus que jamais, nous avons besoin de la famille, toute la famille. Leur soutien total démontré jour après jour, au fil de l'évolution de la maladie d'Anne-Laure, nous a fait hériter d'une obligation de transparence et d'information. Pas question désormais de craindre de prendre le téléphone et d'appeler à l'aide. Une seule exception est faite, il nous faut protéger Jérémy, ne pas le perturber, il lui faut toute sa présence d'esprit pour la bonne évolution de ses études. Désormais, quasiment jour après jour, tous nos proches peuvent suivre les difficultés d'Anne-Laure, mais aussi nos craintes, nos exaspérations, nos désespoirs. Dès qu'ils le peuvent, frères, sœurs, oncles et autres taties, passent nous dire bonjour. Tous nos week-ends, ou presque, sont consacrés à des retrouvailles sur des aires de pique-nique que nous n'aurons jamais autant fréquentées.

Anne-Laure apprécie ces moments. Elle sourit, elle joue avec ses cousins et cousines qui l'entourent d'une affection toute particulière. Je la vois mimer les personnages qu'elle doit faire découvrir aux autres participants de « Time's Up », avant de partir dans un grand éclat de rire qui nous émeut toujours. Je l'entends plaisanter avec les plus petits de la famille. Anne-Laure a toujours adoré les enfants, elle est capable de se lever de sa chaise, lorsque nous sommes au restaurant, pour aller faire des papouilles au bébé de la table d'à côté, alors que nous ne connaissons absolument pas cette famille !

Le temps du pique-nique est un temps de recharge émotionnelle et énergétique. Sauf lorsqu'elle a dû, les jours précédents, passer par la case « chimio » de l'hôpital de jour. Je suis alors contraint, au bout d'une heure, parfois à peine, de quitter Ketty et Alizée, pour la ramener à la maison se reposer. Elle rentre dans la voiture en souriant à tout le monde, dit un au revoir qu'elle teinte d'une couleur joyeuse, même si c'est plutôt un souffle las. Elle attend de passer le premier virage, lorsque plus personne ne la voit. Alors, elle se laisse aller et s'écroule sur le siège. Je lui prends la main, je ne veux pas la lâcher. Je l'entends me dire : « Ça va. » Je veux la croire. Je la crois.

À toutes ces sorties, Ketty est là, son iPad à la main. Elle suit Anne-Laure, elle la filme partout, elle capte tout, elle enregistre en continu ou presque. Je la trouve parfois envahissante. Je ne fais aucune remarque. Pour le moment, je suis toujours dans mon déni personnel, je ne veux pas rentrer dans ce jeu de la mémoire par anticipation. Je m'accroche toujours au fil de ma bouée de sauvetage jetée vers l'Inserm de Lyon et le professeur Alain. Il faudra près de six semaines pour qu'elle me revienne ! Elle prend la forme d'un message rédigé en anglais, que je capte sur ma boîte courriel, un matin, dès mon réveil.

Cher Monsieur,

Nous avons bien reçu votre message et nous avons compris vos interrogations par rapport au cas de votre fille Anne-Laure. Cela nous touche beaucoup et nous nous sommes concertés avec l'équipe avant de vous faire cette réponse.

Nos recherches ont effectivement avancé de manière rapide ces dernières années. Nous n'en sommes toutefois qu'au stade de la recherche fondamentale, et il nous faudra environ cinq années avant de passer à la phase de recherche appliquée. Nous travaillerons alors sur les applications possibles de notre découverte, notamment sur les tumeurs cérébrales. Il faut probablement attendre encore environ dix ans pour cela.

Pour le moment, nous ne pouvons pas vous donner de réponse.

PS : Je connais la maladie de votre fille, je vous souhaite bon courage et je ne peux vous dire qu'une chose : priez !

C'est une flèche acérée que l'on vient de décocher, en plein dans ma bouée qui se dégonfle violemment en quelques lignes et quelques secondes. Je suis scotché devant mon écran, plus particulièrement pétrifié devant cette injonction finale: «Priez!» Je lis, je relis, je décortique l'intégralité du message qui vient d'abaisser abruptement une barrière finale sur la voie dans laquelle je m'étais engouffré. Je dois me rendre à l'évidence, c'était une voie de garage dont j'ai atteint le point ultime. J'avais mis trop d'espoir dans cette hypothèse, c'est un vrai mirage auquel je me suis laissé prendre. Je m'en veux, naïf que j'ai été! Je me rebiffe: non, le point ultime n'est pas le point de non-retour. Ce sera un tremplin vers d'autres éventualités trop rapidement écartées au profit de ce seul espoir, désormais désenchanté et désincarné.

Comme mû par une énergie nouvelle – celle du désespoir? –, je relance aussitôt plusieurs pistes déjà esquissées. En premier, celle que m'avait suggérée Frédéric, enseignant-chercheur à l'université de La Réunion, dont il a d'ailleurs été un formidable président. Il m'avait mis en contact avec un de ses proches de la faculté des sciences, dont le frère est un spécialiste réputé en neurochirurgie à Necker. La piste s'était arrêtée à cette étape. Je rappelle Jean-Pierre, lui remémore notre conversation à propos d'Anne-Laure, et lui demande le courriel de son frère Hugues. Aussitôt dit, aussitôt transmis! Je lui fais parvenir un message, copie conforme de celui jadis envoyé à l'Inserm de Lyon. La réponse d'Hugues arrive dans la journée même sur ma messagerie, et je l'ouvre instantanément. Ce jour, je suis en veille permanente devant mon ordinateur, je suis incapable de faire autre chose.

Hugues m'explique que le cas d'Anne-Laure ne relève pas de sa spécialité, et promet qu'il va en parler dès que possible à son collègue chef du service oncologie. Il faudra encore patienter… Mais, cette fois, pas question de ne lancer qu'une seule ligne de pêche. Je veux explorer une autre solution alternative. Plusieurs articles évoquent la vaccinothérapie, qui consiste à prélever une partie de la tumeur, l'élever dans des conditions extrêmes afin qu'elle produise un anticorps, lequel est recueilli et injecté dans la tumeur d'origine, afin de la combattre. J'appelle le docteur Stéphane, lui fais part de mes recherches et dis souhaiter son avis.

— Il n'y a jamais eu de résultats probants, affirme-t-il. De plus, ce traitement n'est pas reconnu par la France, je crois que c'est en Allemagne qu'on peut l'administrer.

— Effectivement, j'ai relevé le nom de la ville de Cologne. Vous pensez qu'on pourrait tenter notre chance ?

— Je dois vous prévenir qu'il s'agit d'un traitement extrêmement lourd et douloureux. Ensuite, vous devrez supporter tous les frais, il n'y a aucune prise en charge de la Sécu française.

— Je comprends bien.

— La décision vous appartient, je la respecterai. Je pense qu'il vaut mieux attendre la prochaine IRM, après le second cycle de PCV. Nous aviserons ensemble à ce moment-là.

Attendre, encore attendre, toujours attendre…

Une semaine… Deux semaines…

Je reçois un nouveau message de Hugues. Il m'écrit avoir enfin pu passer le dossier d'Anne-Laure à son collègue oncologue. Celui-ci va le consulter rapidement et se mettra en relation directe avec moi. Le lendemain, je reçois un message du docteur Michel. Il m'explique qu'un établissement parisien est le plus à même de me répondre et de me donner les meilleurs conseils. C'est l'hôpital spécialiste des tumeurs cérébrales pédiatriques, il s'appelle... l'Institut Curie. Le serpent se mord la queue, le frère de Kaa s'est invité dans la partie !

*

Anne-Laure va bientôt fêter ses quatorze ans ! Chaque date-événement, fête de Noël, nouvel an, rentrée scolaire, anniversaire, nous apparaît être une haie sautée avec succès dans une course d'obstacles dont la ligne d'horizon est noyée dans le nuage des aléas de son traitement. Comme on nous l'avait prédit, c'est une vie au jour le jour, et Anne-Laure apprend à la gérer. Peut-être même la canalise-t-elle mieux que nous, qui sommes toujours en ébullition et en questionnement, sur des chemins de traverse, entre hésitations sur ce qu'il faut faire et craintes de toujours mal faire. Le quotidien est devenu un casse-tête générateur de migraines intenses.

Anne-Laure sait se ménager des instants de respiration. Ses cours de peinture avec Isabelle. Ses ateliers d'arts plastiques avec Olivier. Ses après-midis chez Bernard pour continuer leurs délires sur diverses toiles. Nous avons remarqué, ces derniers mois, une prédilection pour les arcs-en-ciel, résurgence de son transport en hélicoptère lors de son opération initiale. Ce souvenir lui est ancré dans la mémoire, elle en avait même parlé dans un de ses devoirs de français à l'école de l'Institut Curie. Pour commenter son choix d'une photo d'un arc-en-ciel, elle avait écrit : « On y voit clairement toutes ses couleurs. Elle me fait penser au voyage en hélicoptère quand je suis partie pour l'hôpital de Saint-Pierre. »

Ses rendez-vous avec Patricia la psy sont comme des haltes dans un caisson d'énergie. Ces entretiens privés lui font du bien, elle en revient toujours avec des yeux rieurs, et le caractère même frondeur lorsque nous essayons de la sonder sur ses échanges avec Patricia. Non, cela reste son jardin secret et nous n'avons pas droit aux clés.

L'autre univers qu'elle ne partage pas est son monde virtuel des jeux, sur sa petite console relookée à ses couleurs, et parfois sur nos smartphones gorgés d'applis. Nous sommes toujours étonnés par sa dextérité sur les casse-tête, même aux lendemains des chimios, alors qu'elle a le regard dans le vague, les jambes flageolantes et une mine plus blanche qu'un paysage de neige. Sur SquarO, sorte de puzzle numérique à reconstituer en fonction d'indications chiffrées, elle affiche des records en résolvant un problème en quelque vingt secondes là où je mets plus d'une minute. Et lorsqu'elle est sous le contrecoup de son traitement, elle est encore capable de faire s'arrêter le chrono du jeu sur une trentaine de secondes à peine !

Les chiffres ont toujours été sa force, et les problèmes de logique un divertissement. Un trait de personnalité qui m'avait permis, à la difficile période parisienne de l'Institut Curie, de lui regonfler le moral avec le simili-calendrier de l'Avent et ses énigmes, une invention dont je suis toujours aussi fier. Aujourd'hui, nous rejouons la même partition, mais dans un autre livret. Ce sont toujours les mathématiques au centre de son attention, dans le contexte du collège, cette fois. On ne s'étonnera pas de savoir que les heures de mathématiques sont celles qu'Anne-Laure ne veut pas manquer. Elle produit tous les efforts nécessaires pour être dans cette classe dont elle est devenue une véritable mascotte. Parce qu'elle reste une des leaders dans cette matière, mais aussi parce qu'elle réussit l'exploit d'attendrir une professeure de mathématiques à la solide réputation de rigueur et de sévérité. Maryse ne fait pas que prendre en considération le cas d'Anne-Laure, elle la protège, elle la couve, elle la cite en exemple, et surtout elle lui redonne de la confiance, et devient un des piliers de soutènement de sa force morale. Au même titre que ses amies du collège qui complètent ces fondations sur lesquelles notre fille peut s'appuyer pour ne pas dériver hors du monde réel.

Il y a avant tout Aude, celle vers qui Anne-Laure était spontanément partie, lorsque, tout juste débarquée dans le collège, elle n'avait encore aucune amie, victime de sa timidité naturelle. S'il fallait donner une définition de la vraie amitié, aujourd'hui, je prendrais une des photos représentant Anne-Laure et Aude. Ensemble, partageant l'émotion du vernissage devant les tableaux de l'exposition « 1 Instant 2 Bonheur ». Ensemble, sur le seuil de la cour de Versailles, heureuses d'aller visiter ce grand monument historique. Ensemble, très complices lorsqu'elles ont chanté avec toute la classe pour l'accueil de leurs correspondants chinois. Ensemble, dans le salon familial, à l'invitation des parents de sa copine, aussi formidablement attentionnés que peut l'être Aude. Même lorsque Anne-Laure sort de sa phase d'injection, dans son état catatonique ou presque, ils tiennent à l'accueillir et lui préparent diverses activités, manuelles, ludiques, et même gourmandes pour concocter gâteaux et cookies. « Laissez-la avec nous, prenez un peu de temps pour vous », nous disent-ils !

*

Bientôt, la fin du second cycle de PCV. Dans une quinzaine de jours, l'IRM de contrôle tant attendue. Celle qui nous dira le degré d'efficacité du nouveau traitement. Celle qui justifiera, ou non, le prix qu'en paye Anne-Laure, surtout au niveau physique. Ses repas sont devenus des rations, malgré les efforts que fait Ketty pour lui cuisiner tout ce qu'elle préfère. Ses après-midis sont souvent en mode « alité » pour contrecarrer les coups de fatigue. Nous n'avons pas besoin de la passer sur la balance pour dessiner la courbe de son poids, l'amplitude prise par ses vêtements habituels nous sert de centimètre-étalon ! Ces fragilités sont compensées par la force morale d'Anne-Laure, laquelle rejaillit sur nous, toujours pleins d'espoir.

Est-ce un signe ? Je viens de découvrir sur Internet un forum de discussion exclusivement consacré aux personnes atteintes de glioblastome. Enfin ! Ma recherche de témoignages, d'expériences, d'échanges, est récompensée. Je m'inscris aussitôt à ce groupe baptisé « GFME », abréviation pour « Glioblastome Fondation Michèle Esnault ». Michèle Esnault est décédée d'un glioblastome en mars 2002, après vingt-deux mois de combat. Elle avait créé ce forum de discussion, aujourd'hui animé par son mari Michel, qui perpétue sa volonté d'améliorer la relation chercheur-médecin-patient-famille, sur les tumeurs cérébrales.

Je reste, en ces premiers jours, un simple spectateur de ce forum sur lequel interviennent des malades, des parents, des amis et des accompagnants. Ils croisent leurs informations, sur les traitements, sur les établissements, sur les spécialistes. Ils racontent leurs luttes, leurs difficultés, mais aussi leurs joies. Je lis tous les posts, je ne fais aucun commentaire, aucune réponse.

Je suis comme une éponge qui absorbe tous les mots, toutes les données, tous les messages. Je constate que les divers produits que l'on fait prendre à Anne-Laure sont connus des inscrits et ont parfois des résultats prometteurs. Je remarque aussi que tous les malades dont il est question sur ce forum sont des adultes, et je me souviens de ce que nous avait dit le docteur Jean, de l'Institut Curie, juste après la récidive d'Anne-Laure : « La tumeur dont souffre votre fille est rare, très rare même, chez les enfants ; les traitements sont avant tout destinés aux adultes ; on ne peut pas réellement s'avancer sur les effets concernant une jeune adolescente. »

Peut-être faudra-t-il que je me décide à envoyer un post à la communauté « GFME » pour exposer le cas d'Anne-Laure et relancer ma recherche toujours d'actualité d'un alter ego, parent d'un enfant malade, quelque part en France ou dans le monde, avec qui mutualiser nos expériences. Je me dis que je le ferai après la prochaine IRM, qui semble devoir conditionner nombre de décisions et d'orientations, et s'impose comme une charnière de notre calendrier à venir. La pression monte au fil des jours qui nous rapprochent de cette échéance…

Une proposition inattendue vient subrepticement soulever la soupape et décompresser l'ambiance, à quelques encablures de l'examen que nous devinons crucial. Laurent travaille au cabinet du maire de Saint-Denis, je le connais depuis le temps de ses études pour l'avoir aidé à se lancer dans le monde de la communication. Il fait partie des personnes jadis contactées lors de notre recherche d'une salle pour l'exposition d'Anne-Laure et Bernard. À l'époque, Laurent n'avait pu nous dénicher une quelconque disponibilité dans les différents sites culturels gérés par la municipalité, souvent réservés près d'une année à l'avance.

— Le maire souhaite absolument accueillir l'exposition de ta fille. Il regrette vraiment que nous n'ayons pas pu trouver de lieu l'année dernière. Nous voulons te proposer la grande salle d'exposition, à l'étage de l'ancien hôtel de ville.

— Tu veux dire celle qui jouxte la grande salle de réception ?

— C'est bien celle-là !

— Effectivement, c'est une très belle salle ! Et tu voudrais la même exposition, avec également les tableaux de Bernard ?

— Tu fais comme tu le souhaites. L'essentiel c'est d'avoir les œuvres de ta fille.

— Merci, pour toute la famille, cela me touche… Et à quelle période pourra avoir lieu cette expo ?

— Nous pensons au mois de décembre.

— Bien sûr, je te donne mon accord de principe. Mais laisse-moi d'abord en parler à Anne-Laure et à sa mère, je reviendrai vers toi rapidement.

Je raccroche, je suis pressé d'annoncer la nouvelle à la maison.

*

Les nuages viennent de s'écarter pour laisser voir le scintillement de quelques étoiles. En tout cas, les étoiles sont dans les yeux d'Anne-Laure, qui pétillent. Elle est heureuse, elle sautille sur place comme à chaque annonce d'une bonne surprise. Ketty vient se joindre à la farandole, et nous commençons déjà à imaginer ce nouvel événement.

La salle d'exposition de l'ancien hôtel de ville est magnifique, et particulièrement spacieuse. Il s'agit d'une seule et immense salle, alors qu'à la Villa du Département nous bénéficiions d'une succession de petits et moyens espaces nous ayant permis de travailler par thématiques. Là, il faut réfléchir à casser le volume. Déjà, une liste d'interrogations vient embouteiller nos esprits : Bernard et Anne-Laure auront-ils le temps de faire de nouveaux tableaux ensemble ? Devons-nous prévenir les P'tits Prins, et comment allons-nous présenter cette nouvelle exposition ? Aurons-nous suffisamment d'œuvres à exposer ? Combien de temps devra durer l'exposition ? Et si on y conviait tous les professeurs et animateurs qui ont suivi l'évolution artistique d'Anne-Laure ? Nous pensons notamment à Isabelle et Olivier, qui continuent à être ses tuteurs en matière de peinture et d'arts manuels. Oui, c'est décidé, nous allons leur proposer de participer à l'exposition, il nous faudra réfléchir ensemble sous quelle forme.

L'effervescence est retombée, Anne-Laure se repose dans sa chambre. Ketty me prend en aparté et me fait part d'une inquiétude.

— Tu ne penses pas que décembre, c'est loin ?

— Il faut certainement ce temps pour préparer une telle exposition, surtout si on y joint Isabelle et Olivier, en plus de Bernard !

— Ce que je veux dire, c'est que je ne sais pas quel sera l'état de santé d'Anne-Laure en décembre.

— Tu crois qu'elle ne tiendra pas jusque-là ?

— Non, je n'en sais rien, mais je pense qu'il vaut mieux faire l'exposition le plus tôt possible, profiter de ce qu'elle soit encore un peu en forme. Il ne faudrait pas qu'elle soit trop affaiblie.

Une petite lumière vient clignoter dans ma tête, je pressens que Ketty a raison, et décide de faire entièrement confiance à son jugement. D'ailleurs, nous avons un excellent prétexte pour avancer cette date. Dans le calendrier des rendez-vous culturels que j'accompagne dans mon monde associatif, nous préparons les prochaines festivités de Guan Di. Ce guerrier chinois, de la célèbre époque des Trois Royaumes, devenu dieu par la grâce de l'Empereur jaune, est fêté chaque année par les Réunionnais d'origine chinoise. Car Guan Di a été le dieu protecteur de tous leurs ancêtres ayant bravé les mers, à la charnière des XIXe et XXe siècles, en quête de terres plus propices alors que la Chine se débattait avec l'occupation internationale et le régime mandchou en pleine déliquescence.

Depuis 2004, à l'occasion des années croisées France-Chine, la fête de Guan Di a pris une nouvelle dimension dans le chef-lieu. La célébration dans les temples se double d'importantes festivités publiques, présentant tous les aspects de la culture chinoise. Danses traditionnelles, parades des lions et dragons, démonstrations artisanales, spectacles acrobatiques, découvertes gastronomiques, mais aussi conférences thématiques et expositions diverses attirent pendant plusieurs jours une foule hétéroclite, curieuse et intéressée, avide de belles images et de bonnes saveurs, avec l'envie de mieux faire connaissance avec les arts et les croyances chinoises. L'exposition d'Anne-Laure et ses complices pourrait faire partie de la programmation de la nouvelle édition en préparation. Les arguments ne manquent pas : notre famille est particulièrement impliquée dans cette organisation ; il y a toujours un volet « solidarité » dans les festivités de Guan Di et un partenariat avec les P'tits

Prins s'inscrit parfaitement dans cette cohérence ; et, s'il faut un thème typiquement chinois, je repense à la série de tableaux de Bernard représentant des bambous !

Nous avons tous les éléments de négociation entre les mains. Mon téléphone chauffe, j'appelle tous les intéressés pour boucler le projet. Jean, le président de l'association Guan Di Réunion, et Laurent, mon contact au cabinet du maire, se mettent au diapason : ils donnent leur accord pour une exposition de deux semaines au début du mois de juillet, ce sera même l'événement d'ouverture des festivités ! Les P'tits Prins et la Ligue contre le cancer de La Réunion, n'ont pas besoin de temps de réflexion : sitôt exposée, l'idée est adoptée et validée ! Quant au trio de complices pressentis, c'est une unanimité sans retenue : Bernard, Isabelle et Olivier sont pressés d'y être. Avec quelles œuvres, personne n'en sait strictement rien pour le moment, mais le principe de l'exposition commune autour du thème du bambou fédère toutes les envies et énergies…

Assurément, Ketty a eu le bon raisonnement. Son analyse est la fine alchimie de l'amour maternel, du bon sens issu de sa formation initiale de santé, de l'expérience de l'enseignante qu'elle est devenue. Il y a aussi le fameux sixième sens féminin. Il va vite se vérifier : quelques jours plus tard, l'ordinateur du service radiologie ne sort pas une simple image à résonance magnétique, il crache un négatif absolu de déprime…

*

La mauvaise nouvelle est tombée au lendemain d'une journée éprouvante. Une de plus, mais nous avons encore grimpé de plusieurs marches sur l'échelle de la contrariété. En une seule journée, Anne-Laure cumule deux interventions à l'hôpital de Bellepierre. En plus de son IRM, elle doit subir une transfusion de plaquettes, à la suite des mauvais résultats de sa prise de sang précédente.

La première étape, celle de l'IRM, s'ouvre sur un imprévu majeur. Comme d'habitude, il faut injecter le produit de contraste qui va permettre de mieux distinguer les zones à étudier sous les rayons. Ce matin, les petits bras d'Anne-Laure n'en peuvent plus. Non seulement ils sont amaigris, mais ils sont usés par toutes les piqûres qu'on leur fait subir depuis de nombreuses semaines. Les infirmières et infirmiers se succèdent, tour à tour, pour échouer à trouver la bonne veine. On décide de la laisser se reposer, et ça recommence. On s'acharne sur ses bras, et même sur les revers de ses mains, mais en vain. Elle souffre de ces aiguilles qu'on lui plante sans succès, mais garde un silence impressionnant. À peine peut-on distinguer une petite larme descendre sur sa joue. J'ai envie d'exploser, de demander de tout arrêter, mais je ne peux le faire. Ketty et moi devons subir la violence morale de cet épisode sans broncher, de peur que notre fille craque.

Combien de temps cela dure-t-il ? Nous n'avons plus conscience des minutes et des heures. Lorsque, enfin, une infirmière arrive à planter son aiguille au bon endroit, les bras d'Anne-Laure sont recouverts de petits bouts de sparadrap, marqueurs-séquelles d'un début de matinée mouvementé. Il nous faut maintenant nous diriger vers le service de radiographie et d'imagerie médicales. Anne-Laure descend de son fauteuil, prend la petite couverture qu'on lui avait laissée, se l'enroule autour du cou pour la porter comme une cape. Elle lève la tête, et s'en va d'un pas résolu dans le couloir, nous avons même peine à la suivre jusqu'à l'ascenseur. Ketty et moi la rejoignons, elle nous jette un regard perçant et altier, les épaules hautes, l'air de dire : « Voilà, ce n'est rien, je tiens le coup, je suis prête pour affronter la suite. » Une posture impériale qui nous arrache un sourire teinté d'admiration…

La suite, c'est l'IRM. On en connaît maintenant le mécanisme par cœur. Puis la transfusion de plaquettes. Elle retrouve, à l'hôpital de jour, un autre pool d'infirmiers avec qui nous avons sympathisé, au fil de nos passages à cet étage. La présence de Mounira, mon amie du collège, nous a aidés à construire ce relationnel presque affectif, notamment avec Stéphanie et Thierry. Ils sont devenus des confidents parce que nous savons pouvoir échanger avec eux en toute quiétude, en toute confidentialité et avec leur grande expertise, sur notre fille et son état de santé. Leur aide, leurs conseils, et aussi leur réconfort nous sont vraiment précieux.

Au lendemain de cette journée agitée, nous retrouvons le docteur Stéphane pour la révélation de l'IRM. Anne-Laure est plongée dans sa console de jeux, alors que nous attendons le médecin. Dès qu'il apparaît, elle se lève, range sa console et se met à trottiner le long des couloirs comme si elle voulait fuir le docteur Stéphane. Elle se dandine, se déplace à pas chassés, se tenant face au mur, semblant jouer au chat et à la souris. D'ailleurs, elle se met à faire des petits miaulements ! Nous l'avons remarqué, depuis quelque temps, elle a adopté ce langage félin, au même titre que ses expressions favorites, « c'est clair ! », lorsqu'elle veut signifier être en accord avec une personne ou une information, et « cassé ! », lorsqu'elle s'amuse d'une remarque, d'une plaisanterie ou d'une critique. Nous sommes un peu gênés par cette situation, et interpellons Anne-Laure pour qu'elle s'arrête. Le docteur Stéphane nous fait comprendre qu'il faut la laisser faire, il nous glisse à l'oreille : « Ça me sert de test ! » Lui aussi arrive à nous faire sourire !

L'art de l'annonce est une qualité que nous devons reconnaître au docteur Stéphane. Il a su anticiper la déflagration en prenant appui sur sa complicité avec Anne-Laure. Le petit jeu dans le couloir de l'hôpital a libéré un espace de déconcentration dans notre enchevêtrement d'idées noires. Ketty et moi avons déjà longuement échangé, et nous ne voulons pas nous voiler la face : la dégradation physique d'Anne-Laure n'est pas la conséquence du seul traitement. Nous voulons bien croire au phénomène des effets secondaires, mais nous n'oublions pas qu'il y a avant tout un monstre protéiforme dans sa tête.

Dans son bureau, le docteur Stéphane nous montre les images de l'examen de la veille et confirme notre appréhension. Il est direct, franc, réaliste. Il ne cherche pas à prendre quelque voie détournée, ou se lancer dans de quelconques explications : le PCV ne fonctionne pas, le glioblastome continue de prendre de la place, il y a même une nouvelle tache apparue sur l'IRM. Si rude soit-elle, l'analyse est vite faite, et elle est malheureusement limpide.

Quelles sont les voies du possible ? Nous n'avons pas besoin de poser la question, elle est inscrite sur l'expression de nos visages incrédules, exsudant l'amertume, la déception et la colère. Le docteur Stéphane propose de passer à un autre protocole, qui était déjà en balance avec le PCV. Deux produits sont combinés dans ce traitement, dénommés Irinotécan et Avastin. Je me souviens de ce dernier nom, Pascal m'en avait parlé en des termes peu flatteurs lorsqu'il en avait vu les effets sur son épouse. J'en réfère au praticien, qui explique aussitôt que « ça dépend de la dose, et ce n'est pas la même réaction chez tous les malades ». Comme pour couper court à tout début de polémique, il s'adresse directement à Anne-Laure : « Tu as aussi la possibilité de nous dire que tu ne veux pas de ce nouveau traitement. Je sais que tout cela n'est pas simple, alors j'ai prévenu Patricia. Est-ce que tu souhaites en discuter avec elle ? »

Il a vraiment tout prévu ! Anne-Laure acquiesce d'un signe de la tête, et aussitôt le docteur Stéphane se saisit de son téléphone et appelle la psychologue. Patricia ne tarde pas à arriver, comme si elle avait attendu dans le bureau d'à côté, pour prendre Anne-Laure en charge.

Nous restons avec le docteur, nous aussi, nous avons besoin de parler, de discuter. D'abord, comment fonctionnent l'Irinotécan et l'Avastin ? Ces deux nouveaux agents sont administrés toutes les deux semaines en hôpital de jour. Le rythme est donc identique et toujours aussi soutenu. On pourrait croire que rien ne vient bousculer nos habitudes, mais le contexte a quand même très brutalement changé. La pression vient de croître d'un seul coup : c'est déjà le troisième traitement lourd que l'on va inoculer à Anne-Laure en une année, du moins si elle décide de le faire.

Nous, en tant que parents, souhaitons qu'elle tente cette nouvelle combinaison. Tout essayer pour Anne-Laure, c'est notre immuable credo, ce que nous expliquons au docteur Stéphane en lui disant avoir pris conscience qu'il s'agit bien d'un traitement de la dernière chance. Dans sa réponse, nous captons une de ses réflexions : « Renoncer à l'acharnement thérapeutique est aussi une possibilité... » Nous lui promettons d'y penser, éventuellement après avoir testé et évalué les performances du tandem Avastin-Irinotécan. Il ne rebondit pas sur cette assertion, et ouvre un autre sujet : « Je ne crois pas vous avoir souvent vus avec Patricia. Vous devriez vous aussi passer un moment avec elle, et discuter, cela devient indispensable... »

*

Souvent, je me suis demandé comment Patricia pouvait garder cette voix doucereuse et ce fin sourire, à côtoyer chaque jour ces malades, et notamment ces enfants en souffrance qui lui confient leurs douleurs, leurs doutes, leurs appréhensions. Patricia a des yeux clairs, rieurs, mais aussi perçants, et c'est bien le rôle de la psy de voir et comprendre au-delà des barrières. La relation qu'elle a réussi à établir avec Anne-Laure repose sur une confiance solide, et même plus : Patricia est une véritable confidente pour notre fille. Plus d'une fois, dans des moments de crise passés, elle nous a réclamé d'aller la voir. Nous ne nous sommes jamais posé de questions, et, toutes affaires cessantes, avons embarqué Anne-Laure en voiture pour prendre la route de l'hôpital, en quête de la psy.

Aujourd'hui, face à elle, après avoir installé Anne-Laure avec ses livres et dessins dans un bureau adjacent, nous ne savons pas vraiment quoi dire. Les mots ne prennent pas naissance, le verbe est bloqué. Les événements nous portent, nous submergent, nous les subissons à nouveau. L'impression de rejouer des épisodes douloureux, et seulement ceux-là, nous est cruelle. Elle nous tétanise.

Alors, Patricia prend les choses en main et ouvre la discussion. Elle nous informe d'abord qu'Anne-Laure a accepté de passer au protocole Irinotécan-Avastin. Quelque part, je suis rassuré. Anne-Laure va dans notre sens, et nous nous doutons bien que notre insistance y a été pour quelque chose. Patricia nous le confirme :

— Vous vous souvenez de ce que je vous ai déjà dit : elle vous protège, elle ne veut pas vous inquiéter. Elle a bien senti que vous vouliez qu'elle le fasse.

— Comment est-ce qu'Anne-Laure voit son avenir ? Est-ce que cela fait partie des choses que vous évoquez ?

— Votre fille est forte, vous savez. Avez-vous déjà parlé de ce qui peut se passer, avez-vous parlé de la mort, avec elle ?

La question nous interpelle, nous bouscule.

C'est Ketty qui réagit la première :

— De la mort ?

— Oui, c'est bien ça.

— Et vous, vous en parlez ? Comment faites-vous pour aborder ce thème avec elle ?

— On discute ouvertement, je lui demande aussi de m'exprimer ce qu'elle ressent par des dessins.

— Et que dessine-t-elle, que représente-t-elle ?

— Tout ce que je peux vous dire, c'est qu'elle a une vision très positive de l'après.

Je frémis intérieurement. Je réussis à aligner quelques mots :

— Je préfère vous le dire, c'est impossible pour moi d'aborder cela avec elle.

— Pourtant, il va falloir. Croyez-moi, il faut le faire. Prenez votre courage, il faut en parler avec Anne-Laure. Ce sera douloureux, s'il faut pleurer tous ensemble, laissez-vous aller. Mais vous devez le faire.

Je regarde Ketty : « Tu le feras, moi je m'en sens incapable ! » J'ignore si Ketty et Patricia m'ont entendu, tant ma voix était chevrotante, frissonnante d'angoisse. Je suis en perdition ! Je dois certainement tanguer, au moins dans ma tête. Ketty me prend la main, comme pour m'aider à rétablir mon équilibre.

— Nous le ferons ensemble, je ferai en sorte d'entamer la discussion, me dit-elle.

Je sais pouvoir compter sur elle pour ça, elle fait preuve de bien plus de courage que moi sur ce plan. Ce que je ne sais pas, c'est à quelle occasion et dans combien d'heures, de jours, de nuits, nous allons pouvoir lancer cette discussion. Il faudra d'abord nous préparer psychologiquement…

*

La discussion avec Patricia nous a sacrément secoués. Le week-end qui arrive devra être l'occasion de retrouver nos esprits, et d'essayer de se repositionner sur un nouvel équilibre. Un nouveau pique-nique avait été inscrit depuis plusieurs jours sur nos plannings, nous profiterons de ce moment de détente pour capter un peu d'énergie dans l'empathie familiale.

Pour l'instant, les paroles de la psy tournent en boucle dans nos têtes : « L'après… Il faut en parler avec Anne-Laure… S'il faut pleurer… » Ce week-end sera-t-il propice à ce tête-à-tête pour lequel mon degré d'appréhension ne cesse de grimper ? Nous nous doutons que cela va être compliqué. Alizée est toujours à nos côtés, proche de sa sœur, proche de nous tous, elle participe à sa façon à cette grande solidarité autour d'Anne-Laure. Et puis les contrecoups conjugués de la mauvaise IRM et de l'entretien avec la psy sont terribles. Ketty et moi sommes épuisés sans avoir rien fait !

Comme si cette mort voulait jouer avec nos nerfs, alors que nous n'arrivons pas à trouver la fenêtre nécessaire pour notre causerie, elle vient à nous. Pendant tout ce week-end, son ombre plane dans nos échanges, par des teintes sauvagement ordonnancées et insidieusement narquoises.

Lorsque Anne-Laure entend la chanson de Christophe, « Parle-lui de moi », elle se met à en fredonner le refrain :

Je regarde le ciel
Les mains tendues vers toi
Mon dieu, si elle t'appelle
Parle-lui de moi

Il y a quelques mois, nous étions partis en famille applaudir ce chanteur culte lorsque sa tournée acoustique l'avait amené sur les terres réunionnaises. Ce fut une belle soirée, sous les étoiles d'un théâtre à ciel ouvert, avec un Christophe émouvant, qui avait réussi à toucher la sensibilité de nos filles, alors que Ketty et moi étions par avance acquis à sa cause. Anne-Laure s'était ensuite fait un devoir d'aller à la découverte de son répertoire, avait fouillé dans ma discothèque personnelle, et chargé ses chansons préférées sur son iPod. Ce jour-là, et seulement ce jour-là, comme un pur hasard, après avoir chantonné le refrain de « Parle-lui de moi », elle me demande : « Papa, est-ce que cette chanson parle de la mort ? »

Je lui sors un mensonge gros comme l'éléphant du magasin de porcelaine : « Je suis désolé, ma chérie, je ne connais pas bien les paroles de cette chanson… » Je me retourne pour qu'elle ne me voie pas serrer les poings, lever les yeux au ciel, comme en une réplique au refrain, et laisser une larme couler.

Un peu plus tard, dans la même journée, Anne-Laure nous refait une fixation médicamenteuse. Afin de prévenir nausées et vomissements, elle doit accompagner sa chimio d'un antiémétique dénommé Zophren. Il lui arrive de rechigner devant sa cuillère de sirop, mais ce jour-là, et seulement ce jour-là, comme un pur hasard, sa petite sœur s'en mêle et lui lance un si innocent, mais si terriblement brutal : « Tu préfères ne pas prendre tes médicaments et mourir ? » J'adopte la stratégie de fuite la plus simple et la plus lâche qui soit : je fais la sourde oreille, je n'ai rien entendu, je ne veux rien entendre !

Nous sommes en apnée émotionnelle. Il nous faut trouver de l'air, de l'oxygène, remonter en surface. La préparation de la seconde exposition d'Anne-Laure et ses « dalons » nous sert de câble guide auquel nous raccrocher pour rallier un espace où nous pouvons laisser nos esprits se ressourcer. Elle nous oblige à penser à autre chose, à construire un avenir avec et pour notre fille. Cela semble si paradoxal de dire cela, mais nous savons et estimons la chance extraordinaire que nous avons de pouvoir nous appuyer sur un tel objectif. Cet événement « sociabilise » la maladie, il devient un marqueur de positivité dans un sombre tableau. Alors, nous prenons le temps de rappeler et d'aller voir nos complices, échanger avec eux, et réfléchir à la forme de l'exposition.

Les idées fusent, Anne-Laure est immergée dans le projet, elle vit pleinement nos discussions. Cela nous fait plaisir à tous de la voir ainsi. Isabelle propose de faire une œuvre collective, avec tous les élèves de l'atelier auquel participe notre fille, en instillant le thème du bambou dans un univers de solidarité. Olivier a l'intention de synthétiser l'histoire de la Chine et le symbole de la solidité du bambou en réalisant avec Anne-Laure une maquette de la célèbre muraille de Chine. Quant à Bernard, il veut se charger d'occuper le grand espace et ainsi casser le volume de la salle en réalisant une sculpture avec des bambous entremêlés, de toutes les grandeurs, de tous les diamètres, son objectif étant d'évoquer simultanément l'équilibre, la force, l'énergie, bref, la vie ! Nous choisissons ensemble les tableaux que chacun exposera en un patchwork de couleurs, de thèmes et d'influences. Peu importe s'il n'existe aucun lien entre les œuvres, l'essentiel est de tous nous retrouver autour d'Anne-Laure. C'est toujours ce bonheur que nous voulons partager. D'ailleurs, après « 1 Instant 2 Bonheur », l'exposition nouvelle s'appellera tout simplement et en toute logique « +2 Bonheur » !

Avec les P'tits Prins, nous allons réfléchir au déroulement du vernissage, avec une grande interrogation : peut-on faire mieux que l'arrivée pétaradante d'Anne-Laure encadrée de tous les motards à la Villa du Département ? Il faudra se creuser les méninges. En tout cas, « +2 Bonheur » commence à prendre une belle forme. Nous en sommes contents, au point de commencer à lever le voile sur le titre, le contenu, les idées pour toute la famille réunie à l'occasion de notre nouveau pique-nique dominical. Il dure une heure à peine pour Anne-Laure, qui montre rapidement des signes de faiblesse et de fatigue. Je quitte prématurément le cercle familial pour la ramener se reposer à la maison. Vivement que ce week-end et cette semaine folle se terminent. Nous ne ressentons plus la fatigue, comme si nos gènes l'avaient intégrée. Mais nous faisons connaissance avec une certaine forme de lassitude inédite, qui nous entraîne dans une spirale inodore et traîtresse vers le vide d'une pensée affaiblie, presque anéantie.

Alors qu'Anne-Laure s'apprête à s'endormir, je m'en vais lui faire sa bise rituelle et échanger quelques mots avec elle.

— Bonne nuit, Lolore. Demain commence une nouvelle semaine, on aura beaucoup de choses à faire pour l'expo. Il faut que tu sois en forme.

— Je ferais de mon mieux. Et toi papa, ça va ? Tu as l'air fatigué.

— Oui, ma chérie, ça va. Il le faut. Ne sois pas inquiète.

— Je veux que tu ailles bien. Parce que je ne veux pas que tu meures avant moi.

Il existe des silences qui vous font un tintamarre infernal dans la tête.

Lundi 30 mai 2011

Hallucinante, cette conversation avec Anne-Laure ! Surréaliste, a dit Ketty... Nous avons enfin réussi à parler à cœur ouvert et sans nous voiler la face avec Anne-Laure. Ce soir, Alizée déjà couchée, nous avons profité d'un moment dans le salon de l'appartement pour aborder le sujet. Plutôt Ketty que moi ! Nous nous attendions à des pleurs, à des larmes, à de grandes effusions. Non, rien de tout ça ! Anne-Laure est restée stoïque, neutre, a continué à pianoter sur sa console de jeux, a même parfois un peu rigolé (c'était peut-être nerveux !).

Lorsque Ketty lui a balbutié que sa maladie est très grave et qu'elle pouvait avoir une issue terrible, elle a rétorqué sans sourciller: « La mort, oui, je sais... » Et nous voilà complètement désarçonnés! Face à notre silence, elle a même ajouté: « Maman, tu me l'as déjà dit! » Que peut-on répondre à ça? Comment réagir face à cet aplomb? Elle nous a dit aussi que souffrir ne lui fait pas peur, mais mourir, oui, quand même... Elle ne sait pas ce qu'il y a après la mort, alors, partir pour toujours, ça fait réfléchir.

En tout cas, sa carapace n'est pas tombée. À peine l'avons-nous fait frémir. Je redoute le moment de la cassure. À force d'encaisser avec ce courage extraordinaire, il y aura bien un coup qui la fera vaciller. Notre devoir de parents sera alors d'être là pour, sinon l'empêcher de tomber, faire en sorte que sa chute soit la moins terrible possible.

Maintenant, quoi faire? Elle nous l'a dit elle-même: « La vie doit continuer. » On souhaite qu'Anne-Laure vive pleinement ses derniers jours, ses dernières semaines, on a envie de dire ses derniers mois, on veut espérer ses dernières années. Je veux y croire, toujours et encore. Peut-être suis-je naïf. Ou fou...

Avoir pu discuter ouvertement avec Anne-Laure nous a-t-il libérés? On pourrait le croire, mais, en fait, non. La pression reste quotidienne, et elle monte encore à l'approche de la première séance du nouveau protocole. Surtout, nous avons l'impression de toujours flotter dans un no man's land psychologique et spirituel, ballottés dans des successions de vagues qui nous font aller d'un rivage à l'autre, nous brisant le moral sur des dunes plombées de paradoxe.

Ainsi, nous avons l'impression de vivre au ralenti, et en même temps les jours nous paraissent passer trop vite. Il y a toujours cette peur de l'avenir, si incertain, qui nous tiraille sans cesse. Incertain, et pourtant nous avons parlé ensemble de l'issue qui semble inéluctable. Dernier grand paradoxe, nous nous trouvons malgré tout apaisés. Est-ce l'effet de cette force morale montrée par Anne-Laure ? Oui, sa réaction nous a subjugués et abasourdis. Le jour d'après, ses paroles sont encore dans nos têtes. Nous décryptons ses dires et notamment ce leitmotiv, déjà inscrit au bas de son tableau commun avec Bernard : « La vie doit continuer. » Que nous dit-elle ? Que nous devons continuer à vaquer à nos occupations ? Que nous devons apprendre à vivre avec elle et sa maladie ? Ou, alors, que nous devons nous résoudre à vivre sans elle ?

Oui, la vie continue. La crainte, c'est la banalisation de cette maladie dans notre quotidien. De toute façon, elle s'est invitée sauvagement dans la famille, et nous avons appris à vivre avec, ou à côté, ou à sa proximité. Si, au moins, nous avions pu en profiter pour l'apprivoiser, la dompter, la maîtriser. S'en faire presque un compagnon pour pouvoir lui demander de nous laisser tranquilles. Et de laisser Anne-Laure vivre sa vie ! Hélas, c'est un sale compagnon, répugnant et collant.

Anne-Laure nous a également dit ne pas avoir peur de souffrir. Elle nous l'a déjà prouvé, elle est capable d'affronter les piqûres, les nausées, les injections à répétition. Mais quand même : le contrecoup physique est devenu trop flagrant, presque choquant, et nous désespérons de la voir de plus en plus amaigrie, fatiguée, titubante, malgré son sourire toujours présent. Ketty et moi, nous prenons la résolution de mettre tout en œuvre pour qu'elle ne souffre pas. Dans son corps, dans sa chair, dans son esprit. Assurons-lui douceur morale, cocooning physique, autant que faire se peut !

Déjà, à la veille de sa nouvelle chimio, nous programmons une séance cinéma pour se vider l'esprit. *Pirates des Caraïbes 3* nous amuse d'autant plus que nous voyons Alizée, sensible à quelques scènes frisant le fantastique, se pelotonner derrière le siège de la rangée de devant. Anne-Laure sourit, elle rit même. Profitons de ces instants !

*

Il est terrible, ce nouveau protocole ! Plus de six heures à l'hôpital de jour pour les injections, autant dire une journée complète passée entre quatre murs et dans un couloir où nos cent pas démultipliés errent sans fin sur le linoléum. Anne-Laure a heureusement fait le plein de livres et de jeux. Rien ne la perturbe, pas même les visites des infirmiers, du docteur Stéphane et de Patricia. Elle tient la discussion, plaisante même, ponctuant ses phrases de ses impassibles « ça va ». L'oncologue nous croise du regard : « Elle est incroyable, votre fille… »

Je me dis qu'Anne-Laure est le réel maillon fort et que, dans la lignée de nos abracadabrantesques paradoxes, c'est bien elle qui nous soutient et nous insuffle la bonne énergie. Son attitude positive nous instille une forme de sérénité tranquille, en décalage complet avec la situation, avec le contexte, avec le lieu. Avec notre nature profonde, aussi : me faire poireauter plus de six heures entre un couloir et une chambre, cela tient du pari impossible. Et, pourtant, je suis là, à tranquillement attendre, sans sourciller, sans m'énerver, sans grogner. Nos vies ont changé, nous aussi…

Nous réintégrons enfin notre maison. Anne-Laure s'écroule aussitôt dans son lit. Inutile de lui demander de passer à table, elle ne peut rien avaler, ni même ses médicaments. Nous nous retrouvons à chuchoter entre nous, de peur de la déranger. Notre vie se déroule désormais ainsi, au ralenti, en fait au rythme imposé par la santé d'Anne-Laure. Nous voici vite couchés, victimes d'une tyrannique fatigue. Mais le sommeil est difficile : le week-end qui approche nous fait peur. Au lendemain de cette interminable journée hospitalière, comment va-t-elle pouvoir récupérer ?

Nous l'avions pressenti : Anne-Laure passe une majorité de ses heures au lit. C'est un samedi en demi-teinte, entre gris clair et gris foncé. Bien sûr, on nous a prévenus : les effets secondaires de ce nouveau protocole sont lourds. Mais voir sa fille ainsi diminuée est toujours une rude épreuve morale. Heureusement, il y a une Alizée pour toujours nous rappeler, en harmonie avec le principe édicté par sa grande sœur, que la vie doit continuer. Elle mène de front une multitude d'activités, elle s'investit dans la danse chinoise et la gymnastique, fait du théâtre à l'école, et nous amuse avec ses mimiques ; elle a ses copines, elle a ses devoirs scolaires, tout ce qui fait l'existence d'une jeune fille, excepté malencontreusement la situation de sa sœur, en marge du livre normal de la vie.

Nous profitons d'un moment de mieux-être d'Anne-Laure pour lui demander ce qu'elle aimerait faire et ce qui lui ferait le plus plaisir. « Je veux juste être avec papa, maman, Alizée et Jérémy. » Réponse claire et limpide, mais amputée d'une partie de notre réalité. Jérémy est bien loin, et nous souhaitons toujours ne pas lui évoquer l'évolution de la maladie de sa sœur. Nous avons bien pensé à concrétiser le projet d'aller lui rendre visite en Australie, mais l'état physique d'Anne-Laure ne l'autorise pas à faire ce long déplacement. Du coup, c'est Jérémy que nous envisageons de faire revenir au mois de juillet, pendant ses deux petites semaines de vacances. Mais comment lui annoncer ça sans l'inquiéter outre mesure, surtout en pleine période d'examens ? Ketty trouve la bonne idée : nous lui dirons que sa sœur souhaite sa présence au vernissage de sa nouvelle exposition.

Ce soir, alors que chacun commence à somnoler, je viens sacrifier à notre petit rituel et lui faire sa bise de « bonne nuit ». Je rabats la porte de sa chambre, que nous avons pris l'habitude de laisser désormais entrebâillée. Nous devons être prêts à intervenir au cas où… Je sors sur la pointe des pieds et m'apprête à descendre l'escalier, rejoindre mon coin à musique pour me détendre. Je l'entends m'appeler : « Papa, quand on m'enterrera, tu me promets que tu seras à côté de moi ? »

Un coup de tonnerre résonne dans ma tête, je manque de tomber à la renverse. Je me rattrape à la balustrade, m'assois sur la marche en haut de l'escalier. Devant moi, un gouffre béant, un trou noir… J'arrive juste à lui dire : « Partout où tu seras, je serai à tes côtés. » Je ne suis pas certain qu'elle m'ait entendu.

*

Ainsi donc, pour respecter le leitmotiv d'Anne-Laure, la vie continue. Le collège aussi, où le moment des révisions avant le brevet des collèges a commencé.

Nous avons déjà avancé notre point de vue à ses enseignants : Anne-Laure fera ce qu'elle pourra, inutile de lui mettre la pression que connaissent les autres élèves. Elle révise ce qu'elle peut, elle passe les matières qu'elle peut, elle vient aux révisions comme elle peut. Peu nous importe le résultat du brevet. De toute façon, le conseil de classe a déjà validé le passage d'Anne-Laure en seconde. Nous n'osons même pas y penser : Anne-Laure dans un lycée de plus de mille élèves, devant se familiariser avec un nouveau contexte, avec une nouvelle équipe éducative à qui il va falloir à nouveau tout raconter ! Nous verrons en temps voulu, nous nous adapterons.

Ses résultats étonnent la communauté éducative. Sa moyenne reste au-dessus de la moyenne générale de la classe. Bien sûr, la lecture de sa grille de notations doit passer au filtre du trompe-l'œil, puisqu'elle n'est pas notée dans la totalité des matières, et bénéficie certainement d'une bienveillance particulière dans sa notation. Elle truste les félicitations de ses professeurs. C'est toujours dans les cours de mathématiques qu'elle fait le bonheur de sa prof et l'admiration de ses camarades.

Ce jour, Anne-Laure est particulièrement attendue : sa « Troisième X » s'est hissée en finale du Rallye Mathématique, ce concours qui oppose plusieurs classes de différents collèges du département tout au long de l'année. Ses amies nous avaient raconté qu'en demi-finale, il y a quelques semaines, notre fille avait brillé et avait été un élément clé de la victoire de sa classe. En finale, cet après-midi, tous comptent à nouveau sur ses capacités. Anne-Laure est motivée, elle nous le dit ce matin en partant rejoindre sa classe. Ketty et moi la savons capable de porter sa troisième vers la victoire, et nous sommes fiers par anticipation ! Pourvu que sa tumeur lui fasse l'honneur d'une dispense de désagrément pour cette journée particulière.

En milieu de matinée, lorsque le téléphone se met à sonner dans l'appartement, nous ne voulons pas penser que Anne-Laure vient de vaciller et se retrouve à l'infirmerie. C'est pire ! Elle a carrément fait un malaise, elle s'est évanouie, et il a fallu que le plus costaud de la classe la porte à l'infirmerie… On nous raconte que, sur le chemin du retour, celui-ci s'est effondré en larmes. Nous sommes émus. « Il faut venir la chercher et la laisser se reposer, surtout si elle veut partir cet après-midi », nous fait savoir l'infirmière. Aurons-nous le temps nécessaire et surtout les remèdes et solutions pour la requinquer ? Je la borde dans son lit, la couvre, ferme les volets. Nous atténuons tous les bruits. Elle ne bouge pas, elle ne réagit pas. Pour le Rallye Mathématiques, il faut jeter les gants, Anne-Laure ne supportera même pas le déplacement en bus jusqu'à l'université de La Réunion où se déroule la finale.

Je m'en vais prévenir sa professeure. Maryse est désolée, je la sens gagnée par une troublante émotion, à l'aune de l'affection qu'elle porte à Anne-Laure. Je quitte le collège. Sur le seuil du grand portail d'entrée, je croise quelques-unes de ses amies, prêtes à prendre le bus. Je leur apprends la nouvelle. Sarah me lance : « Dis-lui qu'on va gagner le rallye, pour elle ! »

Je passe l'après-midi devant mon ordinateur, à continuer la programmation logistique des deux événements que je prépare pour le mois de novembre. Je travaille à distance avec mes équipes et mes prestataires, heureusement qu'Internet existe aujourd'hui. J'évite les déplacements, je veux rester le plus possible à proximité d'Anne-Laure. Elle s'est réveillée, passe un peu de temps à lire et beaucoup de temps à, sinon rêvasser, au moins dans un état de repos, si tant est que ce terme soit adapté. Nous voulons lui faire prendre un goûter, seul un jus de fruits passe. Nous trouvons un petit moment pour évoquer la préparation de l'exposition « +2 Bonheur ». Isabelle l'a invitée ce samedi à une séance collective pour travailler sur le tableau que l'atelier prépare pour l'événement. Il nous faudra également prévoir un moment pour qu'Anne-Laure aille avec Olivier finaliser leur miniature de la muraille de Chine.

L'outil ordinateur est essentiel pour mon boulot, je me laisse parfois détourner de mes fiches « actions » pour m'en aller divaguer sur la Toile. J'avoue, je suis toujours en quête d'informations nouvelles, je suis têtu et je reste convaincu qu'on peut trouver quelque chose. Là, une information attire mon attention. Un article annonce la parution du prochain livre de David Servan-Schreiber, l'auteur d'*Anticancer*. J'y apprends que celui-ci a connu une rechute de sa tumeur cérébrale, vit désormais avec un glioblastome de grade 4, est dans un état compliqué et a voulu écrire ce livre intitulé *On peut se dire au revoir plusieurs fois*. Un extrait de l'article me fait bondir : « Au mois d'avril, David Servan-Schreiber a fêté ses cinquante ans dans l'appartement parisien de son frère, Franklin. À ses amis proches, il a décidé de dire la vérité : "Je suis atteint d'un glioblastome de stade 4 dont les pronostics sont parmi les plus mauvais de tous les cancers." Mais la bataille continue, a-t-il insisté… »

Je me promets de lire son livre dès sa sortie. Je sursaute à nouveau. Le téléphone vient de sonner. Je décroche, j'entends Sarah qui s'exclame : « Nous avons gagné le Rallye Mathématique ! »

*

— Allô... C'est toi, Jerry ?

La voix qui traverse le combiné, cette fois, m'est parfaitement inconnue. J'ai beau essayer de mettre en résonance mes neurones, en vain. Cette intonation pourtant remplie d'une certaine familiarité m'étonne et me perturbe. Alors, je me concentre, je suis tout ouïe.

— Nous nous sommes parfois croisés, mais tu ne me connais pas. Je suis souvent avec ta maman, tes sœurs et d'autres amis. Je suis au courant pour la maladie de ta fille, ta famille est très touchée, et nous prions tous ensemble pour Anne-Laure.

C'est un monologue. Je le subis volontairement, ne sachant comment réagir ! Je comprends que mon interlocuteur impromptu du soir est un homme d'un certain âge qui fréquente les mêmes clubs de « troisième jeunesse » que ma mère, partage les sorties du dimanche avec mes sœurs, et tous se retrouvent dans les mêmes associations, les mêmes événements et célébrations.

— Tes sœurs me parlent beaucoup d'Anne-Laure, elles sont inquiètes et, du coup, nous aussi. Moi, je voudrais t'aider. Je dois te parler...

Je suis touché par toute cette sollicitude. Je balbutie un « merci » à peine audible, qui ne rompt même pas le flot de paroles de mon interlocuteur.

— Ta maman a peur pour toi et pour ta fille. Il faut absolument que tu fasses quelque chose pour la rassurer.

Ma curiosité est maintenant éveillée.

— Ah, que dois-je faire ?

— Il faut que tu baptises Anne-Laure ! Tout le monde sera plus tranquille...

Ah, c'est donc ça! Il me revient instantanément en mémoire une discussion récente. C'était ce dernier dimanche, un dimanche de solidarité familiale, lorsque nos premiers cercles, du sud et du nord de l'île, se retrouvent à la maison pour entourer Anne-Laure de leur affection et nous apporter l'indéfectible soutien des liens du sang. La discussion avec mes sœurs avait déjà pris cette orientation spirituelle. Elles, chrétiennes convaincues et pratiquantes, ne comprenant pas pourquoi je me refuse à baptiser ma fille. Moi, l'agnostique de longue date, arc-bouté sur ma position de toujours, également soutenue par Ketty: ce n'est pas un refus de notre part, nous laissons simplement libre choix à nos enfants. Nous ne voulons pas leur imposer une croyance, une religion, une doctrine. Ainsi, Jérémy, au contact de ses copains d'école, avait souhaité les suivre sur les bancs du catéchisme pour mieux comprendre l'histoire de Jésus, nous l'avons alors inscrit à l'église du centre-ville.

Au plus fort de l'échange avec mes sœurs, j'ai appelé Anne-Laure et lui ai posé la question: «Veux-tu être baptisée?» Sa réponse est clairement négative, comme elle l'avait déjà été lorsque, plus tôt dans sa jeune existence, nous avions évoqué avec elle ce sacrement et cet apprentissage.

À ce correspondant aux traits invisibles qui vient aujourd'hui nous jouer un «replay» de notre discussion familiale, je refais le film et lui oppose la réponse de notre fille. Il insiste:

— Je suis sûr que tu ne lui as pas bien expliqué, elle n'a pas compris l'importance de tout ça. Laisse-moi lui parler.

— Ce ne sera pas possible, nous sommes tous à table, et elle est fatiguée.

Oh, le mensonge! J'enchaîne rapidement pour couper court à la conversation: «On se rappelle plus tard, merci, au revoir.» Je raccroche, un peu énervé, un peu sonné. J'ai l'impression d'avoir pris un uppercut en plein menton qui fait faire du yo-yo à mon cerveau. Il faut que je me reprenne! Je ne peux garder ça pour moi seul, c'est tellement énorme! Il faut que j'aille tout de suite raconter cette conversation inattendue et déconcertante à Ketty.

Elle et moi sommes sur la même longueur d'ondes. Nous partageons depuis toujours ces convictions qui se conjuguent naturellement à une grande tolérance. Combien de nos amis nous ont dit, comme Dominique et Jean-Marc, avoir «inclus Anne-Laure dans leurs cercles de prières». Je connais et respecte leur foi, et jamais il ne m'est venu à l'idée de leur demander d'arrêter le faire. Bien au contraire, je les en remercie et les encourage même à multiplier leurs actes de dévotion et d'imploration à l'égard de ma fille. C'est ce que j'aurais dû dire à mon contradicteur de tout à l'heure: qu'il prie pour Anne-Laure, grand merci, mais le reste est strictement affaire de famille.

*

Vais-je le lire? Dois-je le lire? Aussitôt sorti, le livre-témoignage de David Servan-Schreiber est sur notre table. Les médias ont présenté *On peut se dire au revoir plusieurs fois* comme son ultime récit. Son testament avant une heure qui ne saurait tarder. Les quelques passages dévoilés dans la presse m'ont déjà secoué, alors j'hésite, je tergiverse. J'ai peur du reflet que va me renvoyer ce livre, avec ses mots qui décrivent la guerre terrible que nous sommes en train de vivre. Ketty fait preuve de plus de solidité morale que moi, une fois de plus, elle le lit, elle le dévore même. Elle finit par me convaincre que je dois faire de même.

C'est un petit opus de quelque cent cinquante pages. Il pourrait se lire rapidement, mais je prends le temps de décortiquer chacune des phases de l'évolution de la maladie et d'en faire le rapprochement avec le cas d'Anne-Laure. Je découvre que David Servan-Schreiber avait tenté la vaccinothérapie à Cologne, mais sans effet aucun. Il a aussi connu le traitement par Avastin, celui qu'Anne-Laure suit en ce moment. Et quand il raconte qu'à sa rechute son amie neurochirurgienne lui avait dit : « Il faut que tu viennes vite », cette interjection trouve une résonance dans mes souvenirs, lorsque l'ophtalmo avait dit à Ketty : « Partez tout de suite aux urgences pédiatriques ! »

Au milieu d'un chapitre, trois lignes me glacent d'effroi : « Pour le glioblastome de stade 4 en cas de rechute, le taux de survie à dix-huit mois est de zéro. Zéro survivant à dix-huit mois, c'est peu ! » C'est ce genre d'assertion que je craignais. Elle m'incite, malgré ma conscience qui me dit « Non, ne le fais pas ! », à me lancer dans un rapide calcul. Je me rends compte que le délai ainsi énoncé par David Servan-Schreiber court jusqu'en novembre dans le cas d'Anne-Laure. Novembre, mais c'est dans cinq mois !

Je ne veux pas croire en cette arithmétique morbide. Elle provoque pourtant une étincelle réactive, déclenche en moi une nouvelle frénésie de recherche d'informations. Au-delà de mes recherches sur Internet, je mets mes réseaux à nouveau en alerte, j'ai besoin de contacts qualifiés pour me dire si la recherche a évolué, si de nouvelles pistes se dessinent. De coups de fil en messages, d'amis en relations, de proches en connaissances, mon chemin d'investigations me mène à un ancien directeur d'un service d'oncologie, aujourd'hui à la retraite. Je le dérange en plein parcours de golf, mais il m'écoute avec une attention bienveillante, celle de ces « sages » à l'âge de la transmission. Sur l'évolution des protocoles administrés à Anne-Laure, il ne trouve rien à redire. Il aurait fait la même chose. Sur ce qu'il va se passer, il nous engage à faire confiance à l'équipe de l'hôpital de Bellepierre qui suit notre fille.

Dans l'historique que je viens de lui retracer, un épisode le fait particulièrement réagir. Il revient sur notre conversation à La Timone, à Marseille.

— Vous dites qu'ils vous ont parlé d'un traitement expérimental, mais pourquoi vous ont-ils fait miroiter ça ? Ce n'est pas normal.

— Vous pouvez m'expliquer ?

— Il n'y avait aucune chance pour qu'on accepte votre fille dans un protocole expérimental. On n'aurait même pas dû vous en parler. Je m'en ouvre à vous en toute franchise, puisque vous m'êtes recommandé par mes amis. On vous a certainement dit que la tumeur dont souffre votre fille est très rare chez les enfants.

— Effectivement, on me l'a souvent dit et répété.

— Vous savez que la recherche est financée par des laboratoires privés qui investissent sur des travaux de recherche avec l'espoir d'une découverte dont ils auront le brevet en exclusivité pendant plusieurs années. Ceci leur permet un retour sur investissement et surtout les bénéfices financiers exclusifs pendant la période de protection du brevet. Dans le cas de la tumeur dont est atteinte votre fille, il n'y a pas suffisamment de malades parmi les enfants pour justifier les dépenses de recherche.

— Quoi, c'est une question de rentabilité !

— C'est bien ça. Il n'y a pas de quoi rentabiliser le coût de la recherche. Dans le cas du glioblastome, je crois savoir que des traitements expérimentaux sont en cours, mais uniquement sur des adultes. Si, par bonheur, un traitement pouvait se révéler efficace, les laboratoires travailleront sur sa version adulte et éventuellement feront une adaptation pour les enfants.

Je fulmine. J'aurais voulu être doté du pouvoir de télétransportation pour me retrouver à nouveau dans ce bureau de La Timone, en face du médecin qui nous avait donné cet espoir, et lui dire toute ma colère.

*

Elle est formidable, Anne-Laure ! Ce n'est pas moi qui le dis, on me taxerait de partialité. Mais tout le monde l'affirme, infirmiers, professeurs, élèves. Eux qui font partie de notre quotidien de plus en plus difficile. Ils voient Anne-Laure vaciller, mais jamais elle ne tombe. Le nouveau traitement est vraiment éprouvant, il ne lui autorise désormais plus une seule journée complète de collège. Tout au plus tient-elle les deux premières heures, avant que l'on nous demande de venir la chercher. Lorsqu'elle a eu le temps de reprendre quelques forces et couleurs à l'infirmerie, têtue et volontaire, elle nous affirme qu'elle va repartir en classe, s'attirant les foudres de l'infirmière scolaire !

Ketty et moi avons intégré dans notre planning quotidien ces moments de faiblesse. Je ne prends plus de rendez-vous en matinée, je ne programme plus de réunions entre 10 heures et midi, je mets une croix sur les déjeuners professionnels, je décline toutes les invitations.

Je me rends entièrement disponible pour aller chercher Anne-Laure et la ramener à l'appartement, dès qu'il le faut. Je sais que le handicap que traîne Ketty depuis son opération au tibia ne lui permet pas d'assurer cette tâche, parfois très ardue. Pour qu'Anne-Laure fasse la petite centaine de mètres qui sépare le portail du collège de la porte de notre appartement, il faut parfois près de vingt minutes. Elle avance, en se tenant à moi, titube, s'assoit sur le rebord du muret d'enceinte du collège, se repose, et on repart. Je veux la porter, mais elle n'aime pas ça. « Je vais y arriver », répète-t-elle comme un leitmotiv du courage et de sa résistance.

L'infirmière veut bien mettre à notre disposition le fauteuil roulant de l'établissement. Mais la première expérience sera la dernière : les trottoirs sont tellement abîmés, les aménagements prétendument spécifiques ne sont pas vraiment adaptés, c'est un fauteuil 4x4 qu'il faudrait, et il n'existe pas encore, apparemment. Je peste contre les autorités qui affichent toujours leur volonté de faciliter la ville aux personnes handicapées, pardon, « à mobilité réduite », mais ne se rendront compte de la réalité du travail qu'il reste à faire que le jour où quelqu'un de leur famille sera dans le même état que ma fille !

Lorsque Joël, le CPE, nous voit, il ouvre la grille principale, nous évitant de traverser la cour intérieure, et nous gagnons une cinquantaine de mètres. Le parcours reste malgré tout toujours chaotique et difficile. Ce jour-là, nouvel épisode douloureux. Nouveau coup de fil. Joël me recommande même de venir en voiture et la garer au plus près du portail. Je cours à l'infirmerie, on me fait savoir qu'elle a tenu à peine trente minutes de cours. Elle a pris le temps de se reposer, allongée sur un petit lit, derrière des rideaux tirés. Je lui tends mon bras auquel elle s'agrippe pour s'extirper du lit, descendre les quelques marches du bâtiment, et se faufiler un chemin hésitant jusqu'à la voiture. Chaque pas est hésitant, les pieds vont dans tous les sens, se croisent, s'entrecroisent. Joël nous accompagne. La démarche de crabe d'Anne-Laure l'émeut. Il lui tend ses bras.

— Attends, je vais te porter…

— Non, je vais y arriver…

— Mais si, je te porte sur mon dos, ce sera plus facile !

— Non, on y est presque. Je vais y arriver, je veux y arriver…

Joël me lance un regard ému et admiratif. Anne-Laure nous a habitués à cette abnégation. Même lorsqu'elle semble au plus profond de sa méforme, elle garde un sourire qui colore le nuage noir en gris avec même quelques rais de lumière. Elle traverse son traitement sans se plaindre, sans nous alerter. Les soirs d'injection, et les soirs suivants, elle est sujette à des renvois qu'elle gère seule. Elle prépare des sachets, placés à côté de son lit, et prêts à l'usage. Le matin, lorsque nous nous réveillons, nous trouvons par terre un petit alignement de sachets soigneusement refermés, parés pour aller à la poubelle. Nous lui demandons de ne pas hésiter à nous réveiller, elle nous dit que, de toute façon, nous arriverions trop tard. Elle a parfaitement raison ! Nous avons l'impression d'être plus inquiets qu'elle ne l'est, et la tempête sous nos crânes en est démultipliée.

*

C'est le jour B. Le jour du brevet des collèges.

Ces dernières semaines, Anne-Laure a parfois manqué des jours entiers de cours et de révisions. Nous n'avons même pas jugé utile qu'elle les rattrape. Au moment de partir pour l'épreuve de français, Ketty lui donne les directives sur lesquelles nous nous sommes mis d'accord : « Tu fais ce que tu peux. Dès que tu as terminé, ou si tu te sens fatiguée, tu n'attends pas la fin, tu reviens. » Nous la voyons partir, toute guillerette, excitée même, comme sous l'adrénaline de l'examen. Quiconque, ignorant le mal qu'elle traîne avec elle, la décréterait en bonne santé et en pleine forme, prête pour son brevet !

Ketty et moi avons fait notre estimation : elle peut raisonnablement tenir deux heures sur les trois heures et quart de la composition de français, et ce sera déjà très bien. Nous nous attendons à ce qu'elle rentre à l'appartement au bout de ce délai, ou que l'infirmière nous appelle. Mais voilà : Anne-Laure déjoue notre pronostic. Elle nous revient après le terme de l'épreuve, affichant un grand sourire dès qu'elle ouvre la porte de l'appartement.

— J'ai tout fait, annonce-t-elle fièrement ! J'ai même terminé plus tôt.

— Tu aurais pu rentrer te reposer !

— Je me sentais bien, je voulais parler un peu avec mes amies. Et puis on n'est pas autorisés à sortir avant la fin de la composition. J'ai fait des dessins en attendant.

Ses dessins du moment, ce sont des étoiles et des mosaïques. Elle en a couvert quelques pages qu'elle nous montre aussitôt. Nous adorons toujours ces quelques gribouillages. Anne-Laure est désormais prête pour sa matière favorite, les mathématiques.

L'après-midi, nouveau départ pour le collège, et mêmes recommandations : « Fais ce que tu peux. » Ah, si cela pouvait se passer aussi bien que pour le français ! Las. Au bout d'une heure, mon téléphone vibre et affiche « Collège Juliette Dodu ». Nous comprenons aussitôt : il faut passer par la case « infirmerie » et la ramener. Joël est là, il m'attend dans la cour du collège, complètement déserte, tous les élèves confinés dans leurs salles d'examen. Je vois un léger sourire se dessiner sur ses lèvres. Cela m'intrigue. Je comprends mieux, dès lors que Joël me raconte : « Tu sais ce qu'elle nous a dit ? Qu'elle va se reposer quelques minutes et elle va repartir dans la salle pour terminer l'épreuve. Elle veut absolument finir les mathématiques. L'infirmière et moi, nous lui avons dit que ce n'est pas possible, c'est interdit, mais elle est têtue ! Il faudra que tu la raisonnes… »

Je comprends la déception d'Anne-Laure, elle qui aime tant les mathématiques. Je la retrouve allongée sur le petit lit de l'infirmerie du collège. Je lui prends la main et lui cause doucement : « Il faut qu'on rentre maintenant, tu as fait le maximum de ce que tu pouvais faire, nous sommes fiers de toi. Tu n'as pas besoin d'en faire plus… » Ah, si les épreuves de français et de mathématiques avaient pu être inversées !

Anne-Laure va jusqu'au bout de toutes les épreuves du brevet. Tant bien que mal. Même s'il lui faut s'y reprendre à deux fois, comme pour l'oral d'histoire de l'art. Un premier après-midi, je l'accompagne, elle s'accroche à mon bras dans la cour de l'école et commence à grimper avec grande difficulté les escaliers menant à la salle d'examens. Je décide d'abandonner, de faire demi-tour et de la ramener à la maison. Tant pis pour l'histoire de l'art. Joël, toujours présent, me dit qu'il va trouver une solution pour la faire revenir dans un autre créneau horaire. Je lui réplique : « Laisse tomber, ce n'est pas grave. » Le lendemain, il m'appelle, tôt dans la matinée : « Viens avec Anne-Laure juste avant 14 heures. J'ai obtenu l'accord des membres du jury, ils acceptent qu'elle revienne pour l'examen. Ils la font passer avant de commencer la session de l'après-midi. »

Cette fois, Anne-Laure avale les escaliers. Elle a un quart d'heure pour s'exprimer sur la pyramide du Louvre, sujet qu'elle a travaillé avec son amie Aude. On m'a autorisé à rester devant la porte. Je vois Anne-Laure de dos, face aux trois professeurs du jury. Je ne l'entends pas, mais j'ai sa voix qui résonne dans ma tête. Comme par télépathie. Pour moi, elle s'exprime avec clarté et concision, ne trébuche pas sur les mots, et réussit haut la main son oral. Elle sort de la salle avec un sourire « tranche papaye » comme on dit chez nous. Je suis heureux, le brevet est terminé !

Nous avons désormais à préparer le vernissage de la nouvelle exposition collégiale. Et, surtout, Jérémy débarque dans deux jours de son Australie d'adoption.

*

Le retour de Jérémy est d'abord un peu rocambolesque. Sa valise a été oubliée à l'escale de l'île Maurice ! Il ressort de la salle des bagages tout dépité, orphelin de son bagage après de longues et harassantes heures de vol. Ce n'est pas bien grave, il n'est pas en terre étrangère, loin de ses proches. Non, il est bel et bien chez lui, et ce n'est qu'une petite péripétie. Qui a l'avantage de mettre des sourires sur toutes les lèvres. Ses sœurs lui tournent autour : « Alors, qu'est-ce que tu nous as rapporté comme cadeaux ? Ah, pourquoi a-t-on oublié ta valise, c'est nul ! » Famille réunie, belle ambiance !

Nous quittons l'aéroport, rassurés par la compagnie aérienne qui a pu retracer le parcours de la valise.

Elle arrivera sur un vol ultérieur, nous repasserons la récupérer à l'agence. Dans la voiture, sur la route qui nous mène à la maison, Jérémy montre un visage aux traits tirés. Fatigue ou inquiétude ? Je le vois dans le rétroviseur, qui se serre contre Anne-Laure, la prend dans ses bras. Se doute-t-il de quelque chose ? Cela nous conforte dans la décision que nous avions déjà prise : nous parlerons dès que possible à Jérémy de l'état de santé de sa sœur. Il est parmi nous pour deux petites semaines et, si nous attendons trop tard pour lui expliciter la situation, je sais qu'il nous en voudra.

Nous sommes dans le salon, à attendre l'appel de l'aéroport pour la valise. Les filles s'amusent dans leur chambre, à l'étage, c'est peut-être le bon moment de causer. Surprise, c'est Jérémy qui nous devance. « Bon, dites-moi tout ! », nous lâche-t-il. Cela nous rassure presque de ne pas avoir à faire le premier pas. Alors, nous lui racontons toutes les plus récentes péripéties, du changement de protocole, « parce que ça ne marche pas », à son obstination courageuse pour le brevet des collèges, de ses chutes de fatigue à répétition au gros malaise qui a fait craquer le plus costaud de la classe. Nous évoquons aussi avec lui notre discussion à propos de la mort… Jérémy enregistre sans dire mot. Je sens qu'il est touché.

— Je peux prendre la voiture ?

— Où est-ce que tu veux aller ?

— Juste voir les copains, ne t'inquiète pas…

Il a certainement besoin de décompresser, à sa manière, en renouant avec ses camarades restés sur l'île. Et peut-être même a-t-il envie de partager ces nouvelles bien pesantes pour un grand frère protecteur et aimant.

Du coup, le doute nous assaille. Avons-nous bien fait de lui brosser ce sombre tableau comme ça, d'emblée ? N'avons-nous pas été trop « bruts de décoffrage » ? Notre capacité de réflexion est bien entamée, notre sérénité est depuis longtemps diluée dans les déferlements de questions en tout genre. C'est le téléphone qui nous ramène à la réalité de notre actualité.

Coup de fil de l'aéroport. Ça y est, la valise de Jérémy est sortie des soutes, elle nous attend au service Bagages.

Coup de fil de Bernard. Il se préoccupe de l'avancement de la préparation de « +2 Bonheur », et notamment du transport de sa sculpture en bambou. Un clignotant orange s'allume, c'est vrai que le vernissage a lieu dans quelques jours !

Coup de fil de la sœur de Ketty. Elle prend des nouvelles de Jérémy. « Oui, il est bien arrivé », on lui raconte le coup de la valise, elle nous confirme le pique-nique de ce dimanche, ce rendez-vous familial désormais établi comme une coutume.

Coup de fil de Pascal. Il craint de ne pouvoir venir au vernissage de « +2 Bonheur ». Les dernières nouvelles que j'avais eues de sa part à propos de Martine n'étaient pas rassurantes. Il fallait une nouvelle analyse de la biopsie pour déterminer un nouveau protocole, et les résultats tardent. Pascal a l'impression qu'on les mène en bateau. Et, depuis quelques jours, Martine doit constamment avoir à proximité un respirateur artificiel, elle est sujette à des crises qui la font presque s'étouffer. J'entends dans la voix de mon ami fatigue et énervement mêlés. On se promet de se voir bientôt, juste après le vernissage de l'expo. Une nouvelle fois, nous maudissons cette simultanéité de destins pour les deux vieux amis que nous sommes.

Vendredi 1er juillet 2011

Aujourd'hui, c'est comme une parenthèse qui se referme. Les années collège, c'est terminé ! À la grande cérémonie des récompenses annuelles, Anne-Laure a récupéré un prix, celui des « Leçons de vie », que Joël le CPE a tenu à lui remettre en personne pour saluer son courage. Joël, devenu le protecteur de sa vie collégienne. Quand on y repense… Toutes ces années collège vécues, de la sixième à la troisième, sous la chape de cette fichue maladie !

Il y a eu beaucoup d'émotion en ces quelques minutes de passage sur le podium, et dans la cour du collège. Ces professeurs qui ont suivi Anne-Laure, qui l'ont soutenue, et qui aujourd'hui n'ont pu retenir leurs larmes. Ces camarades de classe, dont celui qui l'avait amenée à l'infirmerie en la portant dans ses bras, et qui aujourd'hui l'a accompagnée en tremblotant sur le podium. Et toutes ses amies qui lui ont fait plein de sourires et de câlins, mais avec des points d'interrogation dans les regards. Elles n'ont rien osé dire, mais j'ai cru deviner la question dans leurs têtes : verrons-nous Anne-Laure à la rentrée prochaine, au lycée ?

Ces difficiles interrogations sont, après tout, compréhensibles. Anne-Laure a eu sa troisième série des nouvelles injections hier, et ce jour elle était fracassée. Elle ne tenait pas debout, et devait s'accrocher à mon bras. Elle avait le regard dans le vide. Cela va durer deux, trois jours, il faut espérer que cela ne dure pas davantage, puisque le vernissage de l'exposition est pour mardi.

+2 Bonheur, c'est maintenant ! Le week-end a été l'occasion pour Anne-Laure de reprendre quelques couleurs et quelques petites forces. L'approche de l'événement semble avoir agi comme un catalyseur de ses ultimes énergies. Elle a capté les ondes d'énergie positive que lui ont envoyées ses acolytes du moment, Isabelle, Olivier et Bernard. Ils ont tous finalisé leur part de « +2 Bonheur » en totale synergie de pensée avec Anne-Laure. Ils l'ont tous dit : ce travail artistique n'est pas un travail, c'est une œuvre de solidarité affective. C'est pour Anne-Laure, c'est pour son bonheur, partagé et à partager.

Nous avons suivi ces derniers jours le montage de l'exposition, avec beaucoup d'émotion. Elle va être grandiose, vraiment ! Les peintures d'Isabelle et de Bernard aux murs, dont certaines œuvres nouvelles spécialement réalisées pour l'expo. L'entrelacement des gigantesques bambous en plein milieu de l'immense salle, signé Bernard. Au sol, la reproduction de la muraille de Chine, façonnée par Olivier. Et les tableaux d'Anne-Laure, partout, notamment sur un panneau entier particulièrement mis en relief et en lumière.

Tout le monde se souvient de l'arrivée pétaradante et spectaculaire d'Anne-Laure à la Villa du Département, en décembre dernier. Que pouvions nous proposer de mieux ? André nous a négocié et obtenu la participation des associations de motards et de l'escorte de la police nationale. Ils sont à nouveau tous là, pour accompagner l'arrivée d'Anne-Laure. En lieu et place du grandiose chopper, c'est une authentique et magnifique voiture de collection, une Morgan, qui amènera Anne-Laure à l'exposition. C'est l'idée de mon ami Ashok, à qui appartient ce véhicule d'exception. Et il a tenu à se faire le chauffeur personnel de ma fille, pour cet événement. Dans le cortège, les P'tits Prins ont installé d'autres enfants malades, compagnons d'infortune d'Anne-Laure que nous croisons parfois dans les couloirs de l'hôpital de jour. Je me réjouis de voir leurs sourires, perchés sur les sièges arrière de nos amis motards, sur leurs grosses bécanes. Le bonheur du moment, à vivre et à partager avec eux, aussi !

À la mairie, il y a foule ! Un responsable du service culturel me confie même que c'est la première fois qu'il voit autant de public pour un vernissage. Tout le monde a mobilisé ses proches et ses réseaux : les P'tits Prins, l'association Guan Di, les artistes, nos familles, les amis de nos amis, les amies d'Anne-Laure, les professeurs du collège. Je croise même des visages que je ne connais pas. Les journalistes aussi sont venus nombreux. Anne-Laure se retrouve face à des rangées d'objectifs photographiques et de caméras. Elle est sollicitée de partout. À la question d'une journaliste de la télévision publique sur son tableau préféré, Anne-Laure répond malicieusement : « C'est *L'Éléphant et la Souris,* parce que le plus fort des deux n'est pas celui qu'on croit ! »

Le temps des discours et remerciements est passé, la foule s'engouffre à la fois dans la salle d'exposition à l'étage et dans l'espace des cocktails, au rez-de-chaussée. Il faut vraiment se frayer un chemin, et je vois Anne-Laure faire la bise aux uns, discuter avec les autres, s'amuser avec ses camarades de collège et de l'atelier de peinture, poser avec tous nos proches devant ses tableaux. Je lui dis de s'arrêter un instant, d'aller grignoter quelque chose, mais en vain. Elle est habitée d'une indescriptible vitalité, d'autant plus incroyable qu'elle a eu sa cure, aux effets toujours difficiles, il y a moins d'une semaine. Elle est réellement resplendissante, avec son bandeau doré sur la tête qui lui fait comme une auréole, et qui la rend identifiable de loin. Je la garde toujours en repère, je ne veux pas la perdre des yeux. J'ai certainement tort de m'inquiéter, il y a tant d'attention autour d'elle.

Nous revivons des émotions, des frissons, des pleurs, des attendrissements, des vertiges parfois, d'un passé encore récent, lorsque nous faisions découvrir « 1 Instant 2 Bonheur ». Je repense à ces moments, je me refais le film des événements entre les deux expositions, en flânant dans la cour carrée intérieure, là où la foule est plus clairsemée. De décembre à la Villa du Département à ce début juillet, dans l'ancien hôtel de ville de Saint-Denis, que d'épisodes marquants, et hélas souvent délicats et contrariants, avons-nous traversés. Je me les énumère intérieurement, et repense à cette citation de Friedrich Nietzsche, souvent mise en exergue au sortir d'épreuves douloureuses : « Tout ce qui ne tue pas rend plus fort. » Ce soir, oui, nous nous sentons protégés, aimés, forts. Mais, dans les moments de notre quotidien, je m'insurge contre cette assertion, et je trouve simples d'esprit ceux qui la récitent sans vraiment la comprendre ! Ces derniers temps, nos forces ne sont absolument pas démultipliées, elles sont plutôt proches de l'épuisement.

Une voix traverse la brume de mes pensées. C'est un son atténué et un peu déformé par ma divagation spirituelle, comme un bruitage de cinéma. J'entends percer une affirmation directe, sans forme de politesse quelconque : « Jerry, on vient de parler avec ta fille, elle est d'accord pour le baptême. » Celui qui vient de lâcher ces quatorze petits mots, comme quatorze petites bombinettes, s'éloigne déjà. Bon sang, cette voix, ce discours, ces références, mais c'est bien sûr ! Mon prêcheur baptiste de l'autre soir ! Je suis encore sous le coup de cette surprise. Je vois Anne-Laure passer. Je l'appelle :

— Heu, qu'est-ce qui vient de se passer là ? C'est quoi cette histoire de baptême ?

— Tu sais, ces personnes qui sont venues de Saint-Pierre, ce sont des amis de mamie et des taties. Elles m'ont emmenée dans une salle, là-bas (elle me pointe du doigt une pièce à l'écart), elles m'ont entourée, et m'ont parlé de Jésus pendant au moins dix minutes. Elles m'ont dit plusieurs fois que je dois te demander de me baptiser et si moi, je suis d'accord. J'en avais tellement marre que j'ai fini par leur dire oui.

— Quoi, ils ont osé ! Et tu as dit oui !

— Je n'ai pas dit oui, papa, j'ai dit « oui, peut-être » pour pouvoir me libérer. Tu sais bien, papa, je m'en fiche.

Je la prends dans mes bras, je me sens coupable de l'avoir laissée seule, otage de ces personnes auxquelles je n'arrive pas à accoler le bon qualificatif et qui mériteraient que j'aille les voir immédiatement pour exprimer mon mécontentement, mon dégoût même ! J'en ai mal à la tête et au cœur. Je me sens prêt à exploser.

Anne-Laure a le bon geste pour m'apaiser. Elle me fait un énorme bisou, me prend la main, me dit : « Viens, ce n'est pas grave. On va à l'étage avec Maman et les autres, il y a Iza qui nous attend. » Iza est une jeune chanteuse réunionnaise qui participe parfois à des ateliers artistiques avec Isabelle. La professeure de la Villa des Arts aime ainsi entremêler les disciplines, pour provoquer des étincelles créatives. Devant la sculpture de bambous, avec sa guitare, Iza improvise un petit concert privé. Au moment d'entamer sa chanson « Not Kozé », elle demande à Anne-Laure et à Alizée de se joindre à elle et à Isabelle. Et, toutes ensemble, elles reprennent le refrain…

Oté sa lé joli
Antann marmay lao kozé
E zot zie i briy
Kan zot i anvoy zot long kozé

Tout le monde tape dans les mains, Anne-Laure est tout sourire. Je suis assis à même le plancher, savourant des yeux et des oreilles cette harmonie, même imparfaite. J'ai oublié l'incident de la soirée, Anne-Laure a raison : « Papa, on s'en fiche ! »

*

Le fil de discussion GFME sur Internet continue de déverser ses nouvelles, trop souvent mauvaises. Jamais de guérison, aucun miracle, beaucoup d'interrogations, et toujours énormément de courage et de dignité. La communauté des victimes du glioblastome et leurs proches a su faire le ciment de la solidarité au-delà des distances, tel est le miracle de la Toile.

Mon rythme cardiaque s'emballe lorsque je découvre le message d'Alixe. Elle habite dans l'est de la France, et publie son premier post sur le forum. Sa fille Cristelle a quatorze ans. Il y a neuf mois de cela, on lui a diagnostiqué un glioblastome grade 4. À découvrir les mots d'Alixe à propos de sa fille, je revis en accéléré le parcours de combattante des dernières années d'Anne-Laure : Temodal, métastases, radiothérapie, Avastin, Campto-Avastin, traitement, IRM. « Depuis ses injections d'Avastin, elle semble tellement mieux ! écrit Alixe. Elle est fatiguée, certes, et un peu nauséeuse, mais elle a récupéré de la motricité dans sa main et son bras. Elle garde surtout une envie de vivre énorme, un appétit de vie merveilleux, et elle s'accroche envers et contre tout ! »

C'est comme si on avait substitué un miroir à mon écran d'ordinateur. Les mots d'Alixe auraient pu être les miens. Nos filles ont le même âge, sont victimes de la même vilenie, ont connu les mêmes traitements, souffrent des mêmes défaillances physiques, montrent la même force morale. Et lorsque je lis la date à laquelle on a identifié le glioblastome de Cristelle, je me dis que le destin est particulièrement malicieux dans ses rapprochements : c'était en octobre, le jour même de mon anniversaire, lorsque je me réjouissais de pouvoir le fêter encore une fois avec Anne-Laure !

Je m'empresse de montrer à Ketty le message d'Alixe. Nous sommes du même avis, nous devons nous mettre en contact avec elle rapidement. Cela fait tellement longtemps que nous attendions, espérions, une telle rencontre. L'impression de ne plus être seuls parents au monde d'une adolescente de quatorze ans en train de se battre contre une si révoltante injustice est impossible à décrire. Un mélange d'empathie, de compassion, avec une pointe honteuse de consolation et d'enthousiasme. Cela peut paraître irrationnel, voire déplacé. Il faut nous comprendre : nous venons de toucher à une sorte de Graal.

Le premier contact se fait par l'intermédiaire du forum. Pour la première fois depuis que je suis inscrit sur GFME, j'y raconte l'histoire et l'évolution de la maladie d'Anne-Laure. De la découverte de la tumeur, en mars 2008, à notre grande attente du moment : « Le prochain examen IRM est prévu pour la fin de ce mois, j'ai évidemment hâte d'y être. » Je termine mon long message par un appel à Alixe : « Nous avons tellement de choses à nous dire. » De son côté, Ketty prend directement contact avec la mère de Cristelle, par courriel. Entre femmes, entre mères, je me dis qu'elles se parleront certainement avec plus de facilité, plus d'ouverture, plus de compréhension.

Nous découvrons de nouveaux points de convergence des situations de nos filles. Dont leur fratrie, à la composition identique : Cristelle, comme Anne-Laure, a un frère et une sœur. Une différence essentielle subsiste : la situation de Cristelle est plus difficile que celle d'Anne-Laure. L'évolution de la maladie a été bien plus rapide, et aujourd'hui elle ne peut se mouvoir. Alixe nous a envoyé des photos, sa fille est une jeune et jolie fleur malheureusement immobilisée dans son lit ou dans son fauteuil. Elle garde, elle aussi, un fort beau sourire et ses yeux sont pétillants, malgré tout. D'après sa mère, elle reste curieuse de ce qui l'entoure, du monde, bref, de la vie. Une soif de connaissance et d'ouverture qu'elle satisfait via son ordinateur. D'ailleurs, elle a une page Facebook, nous incitons Anne-Laure à en créer une. Nos filles sont désormais connectées.

*

La caméra est une amie avec qui elle sait causer, à qui elle se confie librement. Anne-Laure nous a habitués à un naturel déconcertant face aux objectifs et aux micros. Comme si elle avait fait ça depuis toujours ! Elle ne tremble pas, n'hésite pas, ne bafouille pas. Si, cela lui arrive parfois. Mais elle trouve toujours une pirouette, un mot oublié aussitôt remplacé par « machin », un sourire pour rompre le silence, une moue qui fait passer à la question suivante. Anne-Laure surprend les journalistes, dès qu'ils la découvrent. Elle, malade ? Pas possible ! Elle, la tête d'affiche de « +2 Bonheur » ? Pas croyable !

Je lis cet étonnement sur le visage de Johanne, la journaliste venue à sa rencontre, quelques jours après le vernissage. Lorsqu'elle entre dans la salle de la mairie, elle vient spontanément vers le groupe des adultes présents, pensant y trouver l'artiste qu'elle recherche. Je lui montre ma fille, de l'autre côté de la salle, en train de lire, avec sa sœur, les messages que les visiteurs ont laissés sur le tableau le plus original de l'exposition. C'était une belle idée d'Isabelle, les élèves de l'atelier ont façonné un triptyque vertical, traversé par un bambou et parsemé de petites pinces destinées à accueillir les écrits du public.

« C'est elle ? », s'enquiert la journaliste, dubitative. Oui, c'est bien elle… J'entends un souffle discret, un « Ah ! » mixant la surprise et l'admiration. Elle doit réaliser un entretien pour un article à paraître le lendemain dans le journal, mais aussi une vidéo pour le site Internet du même journal. Anne-Laure se fait guide pour la journaliste, elle l'accompagne le long des accrochages, raconte l'histoire du tableau *Le Paille-en-queue au volcan,* présente l'immense peinture à quatre mains *Notre espace*, commente son œuvre préférée d'Isabelle, justement intitulée *Le Bonheur.* Elles finissent leur tour de « +2 Bonheur » en s'asseyant sur les fauteuils traditionnels en osier, là, en face. Johanne a sorti sa caméra, elle filme.

Nous avons pris cette habitude de ne pas interférer dans les interviews d'Anne-Laure afin de lui laisser toute sa liberté de parole. Trop proches d'elle, nous risquons de la perturber, nous préférons qu'elle ouvre son cœur et ses pensées sans contrainte. Nous nous gardons la surprise de la découverte et, le soir venu, visionnons sans délai le montage de Johanne, aussitôt mis en ligne. Anne-Laure a quelques hésitations au début de son intervention, je la sens un peu fatiguée, un peu lasse. Elle reprend bien vite ses esprits et sa lucidité, au moment de montrer et commenter quelques-unes de ses œuvres.

Et puis, la conclusion. Sa conclusion… « Je suis contente que les autres personnes puissent voir mes œuvres. Je suis tombée malade lorsque j'avais cinq ans, et on a découvert la maladie lorsque j'avais dix ans, il a fallu m'opérer d'urgence. Comme je suis toujours là, je veux dire à ceux qui viennent de découvrir qu'ils sont malades, ou à ceux qui ont déjà perdu espoir, que la vie doit continuer et qu'elle continuera. »

Je me repasse cette vidéo[1]. Une fois. Deux fois. Trois fois. Cinq fois. Je suis hypnotisé par ce visage angélique qui assène cette leçon. J'ai l'intime conviction qu'Anne-Laure a donné procuration à la caméra pour nous faire passer, à nous ses parents, son message.

*

1. https://www.youtube.com/watch?v=2CUZOfMBspc.

Les clignotants des vacances d'Anne-Laure se teintent plutôt de vert, parfois pâle, mais vert quand même. Le succès de l'exposition, les festivités de Guan Di, la présence de Jérémy, les visites familiales, les discussions numériques avec Cristelle, mais aussi son amie d'enfance Mathilde retrouvée sur Facebook, entretiennent une relative quiétude, juste troublée par ses moments chimiques en hôpital de jour. Elle gère ses coups de fatigue et ses instants nauséeux, elle s'adapte aux passages difficiles, et je me demande si elle fait encore sa méditation.

Ketty et moi sommes tristes lorsque tombe l'annonce du décès de David Servan-Schreiber. Nous ne le connaissons que par ses écrits, il nous semble pourtant si proche et si familier. L'auteur d'*Anticancer*, emblème de la résistance face à la maladie, a rendu les armes. Il vient d'abdiquer devant le glioblastome. Je repense à son décompte des dix-huit mois de survie, sa disparition lui donne hélas raison, il a cédé après quinze mois de rechute. Et si Anne-Laure était l'exception qui confirme la règle ? Elle est debout, elle est vaillante, alors que Cristelle est immobilisée, alors que David Servan-Schreiber a passé ses derniers mois dans un fauteuil et a même dû dicter les ultimes chapitres de son livre à une secrétaire, ne pouvant plus taper sur un clavier.

Et puis vient le moment de la séparation d'avec Jérémy. Il doit réintégrer son école en Australie, c'est la dernière ligne droite pour sa licence à Brisbane. Nous avons déjà, à plusieurs reprises même, vécu cette scène de l'au revoir à l'aéroport, mais l'émotion est toujours prenante. Elle est même plus poignante, cette fois-ci. Au moment de nous quitter, Jérémy nous prend à part, Ketty et moi, pour qu'Anne-Laure ne l'entende pas.

Il nous dit son inquiétude, et nous fait promettre de tout lui dire à partir de maintenant, de ne rien lui cacher de l'évolution de la maladie.

*

Je sais, je ne devrais pas.

Mais il y a un cœur de père, là, sous mon épiderme, qui fait la valse des extrêmes. Il oscille entre la décharge électrique et l'atonie complète lorsque s'approche le temps du verdict. C'est la première IRM post-Avastin-Irinotécan. Je veux savoir tout de suite, je ne veux pas attendre.

Anne-Laure vient de sortir de la salle des IRM. Je vois aussi le médecin radiologue qui s'installe devant son ordinateur. Je prétexte avoir oublié de signer un papier pour laisser Anne-Laure et Ketty s'éloigner vers la sortie pendant que je repars, à l'opposé, vers le secrétariat.

En fait, je dépasse subrepticement le bureau des secrétaires, et m'en vais jeter un œil furtif sur l'écran du radiologue. Il m'a vu arriver, il me lance un regard qui se veut neutre et me dit : « C'est stable. » Je lui fais « non » de la tête, il baisse les yeux, il sait qu'il me ment. Sur l'écran, je viens de voir une constellation. Non pas d'étoiles, mais, dans la tête de ma fille, il y a des taches blanches comme autant d'impacts de balles un peu partout…

*

Des souvenirs, des mots, des expressions me reviennent douloureusement à l'esprit. Le docteur Stéphane avait parlé d'un « traitement de troisième ligne », privilégiant un élément de langage politiquement correct. La mère de Cristelle avait, elle, crûment identifié l'Avastin comme étant « le traitement de la dernière chance ». Pour Anne-Laure, la carte de cette dernière chance vient d'être abattue, ce n'est pas un atout, c'est l'Arcane sans nom, la carte XIII… Face à la réalité de l'image, aucun mot, aucun argument, aucune explication à faire valoir. Nous sommes devant un mur prêt à s'effondrer. La question n'est pas posée, mais elle est sur toutes les lèvres, dans toutes les têtes : chimio encore, ou ça suffit ?

Je suis perdu dans mes pensées, je me reproche de m'être accroché naïvement, une fois de plus, à un espoir chimérique. Je m'étais persuadé qu'Avastin marcherait, et qu'il ferait reculer la tumeur. J'ai perdu mon pari en même temps que mes illusions, la maladie a prospéré. Toujours et encore. Je regarde à nouveau les clichés. Une petite étincelle jaillit soudainement. Mon esprit mathématique vient d'enclencher les rouages d'une logique inédite et toute personnelle. Je fais part de ma découverte à Ketty et d'Anne-Laure : « C'est vrai, la tumeur a progressé, mais regardez bien. En proportion, elle s'est moins développée que lorsque Anne-Laure suivait le traitement PVC. Avastin a un effet sur la tumeur, j'en suis sûr, il ralentit son évolution. »

Je cherche à accrocher dans le regard du docteur Stéphane une approbation, je sens plutôt une contrariété. Je me tourne vers Anne-Laure : « Je crois qu'il faut que tu continues avec Avastin, ça ralentit vraiment la tumeur. Cela te fera gagner du temps, et on trouvera peut-être un autre traitement en attendant, la recherche va avancer ! » Elle réfléchit, et nous dit d'une petite voix douce : « C'est d'accord. Je continue… » Suis-je soulagé ? Suis-je satisfait ? Je n'en sais rien. Tourmenté, angoissé, pétri de nervosité, ça oui, je le suis.

Nous revenons dès le lendemain à l'hôpital de jour. Est-ce que je n'entends plus rien, ou est-ce que nos amis infirmiers n'osent plus rien nous dire ? J'ai l'impression de regarder un film de la grande époque du muet. Tout autour est en nuances de noir et de gris. Les couleurs de ma vie se sont fanées. Tous les sons me parviennent étouffés, nimbés d'un flou pas vraiment artistique. Les rythmes de mon existence se sont émoussés.

Dans sa chambre « papaye », Anne-Laure a pris place sur son petit lit. Elle attend qu'on lui amène sa perfusion. Habituellement, nous profitons de ces moments d'attente pour causer, jouer ou lire, afin de fluidifier les minutes qui passent. Le climat de ce jour est si pesant, les secondes sont des minutes, les minutes sont des quarts d'heure ou des demi-heures. Enfin, Mounira amène les pochettes contenant les produits à injecter. Elle commence à les installer et à programmer la machine. Anne-Laure la suit des yeux, lui fait un petit sourire, puis se tourne vers nous, nous jette un bref regard. De ses deux petites mains, elle agrippe la bordure du drap ajusté sur son buste, et le remonte au-dessus de sa tête jusqu'à la recouvrir entièrement. Ainsi cachée sous le tissu, elle murmure, d'une voix tremblotante : « Je ne veux plus, j'arrête ! »

Nous vivons l'instant précis où le *Titanic* vient heurter l'iceberg…

Vendredi 29 juillet 2011

Elle a dit non au traitement.
Elle a dit oui à la vie qu'il lui reste à vivre !
Anne-Laure, quelle leçon !
Anne-Laure, je t'aime.

1er AOÛT 2011 – 31 JANVIER 2012

Rien. Personne. Anne-Laure est restée imperméable à tous nos arguments, nos pleurs, nos détresses. Les interventions des médecins, des infirmiers, de la psychologue n'y ont rien changé. Tout le monde s'est relayé dans sa chambre, pendant que Ketty, sur une chaise, se perdait dans ses pensées et que je faisais des cent pas pesants, tendus, flageolants, dans le couloir. C'est le jour de congé du docteur Stéphane, et personne n'est arrivé à le joindre. Mais qu'aurait-il pu faire d'autre ? Anne-Laure a pris sa décision, nous savons qu'elle va s'y tenir. Toujours, elle a fait ce qu'elle a dit.

Le week-end est passé, nous retrouvons le docteur Stéphane qui nous dit son regret de ne pas avoir été là. Nous le rassurons : fidèles à nos convictions, nous lui disons qu'il n'y a pas de place pour les regrets. Nous suivons notre ligne de conduite : jamais de regrets, personne ne peut changer ce qui a été fait. Et ce qui n'a pas été fait. On n'a pas encore inventé la machine à remonter le temps qui permettrait d'aller gommer tous les épisodes malheureux de nos vies. Nous devons tourner une nouvelle page de l'histoire d'Anne-Laure, de sa maladie, de son combat, et il nous faut écrire ce nouveau chapitre avec des personnages, des couloirs, des contextes et des termes différents.

On nous fait de la pédagogie hospitalière. On nous explique que, désormais, Anne-Laure n'est plus suivie en hôpital de jour, mais en « accompagnement de fin de vie ». Le docteur Stéphane nous présente l'équipe mobile de soutien et de soins palliatifs, dirigée par le docteur Sylvaine, qui prend le relais. Soins palliatifs... Fin de vie... Les mots sont abrupts, ils vous passent dans la gorge en tissant des nœuds solides entre les nerfs et les cordes vocales. Ils ont autant de mal à sortir qu'à être ingérés. Nous pensions avoir eu la meilleure des préparations psychologiques en étant, tout le week-end, entourés d'amour et d'affection de la part de la famille entière, ces mots qui fouettent font quand même mal à la tête et au corps.

Pendant tout ce week-end, une interrogation, lancinante, a été le refrain de nos rencontres et croisements : qu'allez-vous faire maintenant ? Comment répondre à une telle question quand, plus que jamais, on nous dit de vivre jour après jour, heure après heure, pour goûter et savourer pleinement chaque minute, chaque seconde avec notre fille ? Comment prétendre lever ce point d'interrogation quand on a plutôt envie de lui botter l'arrière-train, de le tordre dans tous les sens, de le déchirer en mille morceaux, quand on sait désormais l'issue inscrite dans la terminologie « fin de vie » ?

Qu'allons-nous faire ? La question semble saugrenue... Notre seule réponse peut être celle du futur très immédiat. Parce que nous avons ensemble tracé la voie de nos prochaines semaines. Dans la voiture, une question m'était venue spontanément : « Anne-Laure, qu'est-ce que tu veux faire ? Qu'est-ce qui te ferait le plus plaisir ? Y a-t-il un endroit où tu voudrais aller ? » Elle a longuement réfléchi…

Sa petite sœur a tenté de la devancer.

— Allons en Chine ! s'est exclamée Alizée.

— On y est déjà partis, et tu auras tout le temps d'y repartir après, l'a tancée Anne-Laure avec toujours cette lucidité et ce sens de l'à-propos !

Et puis, elle a lâché :

— Je veux aller voir les pyramides en Égypte.

L'évocation de cette merveille du monde a fait ressurgir un très lointain souvenir. C'était sa première sortie loin des rivages de sa Réunion natale, elle n'avait que sept mois. Nous étions au musée du Louvre, Anne-Laure dans mes bras, sa tête dodelinant de partout, faisant montre d'une grande curiosité. Ses petits yeux se posaient sur les œuvres diverses avec une attention inédite pour un bébé. Et puis, devant un sphinx, elle a arrêté de bouger la tête et a fixement regardé la statue pendant de longues secondes, comme hypnotisée. Une caméra familiale a capté cet instant merveilleux, j'ai souvent visionné les images, on dirait qu'une ligne de force invisible s'était tendue entre le sphinx et Anne-Laure. Nous ne serons pas étonnés, plus tard, lorsqu'elle nous dira que son futur métier sera « conservateur de musée » ou « archéologue ».

Mais, à présent, il y a un énorme hic. L'Égypte est un chaudron en pleine ébullition, pas seulement à cause de la chaleur estivale. Le pays des pharaons vit une succession de révolutions violentes et sanglantes, le désordre y est permanent, le danger y est quotidien. Nous sommes extrêmement peinés de ne pouvoir concrétiser le vœu d'Anne-Laure.

Alors, quoi faire ? Notre degré de réflexion est proche du zéro, vaincu par l'enchaînement des mauvaises nouvelles. C'est une de ses tantes qui a trouvé l'idée de substitution : et si on l'emmenait en croisière ? Anne-Laure n'en a jamais fait, nous non plus d'ailleurs. Elle, elle connaît, et a apprécié le périple en Méditerranée, au départ de Marseille. « Cela va vous changer les idées », nous martèle-t-elle. Et, pour faire tomber nos dernières hésitations, elle s'en va elle-même sur le Net faire les réservations en notre nom. Tout va s'enchaîner très vite : dans deux jours, nous sommes dans l'avion, direction Bouc-Bel-Air pour quelques jours chez tatie Jacqueline et tonton François. Puis embarquement à Marseille pour sept jours de croisière. Savone, Naples, Majorque, Barcelone et autres villes du pourtour méditerranéen au programme avant un retour à Marseille, et quelques jours à nouveau en famille avant de penser à revenir à La Réunion.

J'ai la tête débordante de questions et d'angoisses. Après notre retour, que va-t-il se passer ? Comment va évoluer cette saloperie de glioblastome ? Jusqu'à quand va-t-il nous laisser notre fille ? Et puis un miracle est-il encore possible ?

*

Nous aurions tant aimé que son grand frère nous rejoigne, mais son emploi du temps australien est noirci d'examens et de partiels. Nous avons tout essayé pour trouver le bon espace-temps qui nous permettrait de nous revoir quelque part en métropole, mais cela relève de la mission impossible. La famille ne sera pas recomposée pour l'occasion, et nous devons l'accepter à contrecœur. C'est surtout difficile pour Jérémy. Nous avons respecté notre promesse du moment de son départ, et l'avons informé de la nouvelle situation et de la décision d'Anne-Laure. Nous savons qu'il doit revenir en décembre, à la fin de sa licence à Brisbane, et nous nous efforçons mutuellement de faire preuve de patience. Ce qui est facilement dit, mais qui est extrêmement difficile à passer en mode « acceptable ». Nous sommes plutôt en mode « résignation »...

Sur ce paquebot, gigantesque hôtel des mers, nous découvrons toutes les attractions, activités, sorties, spectacles, ateliers proposés pendant le périple méditerranéen. Anne-Laure oscille entre curiosité et indifférence, avec plutôt une tendance vers une triste indolence. Nous l'avons connue bien plus fureteuse, attentionnée et ouverte. Nous couvons notre fille des yeux, de nos mains, de toutes nos attentions. Nous sommes attentifs à chacun de ses gestes, chacune de ses volontés. Peut-être un égarement ou une extrapolation de notre esprit, mais nous ne pouvons nous empêcher de trouver des sens symboliques à ses envies de souvenirs sur le paquebot, dont une montre en forme de papillon et une petite souris en cristal. Un papillon comme il y en a tant dans sa chambre, en décoration murale ; un papillon synonyme d'envol vers le ciel. Et une souris, comme celle de son tableau préféré, *L'Éléphant et la Souris* !

Avant de rentrer à La Réunion, nous nous sommes promis de mener à bien une mission particulière : profiter de notre présence sur le sol continental pour aller voir Cristelle. Nous avons déjà fait plus de 9 000 kilomètres sur les 9 500 qui nous séparent d'elle, il nous reste donc l'équivalent d'un petit pas à faire. Lorsque nous avons eu cette idée, en préparant notre voyage, Anne-Laure a sorti son plus beau sourire, et s'est empressée de se connecter avec sa copine d'infortune. « Nous allons nous voir, c'est chouette », lui a-t-elle écrit. Ketty et Alixe ont étudié le trajet de Bouc-Bel-Air à ce village du centre-est de la France. Nous avons un train à prendre, avec deux changements, puis le père de Cristelle viendra nous chercher à la gare. Nous passerons une soirée dans un hôtel proche afin d'optimiser notre temps avec Cristelle et ses parents.

De retour de la croisière, nous nous connectons avec Alixe. Elle nous fait part d'un contretemps. Les examens de Cristelle ont été avancés, et ils ne seront pas disponibles pour nous accueillir. À La Réunion, nous sommes proches des établissements de santé. Eux doivent faire plusieurs dizaines de kilomètres pour leurs rendez-vous hospitaliers et s'organiser pour résider chez des amis, au moins une soirée. Et c'est justement la soirée que nous devions passer ensemble ! Nos programmes sont également contraints par notre date de retour à La Réunion, et il n'est plus possible de se croiser. Nous sommes tous déçus et désolés. Cristelle restera pour nous une image sur un écran.

Anne-Laure avait emporté dans sa valise quelques cadeaux-souvenirs typiques de La Réunion. Nous en faisons un petit colis que nous destinerons à Cristelle avant notre départ. Toujours aussi créative, Anne-Laure lui dessine une carte personnalisée, je la vois signer « À ma copine que j'aime »…

*

Cinq mois à peine. Au moment de la séparation, ce rapide calcul mental s'impose à mon esprit. Oui, nous avons vécu cette scène du départ, dans la même cour, devant cette même villa de Bouc-Bel-Air, il y a ce court laps de temps qui semble pourtant une révolution calendaire, avec tous les événements que nous avons traversés et subis. C'était lorsque nous étions venus en escapade « commando » pour faire suivre Anne-Laure à l'hôpital de la Timone à Marseille.

Nous sommes en mode « replay », mais avec un débordement d'adrénaline et d'émotion. Les regards de tonton et tatie sont, comme toujours, remplis d'affection, mais il y a aussi une tristesse difficilement camouflée. Lorsque je croise leurs yeux, je perçois l'indicible question : « Est-ce que nous la reverrons ? » Au cousin Laurent qui n'arrête pas de serrer Anne-Laure dans ses bras, je rappelle gentiment et pour rigoler son statut de petite poupée fragile. En aparté, il me dit être prêt à sauter dans l'avion pour nous rejoindre si nous avons besoin de lui. Il est capable de cette folie, nous le savons.

À notre retour, un message du docteur Stéphane nous attend. Il nous fait savoir que, si nous avons besoin d'une écoute, il se met à notre disposition, dès l'instant où on le souhaite. D'ailleurs, il aimerait bien faire un point sur l'état général d'Anne-Laure, au lendemain de notre escapade touristique. Il me semble percevoir dans le ton de cette requête une envie du médecin de nous revoir. Elle est partagée, mais pour nous dire quoi ? Pour entendre quoi ? Pour poser quelles questions ? Nous n'en savons strictement rien, je crois que cette rencontre doit nous servir de respiration après ce cycle d'épisodes inattendus et déchirants. L'hôpital a valeur de point de repère, et nous l'avons perdu dès lors qu'Anne-Laure a décidé d'arrêter son traitement.

En retrouvant, dès le jour suivant, le docteur Stéphane dans son bureau au centre hospitalier, nous reconstruisons un peu de ce référenciel. Tout comme lorsque, avant de voir le médecin, nous avons fait un crochet pour dire bonjour à ce pool infirmier qui a suivi pendant tous ces longs mois notre fille. Il peut paraître paradoxal de dire que cela nous a fait du bien de les retrouver, c'est pourtant le cas.

Face au médecin, Anne-Laure est souriante. Ketty et moi sommes de chaque côté de notre fille. Les mains accrochées aux rebords de sa chaise, ses pieds ballants, elle semble redevenir une petite fille. On la dirait même dans un monde à part.

— C'était bien, cette croisière ? lui demande le docteur Stéphane.

— Oui, c'était chouette.

— Je vois, tu as l'air en forme.

— Ça va.

— Anne-Laure, tu t'en souviens, avant de partir en croisière il y a deux semaines de cela, tu avais pris une décision. Est-ce que tu la maintiens ?

— Oui.

— C'est sûr, tu ne veux pas reprendre le traitement ?

— Non, je ne veux pas.

— Bon. Tu arrêtes le traitement, est-ce que tu sais où cela te mène ?

Oups !!! J'ai un long frisson qui me transperce le dos, mon esprit fait un bond au plafond. La discussion prend une tournure à laquelle je ne m'attendais absolument pas. Ni Ketty, dont j'essaye de capter le regard, mais qui semble aussi perdue que je puis l'être. Anne-Laure, elle, a les yeux fixés au sol, semblant réfléchir à quoi dire. Mais que va-t-elle donc pouvoir répondre à une telle question ? Une seconde. Deux secondes. Trois secondes. Elles s'égrènent en appuyant sur ma poitrine, comme pour en extraire le peu d'air qui me reste. Je vois Anne-Laure relever la tête, adresser un petit sourire subtil et craquant au docteur Stéphane, le regarder droit dans les yeux. Elle lève sa main droite et fait osciller de droite à gauche en faisant le geste que l'on connaît tous : « Au revoir ». Ou plutôt : « Adieu »…

Je m'entends éclater d'un petit rire nerveux. Ketty s'est agrippée à sa chaise. Je regarde le docteur Stéphane, dont le visage vient de se fermer. Est-il pris de court ? Veut-il pousser le bouchon encore plus loin ? Souhaite-t-il tester l'inflexibilité d'Anne-Laure ? D'un air sévère, il lui répond : « Tu sais, Anne-Laure, dans la vie il y a des choses qui ne me font pas rire. Là, je n'ai pas envie de rire ! »

Trois tonnes d'un silence assourdissant s'écrasent dans le bureau. Intérieurement, je commence à fulminer, j'en veux au médecin. Il veut faire craquer Anne-Laure ou quoi ? Il veut que nous la ramassions à la petite cuillère ? Ça rime à quoi, cette réflexion abrupte, circonlocution d'adulte face à une jeune fille en pleine détresse ? Je m'apprête à intervenir. Je vois Anne-Laure qui me regarde, à sa droite, puis se tourne vers sa mère, à sa gauche, et revient poser son regard dans les yeux du docteur Stéphane. Elle le pointe de son index et se met à chantonner sur l'air des lampions : « Il-est-mé-chant-le-m'sieur ; il-est-mé-chant ! »

Mon rire nerveux vient s'étouffer dans ma gorge. Désarmé face à la réaction d'Anne-Laure – qui ne le serait pas ? –, le docteur Stéphane hoche la tête, se pare d'un sourire ému, et lâche : « Tu es trop forte, Anne-Laure. »

Il a tout dit !

*

Le temps n'est désormais plus notre allié. Jusqu'à présent, nous avons essayé de le domestiquer, de le ralentir, de l'étirer le plus possible pour pouvoir écrire un maximum, un infini de nouveaux chapitres du futur d'Anne-Laure. Notre quête de tous les possibles était aussi, et avant tout, une quête du temps à gagner. Nous lui avions joué un jeu de la séduction, il nous avait semblé compréhensif et plutôt complice.

Aujourd'hui, c'est une course contre lui que nous engageons. Dans cette confrontation, notre adversaire a déjà abattu plusieurs cartes maîtresses. Le temps d'absorber le séisme provoqué par la décision d'Anne-Laure. Le temps de l'insouciance de la croisière. Le temps du lâcher-prise des vacances… Le temps qui passe et qui réussit presque à nous endormir.

La discussion avec le docteur Stéphane nous a servi d'électrochoc. Ou plutôt la gestuelle d'Anne-Laure. Elle a fait voltiger mes dernières miettes de déni. J'ai définitivement compris : il n'y a plus de miracle à attendre, Anne-Laure nous l'a signifié avec une puissance symbolique inattendue, exfiltrée spontanément d'un cerveau pourtant malade. Quel absurde paradoxe !

Je repense à toutes ces photos et vidéos que Ketty a pris l'habitude d'emmagasiner, et que je désapprouve parfois. J'ai toujours eu comme un sentiment de gêne, malaise lié au devenir de cet album de souvenirs auquel nous devrons, dans quelques semaines, quelques mois, quelques années – oui, je l'espère encore –, accoler l'épithète de posthume. Cela me chamboule, me révulse, me désespère. Mais je dois me rendre à l'évidence.

D'ailleurs, ce soir, à l'occasion d'une invitation à une soirée associative culturelle chinoise, j'avise un ami photographe. « Brice, je te confie une mission personnelle ce soir. Tu vois ma fille Anne-Laure, elle est là-bas, en pantalon orange et haut noir. S'il te plaît, fais-moi un maximum de photos d'elle ! »

Me voilà désormais en mode chasseur d'images et de futurs souvenirs. D'autant qu'Anne-Laure a créé une nouvelle rengaine qu'elle nous distille subtilement, au détour de nos conversations, de nos jeux, de nos repas : « Vous ne m'oublierez pas, hein ! », nous répète-t-elle…

*

La tête entre les mains, le regard dans le vague, je n'arrive pas à aligner deux simples mots sur la feuille de renseignements. Je me trompe même dans l'orthographe du prénom de ma fille. Entre tristesse et nervosité, je finis par en rire. Je suis une anomalie dans cette salle des inscriptions au lycée. Aux autres tables, ils sont toujours un ou deux parents pour accompagner leur enfant à cette étape préalable à la rentrée scolaire. Moi, je suis seul, parent isolé, perdu. Oserais-je dire « orphelin » ?

Anne-Laure est dans un état de grande fatigue, elle a préféré rester à la maison. Je subodore aussi qu'elle n'a aucune envie de se rendre dans un établissement scolaire et se mettre à penser « cours », « leçons », « devoirs », « professeurs ». Pouvons-nous lui donner tort ? Nous devons pourtant préparer cette rentrée. D'abord, il y a Alizée qui continue son bout de chemin en primaire. Ensuite, la scolarité est toujours obligatoire dans notre pays jusqu'à seize ans, et la règle s'applique à Anne-Laure.

Faire cette inscription pour une hypothétique rentrée en seconde est un pénible devoir, un chemin de croix, surtout lorsqu'on ne se fait guère d'illusions sur la capacité d'Anne-Laure à suivre des cours et apprendre des leçons ! La seule raison qui puisse nous inciter à la faire rentrer au lycée est de lui permettre de revoir ses amies. Alors, j'insiste pour qu'elle soit dans la même classe que Aude, Sarah, Hanaé, Paola, Poudja, Caroline, David, Laetitia, Dimitri et les autres jeunes de la section orientale de son désormais ex-collège. Je fais un bref bulletin de santé d'Anne-Laure à l'attention de l'équipe des conseillers d'éducation. Ils se montrent attentifs, et prennent rapidement conscience de la sensibilité de la situation.

Ils m'orientent vers le proviseur de l'établissement. Il se trouve que nous nous connaissons. Jean-Marc est même venu au vernissage de l'exposition « +2 Bonheur » et a laissé un très beau commentaire dans le livre d'or d'Anne-Laure : « De superbes lumières, des ambiances étonnamment matures et modernes pour un jeune talent de cet âge ! Il faut continuer, la puissance du regard et la force intérieure sont admirables. »

Il sait l'épreuve que nous vivons, mais n'a toutefois qu'une connaissance superficielle et parcellaire de l'état de santé d'Anne-Laure. Je me dois de lui refaire cet historique, toujours douloureux, de la tumeur cérébrale dont souffre notre fille. Les derniers événements sont très difficiles à raconter. Personnage habituellement volubile, le proviseur écoute attentivement, sans mot dire, comprend aussitôt les difficultés à venir, et fait preuve d'un esprit de synthèse incisif l'amenant à prendre des décisions immédiates.

D'abord, nous mettons au point un circuit pour Anne-Laure dans le lycée. Lorsque je la déposerai, je devrai l'accompagner jusqu'au bureau de la vie scolaire. Là, un conseiller d'éducation la prendra en charge et l'amènera à sa salle de cours, au besoin en la faisant emprunter les ascenseurs de service. Toutes les heures, un accompagnateur ira l'aider pour l'éventuel changement de salle. Et je la récupérerai en fin de cycle au même bureau de la vie scolaire.

Ensuite, Jean-Marc décide de la dispenser des premiers jours de cours, voués à des prises d'informations, des mises à niveaux, des vérifications de connaissances. Lorsqu'il me lance : « De toute façon, elle choisira les matières qu'elle veut suivre, et elle vient quand elle veut ! », je me dis qu'il a parfaitement compris que la scolarité d'Anne-Laure n'est absolument pas notre priorité.

Enfin, nous convenons qu'il faudra une réunion avec le médecin scolaire, l'infirmier et le professeur principal de la classe. Le proviseur en fixera la date après la rentrée, une fois le rush et la pression retombés pour l'équipe de direction éducative.

Je ressors de l'enceinte du lycée rassuré par les paroles du proviseur et de l'ensemble des CPE. Je sais qu'Anne-Laure sera bien suivie dans cet établissement, et qu'elle y bénéficiera de toute l'attention nécessaire. Mais en aura-t-elle besoin ? Parfois, je me dis qu'Anne-Laure ne verra jamais les couloirs du lycée. Son état physique, mais aussi toutes ses pensées la font se détourner d'un chemin scolaire normal. Elle nous l'a déjà dit, l'école ne l'intéresse plus. Je n'ai aucun argumentaire à opposer à cette prise de position !

Je suis là, à tenter de remettre en place les éléments du puzzle, me souvenir de tout ce qui vient d'être dit pour en faire mon compte rendu à Ketty, lorsque mon téléphone vibre. Je reconnais un numéro australien, c'est celui de Jérémy.

*

— Papa, je veux rentrer à La Réunion.

— Comment ça ? Qu'est-ce qui se passe ?

— Je n'arrive plus à travailler. Je n'arrive même plus à suivre les cours. Je pense trop à Anne-Laure, je m'inquiète pour elle.

— Je sais que c'est difficile, mais il te reste moins d'un semestre pour finir ta licence. Fais ce qu'il faut pour la terminer, on te fait rentrer dès ton dernier examen passé.

— Tu ne comprends pas. Chaque fois que le téléphone sonne, je sursaute, j'ai peur qu'on m'annonce une mauvaise nouvelle. Mes copains ont remarqué, je ne sors plus, je ne fais plus rien. J'ai envie d'être à côté de ma sœur, tant qu'elle est là.

— Tu ne peux pas abandonner en cours d'année, comme ça.

— Si, je me suis déjà renseigné auprès de mon *student manager*. Je lui ai expliqué la situation, et il me dit que, pour un cas exceptionnel, on peut donner l'autorisation de suspendre une année en cours, et la reprendre l'année suivante.

Que répondre à Jérémy ? Je comprends son désarroi, nous vivons chaque jour les mêmes interrogations, les mêmes troubles, les mêmes émotions. Et la même envie d'être toujours aux côtés d'Anne-Laure, de vivre des moments et des activités avec elle. D'ailleurs, depuis notre retour de croisière, nous l'emmenons en balade dès que nous pouvons. Cela peut durer quelques minutes, en promenade non loin de la maison, sur les hauteurs de Saint-Denis ; ou deux ou trois heures, sur les superbes sites naturels de la région Nord ; ou une demi-journée, en pique-nique ou un peu plus loin dans les autres régions de l'île. Anne-Laure apprécie ces sorties, nous faisons le plein de photos, sur lesquelles elle arrive encore à sourire !

Au fond de nous, Ketty et moi savons que Jérémy a parfaitement raison. Dans ces moments difficiles, sa place de grand frère est ici, à côté de sa sœur, et nulle part ailleurs. Nous n'osions pas le lui dire. Qu'il ait pris, seul, l'initiative de cette décision nous touche énormément et nous rend fiers, en tant que parents. Le temps de demander au docteur Stéphane un certificat médical pour justifier la demande de suspension de son année d'études, de le lui envoyer, de finaliser son dossier, de remettre les clés de son appartement, Jérémy sera de retour dans une petite dizaine de jours. Sa présence à nos côtés sera une aide précieuse, tant morale que matérielle. Nous ne savons pas de quoi nos prochaines semaines seront faites, nous anticipons sur les potentielles difficultés qui nous attendent. Il faudra gérer l'état de santé d'Anne-Laure, en même temps que la scolarité d'Alizée et ses multiples activités. De mon côté, la pression monte à l'approche des deux grands événements du mois de novembre que je prépare. Nous allons avoir besoin de toutes nos ressources !

Pour son premier jour possible au lycée, Anne-Laure choisit d'aller en cours de mathématiques. Nous n'en sommes guère surpris. Le protocole déterminé précédemment avec le proviseur est respecté à la lettre, il fonctionne. Anne-Laure est heureuse de retrouver ses amies, et elle a même croisé des filles qu'elle avait autrefois connues au primaire et qui sont désormais dans le même lycée. Il y a surtout Mathilde, pendant longtemps sa meilleure copine, avant que leurs routes scolaires ne se séparent. Dès qu'elle a appris qu'Anne-Laure était dans le même lycée, elle s'est précipitée devant sa salle de classe. Mais en vain, elle ignore que l'emploi du temps d'Anne-Laure est particulier, et qu'elle ne participe pas à tous les cours. Aude nous en informe, elle se fait l'intermédiaire entre les deux amies afin qu'elles puissent se donner rendez-vous devant la classe de mathématiques, la seule que fréquente Anne-Laure. Mais, au jour prévu, Anne-Laure renonce à aller au lycée, elle est trop fatiguée.

*

La réunion évoquée avec le proviseur, lors de la journée d'inscription d'Anne-Laure au lycée, a été programmée. Les gens qui nous entourent dans cette grande salle nous sont pour la plupart inconnus. Nous mettons enfin un visage sur le nom du professeur de mathématiques, le seul enseignant à connaître Anne-Laure. Il participe à cette réunion en tant que professeur principal de la classe, aux côtés du proviseur, de la CPE, du médecin du rectorat et de l'infirmier du lycée. Ketty et moi ne sommes pas vraiment à l'aise. Nous savons qu'il va falloir à nouveau raconter le parcours difficile de notre fille, avec ses moments chaotiques qui nous empêchent de respirer et bloquent les mots au profit des soupirs et des larmes.

Comme s'il avait anticipé nos tracasseries, le proviseur devance notre intervention et fait lui-même un bref résumé de la situation d'Anne-Laure. Sa vision extérieure des faits est juste et sobre, peut-être même technique mais elle a l'avantage de nous dispenser de nos émotions trop poignantes. Nous n'avons que quelques compléments d'information à apporter. De toute façon, je ne sais pas ce sur quoi doit aboutir cette réunion.

L'essentiel a déjà été décidé, et la CPE confirme que l'accompagnement d'Anne-Laure, tel qu'il a été mis au point, se passe bien jusqu'à présent. « On la sent quand même un peu perdue », ajoute-t-elle. Nous aussi sommes un peu perdus, me dis-je intérieurement. Ah, si, au moins, nous pouvions savoir ce qui se passe dans sa tête actuellement ! Plus d'IRM, plus de traitement, les tumeurs sont libres et hors de contrôle, on leur a donné une fichue autorisation de… tuer ! Et elles ne se privent pas de foutre un immense bazar dans nos vies. Mais aussi celles des autres.

Perdu dans ces sombres pensées, j'entends ainsi le professeur principal pointer brutalement un contrecoup auquel nous n'avions jamais pensé.

— Les élèves se posent beaucoup de questions, et je ne sais pas toujours quoi leur dire. Je les sens perturbés.

— J'en ai vu certains pleurer, notamment lorsque Anne-Laure quitte les cours, surenchérit la CPE.

— Il y a une grande solidarité, du fait que cette classe se suit depuis la sixième, et l'émotion est vive.

— Je confirme, reprend le proviseur. Certains d'entre eux sont venus me voir, en pleurs, me demandant s'il est vrai qu'Anne-Laure a arrêté son traitement et, si oui, ce qui va se passer. Messieurs, nous devons mettre en place, en urgence, une cellule de soutien psychologique.

Nous sommes les témoins impuissants de ces échanges, nous ne savons quoi dire. Cela me met en rogne… Je ressens beaucoup de peine et de tristesse pour les amis d'Anne-Laure, et toujours beaucoup de colère contre ce glioblastome destructeur. Nous ressortons chancelants de la réunion, encore abasourdis par la tournure des événements qui touchent de plein fouet la classe d'Anne-Laure. Mais que pouvons-nous y faire ? L'encadrement du lycée a, nous semble-t-il, pris la bonne mesure de la crise. Ketty et moi sommes d'accord pour ne rien dire à Anne-Laure de la tourmente qui agite ses amis. Cela lui ferait aussi beaucoup de peine, elle pourrait se sentir responsable. Et nous prenons une décision radicale : elle n'ira plus au lycée. Cela évitera les questions, les incompréhensions, les pleurs, les crises. Nous préviendrons les meilleures amies d'Anne-Laure qu'elles pourront toujours venir la voir à la maison.

En tout et pour tout, Anne-Laure aura fait trois heures de mathématiques pour sa classe de seconde.

*

Les bouleversements s'enchaînent, sans concessions et sans répit. Ils font subrepticement sortir de notre mémoire des points et des chapitres essentiels, sinon prioritaires. Ainsi, nous n'avons pas pris de nouvelles de Cristelle depuis notre retour à La Réunion. En tout cas, depuis notre rencontre manquée en terre métropolitaine. Nous ne savons même pas si le colis soigneusement préparé par Anne-Laure est bien arrivé à destination. L'absence de messages de la part de sa mère commence quand même à nous inquiéter. Cristelle n'aurait-elle pas aimé ce que nous lui avons envoyé ? Ses parents sont-ils embarrassés et peut-être ne souhaitent-ils plus que nos filles correspondent ?

Toutes les réponses tombent abruptement, comme un éboulis sur la route du littoral, lorsque j'ouvre ma messagerie. Sur le fil de discussion GFME, je vois juste le titre d'un message : « Cristelle a rejoint les anges. » Je comprends tout, je n'arrive plus à décrypter ni lire autre chose, un tsunami balaye mes yeux.

J'appelle discrètement Ketty pour lui montrer le message. Je ne veux pas qu'Anne-Laure le voie et le lise. Nous ne voulons pas y croire, cela fait moins d'une année que l'on a découvert le glioblastome assassin de Cristelle ! Quelque chose se fracasse en nous. Le parallélisme des parcours de nos filles vient nous prendre la tête, nous donner la migraine, nous faire passer des échardes dans le corps entier. Je veux chasser ces pensées, mais n'y arrive guère. Pire, je me mets à penser au message que je devrai écrire lorsque… Non, non, je dois me reprendre, reprendre mes esprits, ne pas me laisser submerger ! D'abord, Anne-Laure ne doit pas être informée du décès de Cristelle. Ensuite, écrire un mot de soutien et de condoléances aux parents de Cristelle. Et puis enfouir notre tristesse pour ne rien montrer à notre fille. Elle continue à sourire, à chantonner, à dessiner, à regarder ses séries, elle transforme chaque jour sa « fin de vie » en « faim de vie », suivons donc son exemple !

Mais le destin s'acharne et s'entête à souffler ses vents contraires. Quelques jours plus tard, à peine réveillé, je découvre sur mon téléphone un message de Pascal, laissé tard dans la nuit : « Martine nous a quittés. » Le noir passe au noir foncé, puissance deux ! Pareil, ne rien dire à Anne-Laure, cacher nos désespoirs, mettre nos projections forcément sombres sous le tapis. Les chemins de traverse de nos proches ont fini par se croiser dans le gouffre du dormeur éternel. L'épée de Damoclès au-dessus de nos têtes semble nous indiquer sa direction.

*

Six semaines depuis le stop décrété par Anne-Laure. C'est une vie hachée menu que nous menons désormais.

Nous avons réglé le rythme de notre quotidien au diapason des coups de cœur et des coups de mou, des envies et des fatigues, des joies et des difficultés d'Anne-Laure. La présence de Jérémy, revenu depuis peu, nous aide à jongler avec toutes nos contraintes, scolaires pour Alizée, professionnelles pour moi, familiales pour tous. La vie a ses impératifs qui ignorent la raison et le cœur.

Nous continuons à fréquenter les couloirs de l'hôpital, où Anne-Laure revoit régulièrement la psychologue et doit faire ses injections de cortisone, réducteur des douleurs possibles, liées aux tensions provoquées par la tumeur. Elle continue à peindre chez Isabelle, ou à la maison. Il y a toujours beaucoup de couleurs dans ses tableaux qui explosent parfois littéralement, mais prennent des contours de plus en plus abstraits. Sa dernière œuvre nous fait d'ailleurs penser à des entrelacs de synapses, comme si elle mettait en scène son cerveau, cette part d'elle-même entrée en rébellion depuis ce fichu mois de mars, il y a maintenant plus de trois années.

Cette image nous ramène à une autre réalité contrariante, l'absence de clichés de la résonance magnétique. Nous ne pouvons plus suivre l'évolution de la tumeur, mais nous nous doutons bien qu'elle progresse. La féroce maladie s'ingénie malicieusement à nous envoyer des messages, marquant et triturant le petit corps de notre fille. Anne-Laure a des coups de fatigue de plus en plus lourds nécessitant des temps de repos de plus en plus longs. Elle a encore maigri, ne pèse plus que 29 kilos, à un âge où la moyenne est aux alentours de 40. Sa démarche est parfois hésitante.

Certaines habitudes de la vie quotidienne deviennent des anomalies, et Anne-Laure se qualifie elle-même, avec une surprenante lucidité, de « bizarre ». Elle en a même fait une drôle de ritournelle, comme un refrain : « Je suis bizarre, hein ! »

Il lui arrive de rester près de trente minutes sous la douche, puis en sort, se sèche, suspend sa serviette, et rentre à nouveau sous la douche. Nous la rappelons alors :

— Tu as déjà pris ta douche !

— Ah bon, tu en es sûr ?

— Regarde ta serviette, elle est mouillée.

— Ah oui, c'est vrai. Je suis bizarre, hein !

Parfois, elle rentre sous la douche, mais on n'entend pas d'eau couler.

— Anne-Laure, ouvre le robinet.

Vingt minutes plus tard :

— Anne-Laure, ferme le robinet !

— Oui, je le fais tout de suite. Je suis bizarre, hein !

Parfois, aux toilettes, elle dévide un rouleau entier de papier. On lui en fait la remarque, elle réplique : « Je suis bizarre, hein ! »

Mais toujours avec un grand et désarmant sourire qui nous incite à la prendre dans nos bras, sans toutefois serrer trop fort. Nous avons peur de la briser, si fragile, si séduisante, mais si déroutante !

Le docteur Stéphane a une explication pour toutes ces incongruités : « Anne-Laure a de plus en plus de difficultés avec sa mémoire immédiate », nous dit-il. Mais de son passé d'avant la récidive, elle garde tous les souvenirs et les moments. Au piano, elle arrive à rejouer le morceau qui lui avait permis de remporter le concours Pian'Austral, et nous en sommes toujours très fiers. Et elle reste imbattable sur son jeu Squar O où, même en mode « expert », elle affiche des temps de résolution incroyables.

Ma mémoire aussi est défaillante. En tout cas, la mémoire que je retraçais jusqu'ici fidèlement.

L'Âme-Stram-Gram est vierge de mes nouveaux mots. Je sais maintenant qu'elle ne lira jamais mes écrits.

*

C'est l'anniversaire de ma mère, la grand-mère d'Anne-Laure, à qui nous cachons toujours l'état de récidive de sa petite fille. Nous continuons à lui mentir effrontément, mais pour la bonne cause, en lui disant que si Anne-Laure est parfois si fatiguée, c'est en raison d'un traitement lourd pour une jeune fille de son âge.

Pour respecter la tradition familiale, nous nous retrouvons tous à Saint-Pierre, autour d'une mamie que tous surnomment « Super-Mamie » tant elle déborde d'énergie, véritable pilier de la famille et leader des clubs et associations qu'elle gère. Dans ce cocon familial, Anne-Laure est à l'aise, elle parle avec tout le monde, joue avec les plus petites, s'amuse, rigole, ne montre absolument rien de son état de santé que personne, sauf maman, n'ignore.

Avec son cousin Gaël, ce sont toujours de grandes embrassades et de gros câlins. Ces deux-là s'adorent. Je les repère, complices et rieurs, assis sur le sofa du salon, non loin de Karima, l'épouse de Gaël, et de Kaïs, leur fils. Je ne suis pas loin non plus, et mon oreille est irrésistiblement attirée par leur conversation.

— Dis, Gaël, quand est-ce que tu donneras un petit frère ou une petite sœur à Kaïs ?

— C'est marrant que tu me demandes ça. Pourquoi cette question ?

— Je me dis que ce serait chouette pour Kaïs.

— Anne-Laure, tu m'as devancé. Je vais l'annoncer tout à l'heure à toute la famille, pour l'instant tu le gardes pour toi. Il y a un bébé dans le ventre de Karima.

— Oh, c'est trop chouette. Je suis content pour vous. Quand est-ce que bébé arrivera ?

— En mars ou en avril.

— C'est dommage, je crois que je ne serai plus là pour le voir.

Je sens le trouble de Gaël. Moi-même, mon cœur vient de faire un bond. Voilà qui confirme ce que Patricia, la psychologue, nous affirme, depuis quelque temps déjà : Anne-Laure a accepté son destin, elle en parle très librement. Et, si nous avons encore le tabou de la mort chevillé à nos esprits, notre fille l'a intégré et cela lui semble naturel de parler ainsi à ses proches.

Il n'empêche. J'ai beaucoup de mal avec cette idée d'un départ définitif de notre fille. Tout autour de nous, je perçois la volonté de tous de nous préparer. On nous parle de mutuelle, d'assurance, de pompes funèbres. Même Pascal s'y met. Il vient me chercher pour m'emmener au cimetière où repose désormais Martine. « Viens avec moi, je dois aller régler une facture pour la concession au columbarium. Il faut bien que tu te décides à aller voir où sera Anne-Laure lorsqu'elle partira. N'attends pas le dernier moment, tu ne seras plus en état de faire quoi que ce soit… »

Je me laisse entraîner par mon ami d'enfance, mon compatriote des moments d'infortune, mon alter ego d'un destin de malheur. Au secrétariat du centre funéraire, Pascal finalise son dossier et me présente à ses interlocuteurs. Il me pousse du coude pour que je me décide enfin à sortir de mon silence et ma discrétion.

— J'aurais besoin d'un emplacement, qu'est-ce qu'il faut faire ?

— Avez-vous le certificat de décès ?

— Heu non, la personne n'est pas encore décédée !

— Pour la demande, il faudra attendre le décès.
— On ne peut pas faire une demande avant ?
— Essayez de voir directement à la mairie.

Je ressors du bureau en dodelinant de la tête. Ce dialogue que nous venons de vivre, c'est complètement fou quand on y pense ! Et, pourtant, Pascal a raison, il faut bien se résoudre à anticiper sur toutes ces démarches.

*

La grande roue des anniversaires poursuit sa ronde implacable et, ce soir, elle indique mon tour et mon étape 49. Déjà, l'année dernière, à la même période, je me réjouissais d'avoir Anne-Laure à mes côtés, mais avec une question infernale me tambourinant le crâne : « Jusqu'à quand pourrai-je fêter mon anniversaire avec ma fille ? » Le point d'interrogation récidive, revient jouer les trouble-fête, je veux le gommer, mais il est insidieux, lancinant, et accapare mon esprit. Toute la famille, regroupée autour de moi, doit penser la même chose. Je le sens. Je le devine. Je veux d'abord vivre et goûter l'instant présent, profiter de la présence d'Anne-Laure, et je suis heureux. Il n'empêche, cet anniversaire baigne dans une drôle d'atmosphère, chacun s'efforçant d'être ni trop joyeux, ni trop mélancolique, ni trop triste, essayant de jongler avec des émotions si contradictoires pour composer un puzzle aux couleurs chamarrées, ne virant pas dans des tons trop sombres.

Anne-Laure semble bien loin de ces états d'âme. Elle affiche même une désaffection vis-à-vis des choses matérielles, confinant à l'ataraxie, qui nous perturbe. Elle qui avait une réelle fringale de livres, revues et autres bouquins, elle qui s'extasiait devant les gadgets inédits et amusants, ne leur montre désormais plus aucun intérêt. Veut-on lui acheter le dernier tome de sa série adorée *La Rose écarlate* ou le nouvel épisode de son manga *Détective Conan*, qu'elle décline notre proposition. Je l'ai même entendue susurrer : « Ce n'est plus la peine de dépenser pour moi… » Nous voulons nous persuader qu'Anne-Laure a raison, mais cette réflexion nous déchire le cœur.

Pour satisfaire ses envies de lecture, elle va composer son panier de culture et d'évasion dans le réseau de médiathèques qu'elle fréquente avec sa mère. Parmi les magazines pour « ados » qu'elle a fait inscrire sur sa carte d'emprunt, Anne-Laure est en train d'en découvrir un dont elle tourne machinalement les pages. Elle le feuillette avec le détachement et la nonchalance qu'on lui connaît depuis quelque temps. On a même parfois l'impression qu'elle ne lit pas, et se contente d'une diagonale du regard.

Là, soudainement, elle s'arrête sur une page et s'exclame : « Je veux ça ! » Ketty réagit promptement à ces mots et va aussitôt voir ce que « ça » désigne. Anne-Laure a devant elle un extrait d'une bande dessinée, *Le Rêve du papillon.* Elle semble fascinée par les personnages, une petite fille et des animaux dotés de parole, lapins, pandas, hamsters, chats et même des grenouilles. Est-ce parce que l'héroïne a des traits asiatiques comme elle ? Est-ce parce que cet univers animalier lui rappelle les mangas qu'elle dévorait auparavant ? Est-ce parce qu'elle a toujours aimé les papillons, dont elle a peint de beaux modèles sur les murs de sa chambre ? Peu importe. Nous sommes tellement contents qu'Anne-Laure nous demande enfin quelque chose pour elle ! Je me rends aussitôt chez notre spécialiste local de bandes dessinées et lui achète son album.

Mais que s'est-il donc passé ? L'interrogation ne me lâche pas, cramponnée à mes neurones, d'autant que ce titre, *Le Rêve du papillon*, fait tintinnabuler quelques clochettes dans ma tête. Il ne m'est pas inconnu. Quelques recherches plus tard dans ma bibliothèque m'apportent la réponse. Tchouang-tseu est un philosophe chinois qui a, parmi ses *Aphorismes et paraboles,* écrit ce petit texte connu sous le titre de « Rêve du papillon ».

Une fois, moi, Tchouang-tseu, je rêvai
Que j'étais un papillon voletant de-ci, de-là,
Butinant, satisfait de mon sort et ignorant
Mon état humain.
Brusquement je m'éveillai et me retrouvai,
Surpris d'être moi-même.
À présent je ne sais plus si je fus un homme
Rêvant d'être un papillon
Ou si je suis un papillon rêvant d'être un homme.
Entre le papillon et moi existe une différence :
C'est ce qu'on appelle la mutation constante.

Je lis et relis ce texte. Son contenu métaphorique ébranle mes esprits. Je ne crois pas qu'Anne-Laure connaisse le texte de Tchouang-tseu, et pourtant il y a comme l'évidence d'un message que l'on nous envoie. Y aurait-il vraiment Quelqu'un qui tirerait les ficelles quelque part ? Cette conception de la mutation, de la transformation, est en trame de notre existence actuelle. Moi qui réfute les coïncidences et les hasards du destin, je suis particulièrement troublé !

Un épisode récent me revient en mémoire… Il y a quelque temps de cela, nous étions en voiture, Anne-Laure et moi. Un petit moineau nous est passé devant. Elle m'a alors demandé : « Tu crois que je me réincarnerai en oiseau ? » Intérieurement, je m'étais promis de regarder, « après », tous les oiseaux que je croiserai avec une attention nouvelle. En tout cas, il ne faudrait plus compter sur moi pour les pourchasser et les faire s'envoler. Mais essayer de les apprivoiser et comprendre leur langage… Et si, au lieu d'un oiseau, c'était un papillon ? « Pourquoi je suis pas un papillon ? », l'avait-on parfois entendue dire, le regard semblant s'égarer dans des espaces de songes et de rêves. Comme si elle voulait s'élever, s'envoler. Se libérer.

*

Un nouveau système a été mis en place depuis quelques jours, pour le suivi d'Anne-Laure et ses injections de cortisone. Désormais, c'est un infirmier libéral qui se déplace à la maison. Il nous est devenu de plus en plus difficile d'emmener Anne-Laure à l'hôpital. Elle connaît un passage compliqué : de grands moments de somnolence, le regard triste et perdu, elle ne s'exprime plus que par des hochements de tête et des petits gestes.

Les symptômes évidents de l'évolution de la tumeur se multiplient. Je me souviens de cet incident, il y a peu, chez un traiteur. Accompagné des filles, j'étais allé commander à dîner. J'attends devant le comptoir, Alizée et Anne-Laure sont sur le côté à environ deux mètres de moi. Elles discutent, ou alors s'amusent, et, soudain, je vois Anne-Laure perdre l'équilibre et partir en vrille, comme si on l'avait poussée. J'essaye de la rattraper, mais elle va heurter la personne juste derrière moi. Il n'y avait qu'Alizée à proximité, je lui jette un regard furieux, elle hausse les épaules et me fait comprendre qu'elle n'y est pour rien. Anne-Laure me prend la main, et me dit :

« Ça va, Papa, je suis tombée toute seule… » Je l'avoue : cette perte brutale de l'équilibre, sans aucune cause, était assez effrayante. Et terriblement déstabilisante !

Pour le moment, elle a resserré son univers à l'aire de sa chambre. Elle y passe beaucoup de temps, le plus souvent dans son lit, cernée de ses peluches préférées. Nous n'osons même plus la faire sortir, elle a l'air si fragile. Ketty l'accompagne désormais pour sa douche qu'elle l'aide à prendre, après l'avoir fait asseoir dans la baignoire, sur un petit banc que nous avons spécialement acheté. Nous redoublons de toutes les attentions possibles et imaginables !

Lorsqu'elle dort, nous ne sommes jamais très loin, à l'affût du moindre signe. La maison baigne dans une atmosphère ouatée, presque religieuse. Un matin, elle se réveille, je vois ses lèvres bouger. Je m'approche, je l'entends chantonner : « Un beau jour, ou peut-être une nuit… »

Elle s'arrête, me regarde, en attente de quelque chose.

Alors, je lui chantonne à mon tour : « Près d'un lac, je m'étais endormie… »

Elle reprend : « Quand, soudain, semblant crever le ciel… »

Moi : « Et venant de nulle part… »

Elle : « Surgit un aigle noir… »

Et nous avons fait comme ça toute une partie de la célèbre chanson de Barbara.

Ketty a tout entendu, elle arrive dare-dare, un sourire en demi-lune aux lèvres. Enfin, nous pouvons à nouveau apprécier le timbre suave de la voix d'Anne-Laure ! Une idée me traverse l'esprit. Je cours chercher un mini-système sonore sur lequel je branche mon iPod. Il contient, entre autres, la liste de lecture qu'Anne-Laure a confectionnée sur iTunes, avec ses morceaux préférés. Je recherche « L'Aigle noir », j'appuie sur la touche de lecture. « Je te réveillerai tous les matins avec cette chanson », lui dis-je alors que la voix de Barbara remplit l'espace.

Nous la voyons sourire. Elle me dit « merci », d'une voix de plus en plus claire et affirmée en prenant dans ses bras et câlinant son « Mimi », une des peluches qu'elle affectionne le plus. Et Anne-Laure sort de son lit ! Nous nous précipitons pour la retenir, de crainte qu'elle ne tombe. Mais non, elle nous montre et nous démontre fièrement un pas assuré qui n'a aucunement besoin d'appui ni d'aide.

Cet épisode nous sert de carburant pour un optimisme retrouvé. J'y pense et repense, me convaincs que rien n'est perdu. À voir Anne-Laure reprendre peu à peu le dessus, revenir s'asseoir avec nous, se replonger dans ses jeux et ses livres, se perdre à nouveau dans ses séries télévisées, mais toujours manger aussi peu, je me dis que nous avons assisté à un vrai petit miracle. Miracle… Miracle… Vous avez dit « miracle » ? Une association d'idées jaillit, des rouages se mettent en place dans ma petite tête. Je vais voir Ketty pour lui faire part de ma réflexion : « Nous avions dit que nous devions tout tenter pour Anne-Laure, nous avons essayé effectivement beaucoup de thérapies, nous sommes allés voir d'autres hôpitaux, d'autres cliniques. Nous avons fait tout ce que nous pouvions. Mais il y a un truc auquel nous n'avons pas pensé. C'est Lourdes ! »

Dans un autre contexte, un autre temps, Ketty aurait rigolé, c'est sûr. Et moi aussi. Mais là, ensemble, nous sommes en train de nous dire : « Bon sang, mais c'est bien sûr ! »

*

Nous n'irons pas à Lourdes.

Nous étions pourtant prêts. Nous avions même réussi à bénéficier d'un contact privilégié. Une ancienne collègue journaliste m'avait autrefois parlé de Lourdes où son père est installé depuis de longues années et connaît tout le monde. Je l'informe de notre intention et lui demande conseil, mais également l'appui de son père. En un après-midi et trois coups de fil, elle nous obtient une priorité absolue, sinon la liste d'attente se chiffre en semaines, voire en mois. Son père lui fait même préciser que la mère supérieure en personne nous attend.

Nous avions prévu de mettre mes sœurs dans le coup. Partant de la réflexion que nous ne sommes pas suffisamment croyants pour accompagner seuls Anne-Laure là-bas. J'ai alors proposé que mes sœurs, ferventes chrétiennes, l'une ou l'autre, ou les deux ensemble, soient du voyage. Elles connaissent les prières, les gestes, les rites à dire et à faire. Elles seront bien plus efficaces que nous, dans notre intercession auprès de ces divinités entre les mains desquelles je place, en ultime recours et malgré mes convictions contraires, la destinée de notre fille.

Las, nous nous heurtons au corps médical qui nous déconseille très fortement de faire monter Anne-Laure dans un avion pour un voyage de plus de neuf mille kilomètres. Surtout après l'épisode difficile de ces dernières semaines. Le docteur Stéphane et ses confrères, et même certains de nos amis médecins, sont formels: la probabilité pour qu'Anne-Laure ne revienne pas d'un tel périple est importante. C'est même pour eux une quasi-certitude. Nous écoutons leurs arguments, sans les interrompre. Nous voilà pris entre le marteau et l'enclume: pour avoir accès au possible miracle, nous devons mettre en péril le souffle qui reste à notre fille. Pour essayer de gagner quelques mois, quelques années, peut-être même une vie, nous risquons de perdre les jours, les mois qu'il nous reste à vivre avec Anne-Laure. Alors quoi faire ?

L'hésitation est une longue et interminable valse qui nous donne le tournis. Il faut bien trancher, et Ketty et moi nous nous remémorons un des principes adoptés depuis le début de la mésaventure d'Anne-Laure : ne jamais avoir de regrets, quelle que soit la décision prise, quelles qu'en soient les conséquences. Nous choisissons de rejoindre l'avis des médecins. Sans regrets. Nous assumons. Nous assumerons.

L'idée du miracle reste quand même ancrée dans nos têtes. Nous ne pouvons emmener Anne-Laure à Lourdes, alors nous trouverons localement des substituts. Si j'ai bien compris, Dieu est universel, il est partout et on peut lui causer partout. Alors, nous inscrivons dans la liste de nos balades quelques églises, et nous commençons par le site de la Vierge noire, pas trop loin de chez nous. Cela fait une éternité que je n'ai pas allumé une bougie devant une statue, marmonné quelques mots ressemblant à une prière, plongé mes mains dans une eau bénite. Je remonte le fil très lointain de mes souvenirs de catéchisme pour inculquer à Anne-Laure les quelques résidus de ma mémoire du culte chrétien. Je me demande si elle comprend ce que je lui fais faire. Je me demande si ça sert à quelque chose.

*

Anne-Laure a retrouvé son sens de la repartie, et elle distille toujours ses messages subliminaux. À sa petite sœur qui dit préférer aller à tel endroit plutôt qu'un autre, elle réplique : « Tu auras tout le temps de choisir, tu vivras plus longtemps que moi ! » Paradoxalement, elle nous parle de son avenir comme si tout était le plus normal en ce bas monde. « Tu crois que lorsque je passerai le permis, mon cousin Germain sera toujours là ? », nous demande-t-elle. Le cousin Germain est le moniteur d'auto-école qui a naturellement fait l'apprentissage de tous les enfants de la famille en âge de passer le permis. « Il faudra penser à m'emmener faire un contrôle des dents », nous lâche-t-elle un autre jour en nous rappelant qu'un examen dentaire régulier est essentiel pour une bonne hygiène de vie ! Nous sommes à chaque parole médusés et bouleversés, mais nous taisons nos palpitations internes.

Anne-Laure va même jusqu'à évoquer avec nous les enfants qu'elle aimerait avoir ! C'est le moment d'un grand frisson pour Ketty et moi… Elle nous confirme ce que la psy nous avait dit sous le sceau du secret : elle nous ferait bien grands-parents deux fois. Une petite-fille. Un petit-fils. Et, nous dit-elle le plus sérieusement du monde : « Si les deux premiers sont de bons enfants, je pourrais en faire un troisième, mais pas plus, hein ! » Je sais qu'elle en avait déjà parlé avec sa mère, c'est le genre de conversation qui reste d'abord entre femmes. À Patricia, elle s'est même un peu plus confiée, lui annonçant les prénoms qu'elle a choisis pour ses enfants. Bien plus tard, la psy nous dira que les filles auraient pu avoir pour prénoms Valérie ou Dominique, et les garçons auraient pu se prénommer Max ou Antoine. Tiens, comme ses deux tontons, les époux de mes sœurs !

L'ultime bouleversement, Anne-Laure nous le procure devant la tombe de son grand-père. C'est le mois de novembre, le moment de l'hommage aux disparus. Devant la dernière demeure du père de Ketty, chacun y va de sa prière, sa petite bafouille, son bla-bla. Lorsque vient son tour, nous entendons Anne-Laure marmonner quelques mots indéchiffrables. Puis, à voix haute et intelligible, elle dit : « Grand-père, je t'aime beaucoup, tu me manques, j'espère te retrouver bientôt ! » C'est le paroxysme du message indirect. Je capte cette vibration comme une adresse à notre endroit. Elle vient de nous dire : j'ai bien compris, je vais partir rejoindre grand-père, ne vous en faites pas, vous avez entendu comment je l'ai énoncé calmement et sans ambages. Plus personne n'a pris la parole après Anne-Laure.

*

POURQUOI.

Elle a écrit ce mot en lettres majuscules et colorées sur un post-it de couleur mauve. Les lettres sont parfaitement équilibrées, joliment dessinées, surlignées de différentes nuances. Les quatre premières lettres en haut, les quatre autres lettres en bas, elles se touchent, occupent tout l'espace. Cette géométrie insuffle une force extraordinaire à ce simple petit bout de papier. Il n'y a pas de point d'interrogation, mais la question jaillit implicitement du post-it. Anne-Laure l'a scotché au mur de sa chambre, à côté de son « Prix de Vie scolaire », saluant son courage et « en reconnaissance de la leçon de vie donnée », qui lui avait été décerné au sortir du collège. Et, de l'autre côté du post-it, un bristol avec une phrase qu'elle a lettrée en forme de mosaïque, au-dessus d'un cœur tout rouge et tout souriant, qui dit, qui nous redit : « L'espoir fait vivre. »

Mais pourquoi « POURQUOI » ? Elle ne doute pas, elle ne doute plus, elle nous l'a déjà démontré, mais alors quoi ? Non, elle ne cherche pas d'explications, je ne le crois pas. Je me mets à penser qu'il y a plutôt une forme de révolte qui se dessine derrière cette inscription et, finalement, c'est peut-être un point d'exclamation rageur qu'il faut deviner en lieu et place d'un point d'interrogation incrédule. « Pourquoi »... Anne-Laure écrit cette invective sur d'autres feuilles, elle le décline sur sa tablette, elle l'inscrit dans la barre de recherches de Google, elle le met en scène sur ses « apps » de dessin.

« Pourquoi », comme une antienne de sa sourde colère. Un « pourquoi » qui explose en pleine tronche, qui interpelle et provoque une réaction forte de la part de Jérémy, alors qu'il aperçoit sa sœur en train d'en tapoter les lettres à plusieurs reprises sur l'écran de son iPad. Je suis en pleine réunion de travail lorsqu'il m'appelle.

— Est-ce que je peux prendre la voiture ? Il faut que je sorte, là, il faut que j'emmène Anne-Laure faire une balade. Elle n'arrête pas d'écrire « pourquoi » sur la tablette, cela me fait mal. Je n'en peux plus. Je veux l'emmener ailleurs pour qu'elle arrête ça.

Il a une voix chevrotante, je le sens au bord des larmes. Oui, bien sûr, qu'il prenne la voiture et aille se changer les idées en même temps qu'Anne-Laure !

Les initiatives de Jérémy pour faire sortir sa sœur sont bienvenues à ce moment de l'année. J'aborde la dernière ligne droite de l'organisation des événements que l'on m'a confiés en ce mois de novembre, et mes journées de travail sont denses. Je suis heureusement bien aidé et entouré. Mes collaborateurs, mes partenaires, mes prestataires font tous preuve d'une énorme motivation.

Il est vrai que ce que nous préparons semble grandiose, et nous nous savons particulièrement attendus. Il y a un premier rendez-vous de prestige autour de griffes mondialement connues, Cartier, Montblanc, Bulgari, etc., pour une grande fête anniversaire qui va réunir du très beau monde. Puis, un second rendez-vous beaucoup plus technique, ce séminaire tourné vers l'avenir de notre île sous l'angle du développement durable avec notamment comme intervenant un certain Luc Schuiten. Cet architecte belge visionnaire est également l'auteur, avec son frère François, de quelques bandes dessinées qui comptent parmi mes favorites.

Dans un autre contexte, une autre temporalité, je me serais montré comme un gamin attendant ses jouets de Noël. Impatient, fébrile, presque euphorique. Là, ces perspectives me servent essentiellement de béquilles, pour ne pas perdre mon influx moral et me permettre de continuer à sourire et à garder une énergie pour Anne-Laure. Je m'arrange pour négocier encore des moments en famille, pour rester proche de ma fille, pour aider aux tâches de la maison. Anne-Laure a de plus en plus besoin de nous, certains gestes du quotidien lui devenant difficiles.

Ces difficultés additionnelles ont raison de nos réticences à mettre en place un système de soins à domicile, tel que l'équipe médicale de Bellepierre nous l'avait conseillé. Il s'agit, selon elle, de nous alléger de certains gestes médicaux ou paramédicaux que nous ne faisons qu'à l'instinct, et de nous garantir un appui technique et psychologique. Nous avons beaucoup hésité. Cela signifie rompre une partie de notre relation avec notre fille, et confier cette proximité physique, presque charnelle, à d'autres personnes.

Nous nous résolvons finalement à faire appel à une structure qui œuvre dans le domaine de l'accompagnement à domicile des soins et des fins de vie. Tous les jours, des infirmiers se relaient, viennent parler à Anne-Laure, relèvent ses paramètres, et lui préparent les injections de Plitican et Solu-medrol, l'un pour prévenir les nausées et vomissements, l'autre comme corticoïde pour empêcher les inflammations. La maison est envahie de petit matériel médical, elle se met à ressembler à une annexe de l'hôpital.

*

Mission 1 accomplie ! Et c'est plutôt une réussite. Près de huit cents convives ont répondu à l'appel du 11 Novembre et de la grande soirée du centenaire de la maison Narsy. Un invité prestigieux de dernière minute s'est glissé dans le programme, c'est Patrick Poivre d'Arvor en personne qui vient ouvrir la soirée en déclamant, de cette voix et ce phrasé si reconnaissables, un extrait du poème « Le Lac » d'Alphonse de Lamartine, avec ce vers si célèbre : « Ô Temps, suspends ton vol ! » Je me rappelle avoir souvent pensé à cette phrase lorsque Anne-Laure présentait des signes d'une amélioration qui n'a, hélas, jamais tenu compte de mon incantation.

Alors que les invités s'éparpillent et que la soirée commence à toucher à sa fin, Ashok vient me trouver, non seulement pour me demander de transmettre ses félicitations à toute l'équipe, mais aussi pour me dire : « Ma première satisfaction, c'est d'avoir eu Anne-Laure à notre soirée. » Cela me va droit au cœur. Ce fut un petit moment de bonheur pour Anne-Laure qui a pu assister à une partie de la soirée et des spectacles, et a même pu être présentée à PPDA avec qui elle a échangé quelques mots. Ketty et moi avons écouté avec attention, ce fut plutôt un monologue du journaliste vedette, et c'est peut-être mieux ainsi. Il arrive à Anne-Laure de laisser échapper des mots incongrus, de se laisser aller à des digressions étonnantes, sans rapport aucun avec la discussion.

Elle peut aussi écrire et envoyer des messages sans aucun sens, et nous devons être attentifs à ses comportements. Comme lorsque nous allons voir le docteur Stéphane, elle semble détachée de tout, regarde les murs, n'écoute pas, répond de travers. Nous cherchons une explication. Le médecin nous parle de « désinhibition », une des conséquences possibles du développement de la tumeur. Certaines zones du cerveau sont perturbées, et cela transforme épisodiquement l'anormal en possible. Anne-Laure ne se rend alors absolument pas compte de ce qu'elle fait, de ce qu'elle dit, de ce qu'elle écrit. Les effets de cette désinhibition peuvent être fâcheux, ils peuvent être aussi amusants. Anne-Laure se retrouve parfois dans un état de gentille euphorie qui l'amène à rire, à chantonner subitement ou à venir vous pincer ou vous toucher en murmurant « chat ». Et elle continue ses petits miaulements…

Nous profitons de tous les moments où elle se sent un peu plus solide, nous la sortons, nous allons au cinéma. Elle a adoré le dessin animé *Un monstre à Paris*, dont la chanson générique, « La Seine », devient une de ses préférées. Elle s'est aussi amourachée du tube de Gaëtan Roussel, « Help Myself ». Une nouvelle fois, les paroles de la chanson nous interpellent.

Time to get away
I gotta help myself

Soon
Nous ne faisons que passer
Dans l'ombre et la lumière
Nous ne faisons que traverser
Des océans, des déserts

Peut-être attachons-nous trop d'importance aux moindres signaux. Nous ne pouvons nous empêcher d'identifier dans le moindre geste, la moindre parole, des allégories, des symboles, des messages.

Les amies d'Anne-Laure continuent à l'appeler, viennent parfois la voir, la soutenir, même si le rythme scolaire de la seconde est plus soutenu que les années précédentes. Aude insiste encore pour que son amie passe un nouveau samedi après-midi chez elle. Nous sommes gênés, connaissant l'attention que nécessite son état. Et puis il y a cette fameuse désinhibition ! Nous finissons par céder, et laissons notre fille avec Aude et ses parents, mais pas trop longtemps. Pendant deux petites heures, elles feront ensemble des gâteaux. Pour une fois, Anne-Laure grignote un peu plus qu'à l'accoutumée ! Surtout, elle n'a pas sorti une de ses involontaires bêtises, et elle s'est bien tenue… Comme si elle avait réussi à maîtriser sa désinhibition, certainement au prix d'un de ces efforts de l'esprit dont elle a le secret !

*

Ça y est, je vais maintenant pouvoir « tirer le rideau », pour reprendre l'expression que j'avais choisie il y a quelques jours. J'expliquais à Anne-Laure qu'après la belle soirée que nous venons de passer j'avais encore le séminaire des 28 et 29 novembre et, ensuite, « je tirais le rideau». Je n'ai pas signé d'autres engagements, je ne me suis pas lancé dans d'autres organisations, je me contente d'un minimum de dossiers récurrents à suivre, je veux avoir un maximum de temps pour m'occuper d'elle, et uniquement d'elle.

Ce jour est arrivé. Nous ressortons de notre mission 2 du mois de novembre avec le sentiment du devoir accompli. Le forum participatif «Vivre et se déplacer dans la ville de demain» a été suivi et apprécié par un public de professionnels et connaisseurs, avec des intervenants de haut niveau. À leur contact, j'ai aussi beaucoup appris sur ce que nous pouvons faire chacun pour aller dans le sens d'une transition énergétique réussie. J'enregistre ces informations en me promettant d'approfondir mes recherches plus tard, estimant le pari à engager trop important pour la planète.

Mais, pour l'heure, ma priorité est de rapidement rejoindre ma petite famille. Aussitôt terminée la dernière série des ateliers participatifs, je regroupe mes collaborateurs afin de leur donner les ultimes instructions et programmer, pour «je ne sais quel jour», un débriefing, je salue en quatrième vitesse les invités et m'engouffre dans la voiture. J'ai le sentiment de tourner une nouvelle page, peut-être même un dernier chapitre puisque maintenant, quoi qu'il arrive, je resterai jusqu'au bout aux côtés d'Anne-Laure.

En cette fin d'après-midi, je la retrouve dans sa chambre, allongée, un peu pâle. La veille, elle nous faisait encore rigoler en mettant son T-shirt à l'envers sur sa tête, comme une longue coiffe, se lançant dans une série de grimaces devant le miroir dans le couloir. On le sait: aucune journée ne ressemble à celle d'hier, ni celle de demain, les distorsions les plus improbables pouvant devenir réalité. Ce soir est presque l'antithèse d'hier. Nous devinons qu'Anne-Laure ne pourra rien avaler, pas même sa mini-portion habituelle. Nous préférons qu'elle garde le lit pour se requinquer un peu. Qu'elle se repose, même si cela peut sembler complètement ridicule de penser cela. Je me fais une petite réflexion empreinte de tristesse et d'inquiétude : *Mais, en fait, elle ne fait que ça, se reposer !*

Comme pour s'ériger en faux contre cette pensée, la nuit n'est absolument pas de tout repos. Elle est agitée. Anne-Laure commence par se plaindre de maux de tête qui semblent particulièrement violents. Puis elle multiplie les épisodes vomitifs. Son bras gauche semble lui être scotché au corps, comme inerte. À nos interjections, elle répond par intermittence, par un hochement de tête, ou un incompréhensible bredouillement. Mais prédomine une absence de réaction qui déclenche toutes nos alarmes. Le terme de « coma » vient s'imposer à nos esprits désormais affolés. Nous décidons de partir de toute urgence à l'hôpital. Nous prévenons le docteur Stéphane de notre arrivée imminente.

Sur la route qui nous conduit au centre hospitalier, mes pensées s'entrechoquent. Il me revient d'abord en tête la statistique livrée par David Servan-Schreiber dans son dernier livre : taux de survie de zéro à dix-huit mois après la récidive. Cela fait justement dix-huit mois, et quelques jours, que nos vies ont connu un sinistre mouvement de bascule, provoquant le « zut » fracassant d'Anne-Laure. Malaise ! Mal-être…

Et puis je ne peux pas croire à une simple coïncidence. Que cette terrible et inédite crise survienne quelques heures seulement après mon « tirer de rideau » n'est pas le fait du hasard. Je me dis qu'Anne-Laure a su se blinder et résister à toutes ses faiblesses induites pendant tout le temps de mes organisations, pour ne pas m'inquiéter, pour me laisser faire mon boulot. Elle a attendu que j'en aie fini pour lâcher prise. J'en suis intimement persuadé, je le ressens dans toutes les fibres de mon corps, désormais meurtri.

Dès notre arrivée, Anne-Laure est prise en charge par l'équipe de l'hôpital de jour, qui l'installe dans une des chambres. Il lui arrive de réagir, mais avec peine, à une apostrophe, voire d'ouvrir un œil, mais qu'elle referme aussitôt. Elle est toujours dans cet état que je décris comme « semi-comateux » au docteur Stéphane lorsque nous lui retraçons le fil des événements. À ses silences et ses non-réponses, nous comprenons que la situation est inquiétante, voire gravissime. Lorsque le docteur Sylvaine, de l'équipe mobile de soutien et de soins palliatifs, nous rejoint, il ne fait plus aucun doute que nous devons nous préparer au pire.

D'ailleurs, au-delà des mots de soutien et de réconfort, les paroles de la responsable de l'EMSP nous dressent un tableau de fin de vie. Elles nous projettent dans la vision ultime, celle du départ de notre fille. Elles nous préparent à affronter ce moment que l'on ne veut pas imaginer, mais que nous devons malgré tout anticiper. Dans le nuage de détresse qui nimbe mes esprits, je distingue quelques conseils et recommandations, pour le moment crucial : en premier, prévenir le médecin de famille ; mettre un oreiller sous la tête ; et puis avons-nous une assurance décès qui prévoit l'intervention d'une équipe ? Ketty a la réponse à cette dernière question, elle a déjà fait ajouter à sa mutuelle la partie « décès », ce qui garantit un accompagnement funéraire complet. Entre-temps, nous avons aussi eu une réponse de la part des services de la mairie, qui nous ont attribué une concession au cimetière.

Ensemble, nous nous rendons dans la chambre où sommeille Anne-Laure. Au moins, les vomissements ont cessé. Mais il n'y a rien à faire, aucun geste médical, aucune intervention supplémentaire, aucun traitement autre. On parle juste de morphine au cas où il faudrait atténuer les douleurs qui pourraient apparaître. Nous sommes des spectateurs totalement impuissants. Le docteur Sylvaine nous interroge : « Souhaitez-vous qu'Anne-Laure soit suivie à l'hôpital, ou préférez-vous la ramener à la maison ? » Nous n'hésitons pas une seconde : Anne-Laure rentre à la maison, nous allons la cocooner de tout notre amour. Nous voulons qu'elle vive les jours qui lui restent dans sa chambre, dans son univers, auprès des siens, et pas dans un cadre aseptisé et médicalisé, entourée de blouses blanches.

En fin d'après-midi, c'est une ambulance qui ramène Anne-Laure. Je laisse le soin à un infirmier de la porter jusque dans sa chambre, j'aurais trop peur de lui faire mal, voire de la briser. Nous lui causons, Alizée lui fait la lecture, lui joue une amusante pièce de théâtre, Jérémy lui fait tapoter l'écran de sa tablette. Nous faisons ensemble corps contre l'instant mauvais, bloc contre la tumeur maligne. Anne-Laure sourit faiblement, mais elle sombre à nouveau rapidement dans son état catatonique. Étonnamment, sa nuit est parfaitement calme, l'exact opposé de la veille. Comme si la maladie s'amusait à jouer avec nos nerfs, cette alternance de crises et de relâches nous perturbe sérieusement. Nous en perdons le sommeil, préférant veiller la moindre réaction d'Anne-Laure.

Mais il n'y en a pas, elle persiste dans sa léthargie. Même lorsque, dès le matin suivant, les oncles et taties, que nous avons prévenus de la nouvelle défaillance d'Anne-Laure, défilent pour venir prendre des nouvelles et nous soutenir. La maison est étrangement calme, autour d'Anne-Laure personne ne lève la voix, préférant le chuchotement. La journée se passe ainsi, dans cette fausse béatitude et ce calme fourbe. Nous avons parfois envie de la bouger, lui extorquer deux petits mots, nous n'osons même pas la toucher. Nous la câlinons des yeux, nous lui envoyons des ondes d'amour et de force. Jusqu'à quand cela va-t-il durer? Quel peut être l'épilogue de cet épisode? Plein de questions, pas de réponse, laissons la vie faire son œuvre. Oui, je dis bien « la vie », car, même chancelante, elle est toujours présente pour entretenir l'espoir, et c'est la maxime qu'Anne-Laure a déclinée sur ses tableaux et messages.

L'espoir… Simple comme un petit geste. Ketty est dans la cuisine, elle nous prépare un rapide dîner. Je suis assis à côté du lit d'Anne-Laure, une revue entre les mains que je feuillette plus que je ne la lis. Je distingue soudain un petit mouvement, le pied d'Anne-Laure se met à bouger, comme si elle voulait changer de position. Je lâche mon magazine, et reporte toute mon attention sur le petit corps tout frêle. Un œil s'ouvre, puis l'autre, un sourire se dessine sur ses lèvres, je vois sa main se lever et me faire « salut ». Je fais un bond sur ma chaise, je lui prends la main, elle accentue son sourire. « Ketty, viens vite ! »… Mon cri traverse la maison, Ketty accourt, elle voit Anne-Laure éveillée. Son visage s'éclaire, toute la fatigue accumulée de ces dernières heures s'en va d'un seul coup. Elle lui prend les mains, lui dit simplement : « Bonjour. » Je sens les larmes lui monter aux yeux.

Elle lui dit :

— Tu dois avoir faim, j'ai préparé un riz cantonais, tu en veux ?

La réplique d'Anne-Laure est instantanée :

— Cantonais je veux bien, mais, asiatique, je ne sais pas…

Youpi, nous retrouvons notre fille et ses répliques trop géniales !

C'est le moment que choisit mon frère pour klaxonner devant la maison. Il avait promis de passer en fin de journée. Je fonce lui ouvrir le portail et je l'accueille d'un tonitruant : « Tu sais ce que ça veut dire "une fille extraordinaire" ? Eh bien, je vais te la montrer ! » Il a vu, il n'en revient pas non plus !

*

Nous avons vu une flamme vaciller dangereusement, puis se redresser valeureusement face aux ténèbres. Sans rien comprendre ! Les médecins du centre hospitalier y perdent aussi leur latin et leur science. Les docteurs Stéphane et Sylvaine ont peine à nous croire lorsque nous les appelons pour les informer de ce que nous avons vu et vécu. L'oncologue nous demande même si nous pouvons le rejoindre à son bureau, si possible avec Anne-Laure. Comme s'il voulait vérifier qu'elle peut effectivement se lever, quitter son lit et se déplacer !

Nous voici assis, dans une configuration dont nous avions perdu l'habitude, tous les trois, Anne-Laure au milieu, face au médecin qui lui sourit, d'un sourire à la fois dubitatif et énigmatique. Nous jouons, pendant quelques instants, le monde du silence, tant paraît incroyable cette nouvelle situation. Nous avons tous besoin d'absorber le choc ! Anne-Laure est sur sa chaise, balançant ses pieds dans le vide, comme elle avait coutume de le faire, son air ingénu et naïf dessinant un cœur sur son visage. On dirait que rien ne s'est passé. Le docteur Stéphane la regarde longuement, comme à la recherche d'une explication, puis il brise le silence.

— Anne-Laure, ça va ?

— Ben oui.

— Tu te souviens des derniers jours ?

— Je crois que j'ai beaucoup dormi.

— Attends, on va faire un petit jeu.

Il sort de son tiroir une feuille de papier blanche, qu'il glisse devant Anne-Laure, et lui tend un stylo.

— Tu peux m'écrire quelque chose ? Ce que tu veux. Ce qui te passe par la tête.

Anne-Laure réfléchit quelques longues secondes et écrit : « Le médecin est méchant. »

Ketty et moi affichons une moue de désapprobation, mais le docteur Stéphane sourit et nous dit : « C'est rien. » Il reprend le papier et écrit à son tour : « Toi aussi. »

Il retourne la feuille et la glisse à nouveau devant Anne-Laure. Ketty et moi suivons, curieux et perplexes, ce va-et-vient, d'un côté et de l'autre du bureau, avec les phrases qui s'y inscrivent et se répondent en cascade.

Anne-Laure : « Non, c'est toi. »

Le docteur : « Ça ne m'empêche pas de t'aimer, tu vois. »

Anne-Laure : « C'est ce que tu crois ! »

Le docteur : « J'en suis sûr, moi. »

À cet instant, Anne-Laure hésite, ne sait plus quoi répondre. La discussion par papier interposé semble tourner court. Nous avons l'impression que le manège va s'arrêter, mais elle soulève à nouveau le stylo. Elle écrit : « Je continue à faire des rimes ? »

Nos trois regards convergent soudainement vers cette page, qui semble en lévitation en plein milieu du bureau, pour déchiffrer à nouveau l'échange et se rendre compte de l'absolue pertinence de la dernière remarque d'Anne-Laure ! Nous n'avions rien vu, rien remarqué. Elle, dont le cerveau est attaqué, a su identifier la singularité qui s'est imposée de façon clandestine dans ce petit jeu. Pas nous ! Ce sont désormais trois regards émerveillés qui se portent sur Anne-Laure. Nos visages sont barrés d'un large sourire cependant qu'elle reste stoïque. Les mains croisées devant elle, les bras le long de son petit corps, une moue mutine aux lèvres, des yeux rieurs malgré la fatigue, et des pieds qui continuent à se balancer. Elle a l'air d'être dans un autre univers, une autre dimension.

Nous avons presque envie de l'applaudir, lui faire un triomphe ! Le docteur Stéphane passe du sourire au rire, ne pouvant que marmonner un admiratif « Ah, Anne-Laure ! », reflet de l'effet de surprise qui vient de nous secouer. Moi, je suis égoïstement fier de ma fille. Fier de cette intelligence qu'elle érige face à la maladie. Fier de son esprit d'à-propos qui reste intact malgré l'épuisement. Fier de sa résistance face aux ouragans qui doivent chahuter dans l'espace de son petit crâne. Nous avons bien remarqué que son écriture a changé. Ses lettres autrefois élégantes et bien formées sont aujourd'hui chevrotantes et mal alignées. Peu nous importe, le temps des dictées est derrière elle ! Je ne peux m'empêcher de penser : « Quel gâchis ! »

*

C'est un nouveau grand chambardement. Nous décidons de quitter l'appartement pour nous réinstaller définitivement dans notre maison. Finis les va-et-vient forcés, et épuisants, entre nos deux habitations. Nous voulons qu'Anne-Laure passe toute sa fin de vie – puisque nous sommes désormais résolus à l'appeler ainsi – dans « sa » chambre, son univers, dont elle avait elle-même peint les murs, choisi les stickers décoratifs et sélectionné les posters.

Nous avons aussi pris la décision de nous séparer du service de soins à domicile. Nous ne nous sentons plus en phase avec le mode de fonctionnement qui nous est imposé. Non, il n'y a pas grand-chose à reprocher aux infirmiers et aides-soignants, ils sont compétents et font correctement leur travail. Sauf qu'ils sont trop nombreux ! Nous avions prévenu, dès la mise en place du système, de notre crainte d'une trop importante démultiplication d'intervenants. Nous savons le malaise ressenti par Anne-Laure à chaque fois qu'un inconnu s'invite dans son espace médicalisé. Elle peut se renfermer dans sa bulle si elle ne se sent aucune affinité, et nous avons à subir, après coup, sa morosité démoralisante.

Nous non plus n'apprécions guère d'avoir, à chaque nouvel interlocuteur, à refaire l'historique de la maladie, détailler les traitements, redire comment se comporte notre fille, remontrer où se trouvent les matériels, redonner la planification. C'est long, pénible, cela nous fait mal, cela nous irrite même ! Chaque nouvel intervenant a sa façon d'être, sa façon de causer, sa méthode, et il nous faut nous adapter, nous.

Nous pouvons comprendre l'utilité d'une rotation de trois ou quatre infirmiers, mais dès lors qu'ils deviennent cinq, six, sept, amenant même parfois des stagiaires avec eux, la visite devient intrusion, le moment devient lourd. Cette profusion de blouses blanches, parfois sans blouses d'ailleurs, a pour effet de nous faire perdre nos repères. Alors que les infirmiers, eux, ont tous leurs repères dans ce contexte médicalisé qui est le leur. Dérangeant paradoxe, quand même !

Lorsqu'un nouveau matin une nouvelle tête se présente au portail, nous craquons. Nous laissons ce nouvel infirmier œuvrer et, dès son départ, joignons sa direction pour signifier notre volonté de divorce à l'amiable. C'est une décision que les docteurs Stéphane et Sylvaine pourraient nous reprocher, mais tant pis. Tant pis. Le choix a été fait, nous l'assumerons. Fidèles à un des principes que nous avons édicté depuis le début de cette douloureuse épreuve : ne jamais regretter nos actes, nos décisions. Lorsque nous avons compris et accepté que l'inéluctable devait arriver, nous nous sommes dit que, plus que jamais, tout ce que nous allions mettre en place pour notre fille, pour que ses derniers mois parmi nous soient sous le signe de la sérénité et du paisible, nous devrions l'assumer sans aucun remords.

Nous avons pris les dispositions pour pallier le retrait du service des soins à domicile. Nous saurons, nous-mêmes, nous occuper de notre fille. La changer, lui faire sa toilette, lui donner ses médicaments, nous avons fini par comprendre, par apprendre.

*

Juste avant les fêtes, nous devons dire au revoir à notre ami le consul général de la République populaire de Chine. C'est un départ qui nous émeut beaucoup. Zhang Guobin rentre au pays avant de partir prendre un nouveau poste diplomatique à Strasbourg, à la porte de l'Europe ! À sa dernière soirée de gala, organisée dans un hôtel dionysien, il a insisté pour qu'Anne-Laure soit présente, même pour quelques minutes. C'est le témoignage d'un fort attachement réciproque qui nous lie depuis son arrivée à La Réunion. Il l'avait dit et écrit, dans la préface que je lui avais demandée pour le livret de l'exposition « 1 Instant 2 Bonheur ».

« Dès mes premiers mois à La Réunion, j'avais été surpris par la tendresse et l'affection que m'ont immédiatement portées les enfants de mes nouveaux amis réunionnais. Parmi ces enfants, j'ai toujours apprécié l'entrain et la politesse d'Anne-Laure et de sa petite sœur Alizée. Je l'ai écrit sur mon blog : il peut y avoir trois, dix ou vingt personnes dans la salle où elles arrivent, elles iront dire bonjour et faire la bise à toutes les personnes.

Plus tard, elles seront toujours en train d'écrire ou de dessiner quelque chose.

Nul ne s'étonnera alors de découvrir qu'Anne-Laure peint depuis sa plus tendre enfance. De nombreux tableaux composent déjà sa galerie personnelle. Beaucoup s'étonneront, en revanche, de découvrir que, derrière son énergie et ses sourires, la jeune fille dissimule ce mal qui la ronge depuis quelques années. Et contre lequel elle se dresse avec ténacité. »

Le soir de sa réception, Anne-Laure se montre conforme au récit fait par le consul général. Elle est là, affaiblie mais souriante, cachant parfaitement ses faiblesses physiques. Elle commence par se promener dans la foule des convives, puis va prendre place dans l'un des moelleux fauteuils du hall d'entrée de l'hôtel. Elle s'y écroule, mais distribue quand même aux nouveaux arrivants ses « bonjour », « ça va ? », et ses sourires. Personne ne peut imaginer que, quelques semaines auparavant, le corps médical la voyait prête à partir pour son ultime voyage.

*

Il y a un an exactement, nous nagions en plein dans « 1 Instant 2 Bonheur ». L'événement nous paraît pourtant bien plus lointain que cela, tant les rebondissements, trop souvent douloureux, sont venus secouer nos existences, remplissant d'une encre bien noire les pages de notre histoire. Nous sommes plutôt désormais dans 1 Instant 2 Doute. Certes, Anne-Laure nous a médusés en remontant de son dernier abîme comme si elle nous faisait un simple petit tour de passe-passe. Mais sa démarche est de plus en plus hésitante, sa maigreur de plus en plus remarquable, son appétit de plus en plus lilliputien – si tant est que l'on puisse appeler les quelques cuillères à café d'aliments de sa dose quotidienne un « appétit » ! Elle compense toujours et encore par une incroyable volonté de faire face qui lui fait afficher un éternel sourire adorable, et lui fait refuser le fauteuil roulant chaque fois qu'on le lui propose.

L'évocation de « 1 Instant 2 Bonheur » ramène le fil de mes pensées aux P'tits Prins. Leur soutien indéfectible et continu est certainement un des vecteurs de la résistance d'Anne-Laure face à la tumeur. Leurs actions sont autant de lignes de défense, de levées de boucliers, placées en opposition active à la marche agressive de la maladie. Je me souviens de la joie affichée par Anne-Laure, de retour d'une balade en moto organisée par les P'tits Prins pour elle, rien que pour elle ! Je me souviens l'avoir vue danser et chanter lors d'un grand et émouvant concert avec tous les enfants suivis par l'association. À l'approche des fêtes de Noël, les P'tits Prins sont toujours là. Jacqueline sait qu'Anne-Laure ne peut plus se déplacer comme elle l'avait fait l'année précédente pour aller sur le bateau affrété pour l'occasion, avec toutes les familles. Alors, Jacqueline a décidé que le Père Noël de l'association viendrait à la maison, à la rencontre d'Anne-Laure.

C'est toute une délégation « princière » qui débarque un soir chez nous. Anne-Laure est assise dans un des fauteuils du salon, au centre de la pièce, et de toutes les attentions. Jacqueline et Claude l'entourent de leurs bras et affection, Marie-Armande chante comme elle l'a toujours si bien fait, Yves, André, Hélène et les autres se chargent de mettre des couleurs et des sons dans la maisonnée. Ils déballent les boissons et les petits-fours. Tout est prévu pour passer un moment de détente, ensemble, et pour nous, d'évasion d'un monde trop cruel.

Il y a même le Père Noël. On l'a reconnu. C'est Thierry, un des membres actifs des P'tits Prins, rescapé d'une leucémie, contractée alors qu'il était adolescent. Ne pouvant compter sur sa famille, il a réussi à suivre seul ses traitements, tout en continuant sa scolarité, et s'en sortir. Je l'entends encore nous raconter comment il se faisait lui-même les piqûres d'insuline, et se forçait à faire ses devoirs alors qu'il était complètement crevé sous l'effet des médicaments. Aujourd'hui, il est marié, père de deux enfants, sportif accompli et arbitre de football ! Un bel exemple de courage et de ténacité. Et de fidélité aux P'tits Prins, dont il est de toutes les initiatives.

Alizée aussi a droit à son cadeau. Les P'tits Prins ne l'oublient jamais, ils l'intègrent constamment à leurs différents rendez-vous. Nous avons appris d'eux cette savante psychologie familiale. Si toutes les attentions sont focalisées, et c'est normal, sur Anne-Laure, sa petite sœur ne doit pas se sentir délaissée, mise en coulisses des événements. Elle a une vie à construire, qui ne doit pas se ressentir du malheur que nous vivons avec intensité au quotidien, et doit, au contraire, s'en trouver renforcée. L'intégrer à cette douleur et lui permettre en même temps de vivre sa vie, tel est l'équilibre à trouver, dont nous sommes, nous parents, responsables.

Lorsque nos P'tits Prins quittent la maison, Alizée est toujours en train de chantonner et de danser, sous l'œil amusé de sa sœur. Nous les filmons sur la terrasse, les deux filles portent encore les bonnets de Noël que nos visiteurs d'un soir ont laissés. L'atmosphère des fêtes de fin d'année s'installe progressivement, nous avons un peu de mal à nous laisser emporter. Mais les P'tits Prins ont raison : pour Alizée, nous devons continuer. Pour Anne-Laure aussi, d'ailleurs !

*

Le réveillon de Noël se passe chez nous, entourés des membres de nos deux familles. Tous nos frères et sœurs. Nombre de neveux et nièces. Tous ont compris qu'il nous faut nous regrouper autour d'Anne-Laure. Le sapin a été dressé dans le salon, les tables sont sur la terrasse, Alizée et ses cousines ont même préparé une pièce de théâtre. Anne-Laure est assise, dans son fauteuil roulant cette fois, elle a gardé sa petite manie de se triturer l'oreille. Ses yeux sont cernés de fatigue, mais elle regarde avec attention la saynète jouée par sa petite sœur et ses acolytes d'un soir. Son oncle Jean-Jacques me murmure à l'oreille : « Elle ne dit rien, mais elle doit bouillir intérieurement de ne pas pouvoir participer à la pièce de théâtre. Elle est digne et courageuse ! »

Au moment de la distribution des cadeaux, Jérémy vient l'aider à ouvrir ses différents paquets. Il se place tendrement derrière son fauteuil roulant, l'entoure de ses bras puis enlève les nœuds, les dorures et papillotes qui emballent ses présents de Noël. Quelques vêtements, dont un tee-shirt sur lequel Jérémy et Alizée ont dessiné toute la famille dans un cœur, quelques bijoux, quelques babioles. On a placé dans ce petit tas un livre que lui a apporté, il y a quelques jours, une de ses amies du primaire. C'est un recueil de photos et de proverbes africains. Marine a marqué d'un post-it une page sur laquelle on lit : « Il n'y a que le désert qui guérisse le désespoir : on peut y pleurer sans crainte de faire déborder un fleuve. »

*

La trêve des confiseurs est de courte durée, a-t-on pour habitude de dire. Pour nous, ce n'est pas une expression, c'est une dure réalité qui nous prend à la gorge dès les premiers jours de la nouvelle année. Le temps des fêtes s'est vite estompé, les temps sombres s'installent. Anne-Laure retombe dans un état de léthargie presque continue, elle passe la majeure partie de son temps à somnoler et ne se lève presque plus de son lit. Pour lui changer les idées et son décor, je la porte dans mes bras pour l'emmener d'une pièce à une autre. Quelques heures dans le salon, quelques instants dans notre petite salle « ciné », puis retour à sa chambre.

Une fin d'après-midi, j'ai un brutal et fugace coup de tonnerre dans la tête, je me dis que je dois la sortir de la maison, l'emmener ailleurs ! Je la porte dans la voiture, l'installe sur le siège passager, l'entoure de coussins, et démarre. Au Barachois, je me gare en face de la mer, je lui décris ce que nous voyons, je lui demande de sentir l'air des embruns, d'écouter les vagues qui viennent s'écraser sur les galets. Elle réagit mollement, je lui prends la main, et nous restons quelques minutes comme ça, sans rien dire. L'essentiel, c'est que nous soyons ensemble !

Le bain devient un moment compliqué. Désormais, je la prends carrément dans mes bras, la porte de son lit jusque dans la salle de bains et rentre avec elle dans la baignoire, Ketty se chargeant alors de la doucher. Nous doucher, serait-il plus judicieux de dire. Nous prenons d'infinies précautions, j'ai toujours peur de tomber ou de glisser avec elle, j'ai toujours crainte de lui faire mal ou de faire un mauvais geste qui la plierait.

Nous devons ainsi nous adapter à toutes les situations, essayer de rendre cette vie compliquée un peu moins sinistre, un peu plus reluisante, même si nous savons bien que nos tonalités vont rester dans le sépulcral. Surtout ne pas tomber dans la déprime ou montrer une tristesse continue. Nous devons enfouir tout cela au plus profond de nous-mêmes. Anne-Laure nous aide, à coups de petites phrases, de moins en moins audibles, mais toujours lumineuses.

Tel matin, elle a la force de lever la main et me toucher de son index en disant : « Touché. » À mon tour, je la touche du doigt en lui répliquant : « Coulé. » Comme elle n'arrive plus à lever le bras, elle me fait : « Tu triches ! » Oui, je triche, elle ne peut se défendre. Et pourtant, si, cette réplique pleine de bon sens est sa défense contre la maladie qui n'arrive pas à la conquérir totalement. Elle garde une étonnante lucidité.

Un autre matin, je l'entends épeler l'alphabet, mais en anglais ! Incroyable ! Comme si elle se créait des exercices de stimulation intellectuelle pour faire barrage au terroriste de son cerveau. Je lui demande : « Tu peux me faire la même chose en chinois ? » Sa réponse est fulgurante : « Tu te fiches de moi ? » Nous savons bien qu'il n'existe pas d'alphabet en chinois !

Ces moments sont rares et précieux, nous les collectionnons avec avidité. Chaque mouvement de ses bras et de ses lèvres suscite notre curiosité, nous voulons recueillir la moindre parole, le moindre souffle. De longues minutes de massage occupent un temps qui semble s'écouler au ralenti, nimbé d'une ouate qui, finalement, nous convient : nous souhaitons passer le plus de temps possible avec Anne-Laure. Ce sont les infirmières de Bellepierre qui nous ont appris plusieurs façons de masser notre fille, et elles nous recommandent de le faire souvent : ce contact est très important pour la sérénité d'Anne-Laure, c'est du réconfort, c'est de la chaleur, c'est de l'empathie. Brigitte, de l'équipe mobile de soutien et de soins palliatifs, vient même avec ses crèmes dont une au chocolat qui embaume la maison. Le chocolat, c'était un des péchés mignons d'Anne-Laure.

Ces visites régulières, des infirmières et de Patricia qui, elle aussi, n'hésite pas à se déplacer jusque chez nous, rythment notre planning. Elles sont devenues des jalons de notre existence peu banale, peu normale.

Anne-Laure a besoin de cet accompagnement, nous aussi. Peut-être même plus nous qu'elle !

Glissements progressifs vers l'obscurité. Anne-Laure a maintenant des difficultés avec sa vision. C'est Ketty qui l'a remarqué, parce que, évidemment, notre fille persiste dans son attitude de ne rien nous dire qui soit susceptible de nous inquiéter.

Sa mère s'en est aperçue au moment d'installer un nouvel équipement dans sa chambre. C'est un lit médicalisé. Il nous a été fortement recommandé par le docteur Sylvaine. Il permet de surélever et de mettre Anne-Laure en position assise. Nous lui avons aussi acheté un matelas à mémoire de forme et des coussins de positionnement. L'équipe médicale s'est occupée de notre apprentissage infirmier. Désormais, nous savons comment la retourner toutes les quatre heures, pour lui faire changer de position et éviter les escarres. Nous avons appris à lui mettre des patchs de morphine qui doivent lui permettre de soulager des douleurs que l'on devine, Anne-Laure restant parfaitement hermétique à toute expression de souffrance.

Ketty a l'idée de positionner le lit face à la porte-fenêtre de sa chambre, pour qu'elle ait, dans son champ de vision, la cime des arbres, le ciel, l'azur. Elle lui demande si elle préfère cette vue sur l'horizon ou celle qui donne sur son mur coloré et décoré par ses soins. Anne-Laure murmure : « Ça m'est égal. » La sibylline réponse résonne comme une alerte. Ketty lui demande alors si elle arrive à voir un de ses posters sur le mur d'en face. Sa réponse est négative.

Je la descends dans le salon, l'installe devant un écran et lui choisit un film, une comédie française dans l'air du temps. Elle semble réagir aux images, mais le doute est bien loin d'être levé. Nous constatons que ses yeux ne suivent pas l'écran, elle semble bien plus réceptive aux ambiances sonores.

Le docteur Sylvaine nous rend justement visite, c'est l'occasion de lui en parler. Quelques tests rapides lui permettent de découvrir que l'œil gauche d'Anne-Laure est défaillant. D'après le médecin, la tumeur a certainement attaqué le nerf optique ! Pour atténuer la gêne occasionnée par cette nouvelle contrariété, elle nous préconise d'acheter des lunettes dont un des verres est complètement occultant, du côté de l'œil défaillant, tandis que, de l'autre côté, il n'est besoin d'aucun verre. Alizée a tout entendu et, à peine l'explication du docteur Sylvaine terminée, elle revient de sa chambre. Elle y a fabriqué à toute vitesse un bandeau de borgne, façon pirate, avec un ruban et un cache découpé dans du bristol. Elle le tend à Anne-Laure : « C'est un cadeau pour toi ! » Un grand moment de tendresse vient transpercer notre infinie tristesse.

Après tout, c'est bien ce qui nous reste désormais : de l'amour à partager, beaucoup d'amour, tout notre amour. Nous devons tout lui donner, nous avons à concentrer l'amour de toute une vie « normale » en quelques semaines, quelques jours. Alizée nous a montré l'exemple, et elle redouble d'attentions pour sa sœur. Nous la voyons s'installer à côté de son lit, et lui lire une histoire extraite d'un des livres préférés d'Anne-Laure, *Petits Contes pas pressés.* Quelques minutes plus tard, elle vient nous trouver, toute souriante, presque en sautillant : « Elle m'a dit "Je t'aime" ! »

À nous aussi, Anne-Laure adresse comme ça des petits mots remplis d'émotion. Elle continue de partager tout son amour dans ces instants difficiles. Cela nous réjouit, mais nous mesurons l'effort que cela lui demande. Nous l'avons aussi vue laisser quelques larmes perler, comme si la carapace se fendillait. Elle nous fait comprendre que ses amies lui manquent, malheureusement ce sont les vacances et elles sont nombreuses à être parties de l'île. Nous hésitons à appeler celles qui sont restées, vu l'état d'Anne-Laure. Et de sa chambre, véritable microcosme hospitalier.

Nous ne sommes plus dans un monde normal. À un ami parisien qui me demande des nouvelles, j'écris : « Nous sommes dans la Quatrième Dimension. Les journées sont à la fois longues et courtes. On ne sait jamais de quoi demain sera fait, et j'ai perdu toute notion du temps… »

*

Le monde réel se rappelle parfois brutalement à nous, au détour de rencontres fortuites. Dans ce restaurant où je vais chercher quelques plats à rapporter à la maison – nous n'avons vraiment plus le courage de nous mettre à la cuisine ! –, j'accroche les regards d'un groupe de personnes attablées. Nous nous reconnaissons, d'ailleurs trois d'entre elles se lèvent spontanément et viennent à ma rencontre. Depuis le vernissage de l'exposition d'Anne-Laure à la mairie, et l'épisode du chantage au baptême, je ne les avais plus recroisées, celles-là !

Dans leurs regards, je sens la pesante question : « Et alors ? » Je n'ai pas envie de répondre. Je ne dis rien, sinon le bonjour d'usage. J'entends le monologue habituel et convenu, avec sa redondante argumentation, mettant ma mère et mes sœurs en exergue, et surtout leur inquiétude. Anne-Laure ne sera pas en paix. Elle n'ira pas au paradis. Elle ne sera pas bienheureuse. Et maman sera malheureuse. Non, décidemment, je n'y comprends rien. Cette fois, la conclusion est tranchante : « Tu es perdu, de toute façon tu n'as pas la foi ! »

Mon cerveau se met à bouillir face à cette sentence terminale. J'ai accepté beaucoup de critiques jusqu'à présent et fait preuve d'écoute et de courtoisie. Face à cette tolérance, on m'oppose une intolérance qui confine, ce jour, à l'extrémisme. Je veux bien croire aux croyants, pardonner les zélateurs du pardon. Mais les extrémistes, les jusqu'au-boutistes, je les exècre. Ils me font mal à la tête ! Le verdict que je viens d'entendre ne peut pas rester sans objection, il est nécessaire de lui opposer un appel. Du fond de mon cœur surgit une réplique immédiate : « Tu te trompes, j'ai la foi, mais elle n'est pas la même que la tienne. Moi, j'ai foi en ceux qui ont la foi. Comme toi. J'ai foi en toi. J'ai foi en vous. Je vous admire d'être aussi croyants ! » Bien sûr, à la place de « croyants », je pense « bornés », « sectateurs », « fanatiques », limite « naïfs » ! Le respect que je dois à ces personnes plus âgées que moi m'empêche de prononcer ces mots qui auraient résonné comme des claques. Ce n'est ni le moment, ni l'endroit, ni ma façon de faire.

Ce boomerang inattendu clôt brutalement la discussion. Plus aucun mot ne sort, on me dit simplement « bon, au revoir » et tous s'en retournent à leur table. Pour moi, la parenthèse est refermée.

Pas pour longtemps ! La question religieuse revient au détour d'une conversation avec mon frère et notre ami Jean-Marc, lui qui, toutes les semaines, avec son groupe de prières, cite Anne-Laure aux bonnes grâces du Ciel. Je leur avoue un certain trouble sur cette question de la foi. Plutôt celle de la chrétienté active, non seulement de ma famille, mais aussi de nombreux proches, que je ne voudrais ni contrarier, ni offenser, lorsque le moment sera venu. Mes engagements associatifs l'ont montré : j'ai toujours avancé dans un esprit d'ouverture, j'ai toujours eu cette volonté de rassemblement au-delà des chapelles et des croyances. Je ne peux refuser aux miens l'accomplissement de leurs traditions religieuses, au moment définitif et solennel dans lequel nous sommes en train de nous projeter. Cela serait trahir cette solidarité dont tous ont fait preuve pendant tous ces mois, toutes ces années de souffrance.

Là, j'ai besoin de leur aide et de leur connaissance des milieux ecclésiastiques. Quel prêtre pourrait officier alors qu'Anne-Laure n'est pas baptisée ? Et quel prêtre accepterait l'idée que je viens d'avoir : mêler les codes de la cérémonie religieuse catholique aux codes culturels de la pensée chinoise ? J'ai en tête ce syncrétisme qui me permettrait d'être en paix avec mes convictions et de satisfaire les spiritualités de tous : des cierges voisinant avec des bougies rouges chinoises ; une parole d'Évangile suivie d'un texte confucéen ; un chant catholique répondant à un chœur en mandarin. Jean-Marc m'avance un nom, celui du frère dominicain Jean-Denis qui officie à Saint-Denis. Il me garantit qu'il acceptera la mission, aussi étranges que puissent sembler mes exigences.

*

Rendez-vous est aussitôt pris. Ketty et moi retrouvons le frère Jean-Denis en l'un de ces endroits inconnus de notre cartographie habituelle, alors que nous passons devant tous les jours, ou presque. Sa sacristie est un havre de paix qui, en plein centre-ville, semble pourtant complètement à l'écart des agitations urbaines. Nous ressentons des ondes de sérénité comme nous n'en avons pas connues depuis de longs mois, de longues années. Nous vivons aussi un grand moment d'émotion lorsque, après lui avoir raconté l'histoire d'Anne-Laure et émis nos desiderata, l'homme d'Église nous prend les mains et nous demande l'autorisation de dire une prière en notre présence. Ses mots ont l'intelligence d'éviter les terminologies chrétiennes trop marquées. Ils évoquent la famille, la force, l'espoir, l'humanité, le destin. La vie tout simplement. Ils nous transportent, nous bouleversent, nous tirent les larmes des yeux. Et frère Jean-Denis nous dit « oui ». Il officiera pour Anne-Laure, pour nous, pour nos familles.

*

Tapie sous le crâne d'Anne-Laure, invisible à nos yeux, intouchable alors qu'on voudrait l'étrangler de nos propres mains, la tumeur continue son avancée sinistre. Elle empêche maintenant Anne-Laure d'avaler ses micro-portions d'aliments. Plus rien ne passe, aucune des petites cuillerées à café de yaourt ou de glace qui apportaient du sucre à son corps. Elle n'a même plus la force d'aspirer à travers la paille pour boire son eau ou son jus. La situation nous semble devenir particulièrement critique et angoissante. Nous ne voulons pas qu'en plus de la tumeur elle souffre de dénutrition complète. À l'équipe de l'EMSP nous demandons la mise en place d'une perfusion que nous estimons être un minimum vital.

Ce qui nous semble évidence ne paraît pourtant pas indiqué aux professionnels de santé. J'avoue notre étonnement extrême lorsque l'on nous explique que la perfusion n'apportera rien à Anne-Laure, qu'il s'agit juste d'un confort de l'esprit pour les accompagnants que nous sommes. On nous affirme qu'une personne en fin de vie ne ressent pas le besoin de s'alimenter, qu'elle n'a simplement pas faim, ni soif, et que son corps s'adapte. D'ailleurs, son organisme n'est certainement plus capable de gérer les apports alimentaires. Dans le cas d'Anne-Laure, une difficulté supplémentaire apparaît : lui injecter du sérum glucosé peut avoir un effet négatif, la pression intracrânienne risque de se manifester à nouveau, et cela pourrait entraîner un contrecoup cardiaque.

Toutes ces informations nous embrouillent, et mettent à mal notre logique de demande de perfusion. Nous ne savons plus quoi faire. Le docteur Sylvaine est bien consciente de notre embarras. Elle tient à nous préciser que la décision finale nous appartient et qu'elle la respectera. Mais que nous prenions bien le temps de la réflexion. Elle nous conseille de mettre à profit le week-end qui débute pour nous renseigner, notamment auprès de notre médecin référent.

Bonne idée, j'appelle aussitôt Jean-Louis. Je sens une hésitation, puis une réponse sibylline du genre : « Ils ont peut-être raison. » Je me décide à lancer le débat sur le forum GFME : « Alors, faut-il laisser Anne-Laure dans cet état où elle ne s'alimente quasiment plus, ou faut-il tenter la perfusion ? Si vous avez été confronté à cette situation, dites-nous ce que vous avez fait, SVP. » Une seule réponse, de Stéphanie, en Allemagne : « Je ne peux malheureusement vous aider. Nos pensées s'adressent à Anne-Laure, si courageuse. »

Un tour sur la Toile enfonce le clou. J'y trouve des articles dans lesquels il est dit, ici, que « le patient est incapable de manger et de boire, [...] l'arrêt de la nutrition et de l'hydratation artificielles n'est absolument pas inconfortable» ou encore, là, qu'il est «important d'expliquer que manger demande des forces et qu'il vient un moment où le malade n'en a plus, et où manger ne lui en apportera pas davantage».

Au sortir de notre week-end de réflexion, nous ne sommes pas plus avancés, l'indécision et l'incertitude sont toujours nos despotes déclarés. Nous passons la matinée du lundi à encore jongler entre les témoignages et conseils sur le Net, à tenter d'établir un tableau des arguments «pour» et «contre», nous continuons surtout à nous faire des nœuds dans la tête. En début d'après-midi, après avoir tenté, une nouvelle fois, de faire avaler quelque chose à Anne-Laure, nous tranchons: nous allons demander la mise en place de la perfusion.

Je fonce vers l'hôpital, déboule dans le service des soins palliatifs, avise le docteur Sylvaine sur le seuil de son bureau et lui déclare presque abruptement:

— Nous voulons la perfusion pour Anne-Laure. Dès que possible!

— Vous en êtes bien sûr?

— Oui, dites-moi ce qu'il faut faire.

J'ai failli rajouter: «Vite!» Nous avons maintenant l'impression d'avoir trop tardé. Cela fait plusieurs jours qu'Anne-Laure n'a rien mangé, ni bu. Nous lui avons juste humecté les lèvres pour son hydratation. Le docteur Sylvaine bat instantanément le rappel de toute son équipe. Elle l'avait dit: notre décision ne sera pas discutée, elle sera respectée. Parole tenue.

La principale difficulté est de trouver un infirmier qui puisse se libérer dès cet après-midi pour installer le matériel et assurer le suivi quotidien des perfusions.

Toute l'équipe fait chauffer les téléphones pour dénicher l'oiseau rare. Car ces infirmiers libéraux sont tous déjà très pris, et le docteur Sylvaine tient aussi à nous recommander une personne de confiance qui saura s'adapter à la situation complexe d'Anne-Laure. Elle connaît aussi nos exigences depuis la séparation d'avec le service d'hospitalisation à domicile. Alors, elle joue de toute sa persuasion pour finalement décider Vincent à faire une parenthèse dans sa tournée et accepter de mettre Anne-Laure dans le listing de ses patients. Je ne connais pas Vincent, je fais entièrement confiance au docteur.

Il me reste à aller chercher le matériel médical adéquat. Je revis une situation délicate, me replongeant dans les douloureux souvenirs d'un épisode passé, à la recherche des premières boîtes de Temodal. Me revoici à courir la ville d'ouest en est, afin de dénicher un pied à perfusion. Il me faut près de deux heures avant de pouvoir rentrer à la maison avec le matériel. Ouf, à dix minutes près, je ratais l'infirmier et nous aurions dû reporter au lendemain la mise en place de la perfusion, de quoi faire grimper le thermomètre de notre stress !

*

Peut-être une chimère de notre part. Ou, alors, une extravagante envie d'y croire ! Nous avons la réelle impression, dès le lendemain, que la perfusion a reboosté notre Anne-Laure. On sent un souffle nouveau. Au moins pouvons-nous un peu communiquer alors que, ce week-end, nous désespérions d'un signe, d'un geste, d'un murmure. On voit un sourire se dessiner sur ses lèvres, ses petits doigts font quelques mouvements, et elle a même susurré « bonjour » à l'infirmier.

Vincent est d'ailleurs une vraie perle, et nous remercions le docteur Sylvaine de nous l'avoir trouvé. Très rapidement, il réussit à nouer une relation forte, bien plus amicale que professionnelle, avec Anne-Laure. Et avec nous, une relation de totale confiance.

Ce souffle nouveau est hélas éphémère, et la petite étincelle ne dure que quelques jours. Anne-Laure retrouve son état de somnolence. Nous sommes dépités, mais pas vraiment surpris : on nous avait prévenus, et les expériences passées nous ont montré que nos différents espoirs ne sont toujours que feux follets. La résignation a pris le dessus, nous en subissons tous les dommages. La maison baigne dans une étrange atmosphère, qui mêle les extrêmes et les contradictions. Atténuer tous les bruits instille une forme de sérénité, alors qu'en fait l'inquiétude pèse lourdement. Alizée a forcément une partie de l'esprit en vacances, mais ne peut profiter pleinement de ses cadeaux de Noël. Elle continue à faire de la lecture à sa sœur, mais, lorsqu'elle sort de sa chambre, nous la sentons perdue. Nous préférons l'éloigner, elle va passer des journées, parfois des soirées avec ses cousines. Jérémy s'occupe de l'emmener à ses stages de gymnastique, il nous est d'une aide précieuse pour les tâches quotidiennes que nous n'arrivons plus à assurer.

Ketty et moi essayons de garder un peu de lucidité, pour continuer à veiller efficacement sur Anne-Laure. Nous avons des devoirs envers elle : la changer de position toutes les quatre heures, la masser régulièrement, surveiller les escarres, poser les patchs de morphine. Et toujours lui parler, lui dire qu'on l'aime. Tous les soirs, à tour de rôle, nous dormons sur le matelas posé par terre, à côté du lit de notre fille, en espérant que rien ne se passe pendant la nuit et que nous nous réveillerons toujours ensemble. Une question bat la mesure de nos sommeils : quand et comment cela va-t-il se passer ?

*

Nous avons toujours cette chance d'être entourés. Il y a régulièrement du monde à la maison, pour nous tenir compagnie, nous emmener à déjeuner, nous faire des courses, simplement nous soutenir. Mes sœurs n'hésitent pas à faire la centaine de kilomètres nous séparant du sud de l'île en bus. L'équipe mobile des soins palliatifs n'a pas interrompu ses visites récurrentes et Patricia continue même à s'enfermer dans la chambre avec Anne-Laure pour lui parler. Ce qui se dit, nous ne le savons pas. La psychologue nous affirme toujours que notre fille est prête. Devons-nous, pour autant, être rassurés ? Tant de questions, toujours aucune réponse !

Les amies d'Anne-Laure, aussi, sont de retour, la rentrée scolaire approche. Aussitôt revenues de leurs vacances, elles appellent pour prendre de ses nouvelles. Certaines souhaitent venir lui rendre visite, nous les prévenons : l'état physique d'Anne-Laure risque de les incommoder, de les affecter, voire de les choquer. L'amitié est plus forte, elles veulent absolument voir Anne-Laure. Parfois seules, parfois en groupe, elles se succèdent dans sa chambre. Ce sont toujours des moments forts et émouvants. À chaque au revoir de ses copines, nous avons mal. Pour Anne-Laure. Pour elles.

Ce dernier dimanche de janvier, elles sont trois à avoir fait du covoiturage pour venir chez nous. Face à Anne-Laure, les mots sortent difficilement, les regards expriment le chagrin, les gestes sont hésitants. Soudain… Anne-Laure tourne la tête, nous avons l'impression qu'elle tente de se redresser. Elle arrive à ouvrir les yeux et la bouche. Cela dure une poignée de secondes, puis elle se remet dans sa position initiale. Nous ne savons quoi faire. Ses amies s'éclipsent. Nous avons eu la sensation d'une souffrance qui nous est intolérable.

Nous lançons un nouveau débat, dès lundi matin, avec le service des soins palliatifs. Au docteur Sylvaine nous avançons aussitôt notre volonté d'augmenter les doses de morphine, à la suite de l'épisode de la veille. Notre question est : dans quelle proportion ? Sa question est : que va apporter au malade cette nouvelle dose de morphine ? À nouveau, nous vivons l'opposition entre l'approche clinique et notre vécu émotionnel. Ce qui est automatisme chez le praticien est intuitif chez nous. Ce qui correspond à des règles scientifiques chez le médecin est de l'ordre de la réaction épidermique chez nous. Nos interrogations, nos doutes, nos craintes n'évoluent pas dans le même référentiel !

Le docteur Sylvaine nous parle d'une évaluation de la douleur, notion qui nous paraît complètement abstraite. Comment nous est-il possible de mesurer la souffrance de notre fille ? Comment pouvons-nous quantifier ce mal-être qui nous semble être simplement évidence ? Pourtant si. On nous apprend que la médecine a théorisé l'échelle de la douleur, même pour des personnes ne pouvant plus s'exprimer, et qu'un questionnaire existe permettant de la mettre en chiffres. Le docteur Sylvaine promet de nous le faxer, elle nous demande de bien prendre notre temps pour répondre à chaque question qui y figure. La décision d'ajouter des patchs de morphine sera prise après que nous aurons rempli le document.

Mais ne faudrait-il pas avant tout sonder la personne la plus concernée, autrement dit notre fille ? Ketty se pose cette question, la plus évidente et la plus naturelle qui soit, mais qui, pourtant, nous a complètement échappé. Oui, c'est vrai : Anne-Laure souhaite-t-elle un dosage plus important de morphine ? Nous voudrions le lui demander, mais comment communiquer avec elle ? Ketty trouve une astuce, pleine de perspicacité. Elle lui dit : « Anne-Laure, si tu as besoin de plus de médicaments contre la douleur, cligne des yeux. » Anne-Laure garde ses yeux grands ouverts !

*

Le fax nous parvient tardivement dans l'après-midi. Devant nos yeux un peu éberlués, quatre interminables pages de questions diverses. Malgré le test que nous avons fait passer à Anne-Laure, nous décidons de remplir l'évaluation. On nous demande de relater des situations, de décrire des symptômes et des réactions, de qualifier nos observations sur des items comme l'expression du visage, la position au repos, ou l'anxiété pendant les soins. Peut-être que cela ne l'est pas, mais cet exercice nous paraît complexe et rédhibitoire. Nous essayons de remplir les cases, une première fois. C'est le syndrome de la feuille blanche. Nous laissons le fax de côté, nous le reprendrons un peu plus tard, peut-être même demain matin. Il nous faut nous déconnecter de cette trop forte pression. Laisser nos esprits se reposer. Retrouver un peu de sérénité et de lucidité.

Las, la nuit n'a pas porté conseil. Lorsque nous reprenons le questionnaire d'évaluation de la douleur, le lendemain matin, c'est le même mur qui se dresse devant nous.

Le stylo reste immuablement dans ma main, je n'arrive pas à aligner deux mots. Nous répétons l'opération de la veille : les papiers sont rangés sur un coin de la table, nous y reviendrons ultérieurement. Ce nouvel échec m'énerve, il faut que je sorte faire un tour. Aller saluer quelqu'un. Faire des courses. Prendre les journaux. Peu importe, il faut que je m'éloigne. Mais pas trop loin, pas trop tardivement. Anne-Laure a besoin de nous tous.

À mon retour, Ketty me raconte qu'elle vient d'avoir un nouveau soubresaut, similaire à celui de la veille. Je m'en veux de ne pas avoir été là pour observer et le reporter sur le questionnaire. La question de la dose de morphine revient avec acuité. Nous avons l'impression de laisser tomber notre fille. Je pense à nouveau à Jean-Louis, le médecin et l'ami fidèle de la famille. Bien sûr, nous avons besoin de son aide. L'heure du déjeuner vient de passer, nous devrions pouvoir le joindre sans le déranger. Ça tombe plutôt bien, il avait justement prévu de nous rendre une visite en milieu d'après-midi, sur le trajet de ses consultations à domicile. Oui, il nous aidera à remplir nos quatre feuilles d'évaluation et, selon l'état d'Anne-Laure, nous donnera son avis sur la question de la dose de morphine.

*

La maison est bien silencieuse en ce milieu d'après-midi, peut-être un peu plus qu'à l'accoutumée. Jérémy a programmé une sortie avec ses amis, Alizée est à son cours de gymnastique, nous devons l'y récupérer dans une heure. Nous attendons Jean-Louis avec impatience. Il nous tarde d'en finir avec ce questionnaire. Nous nous apprêtons à changer Anne-Laure de position. La retourner d'un côté sur l'autre. En profiter pour lui masser les jambes, les bras. En faisant attention à sa perfusion.

Chacun d'un côté du lit, Ketty et moi commençons par enlever les peluches, coussins et boudins qui servent à la caler confortablement sur son matelas. Je vérifie ses pansements anti-escarres lorsque je la sens bouger. Un nouveau frémissement, Anne-Laure ouvre les yeux et la bouche. Comme ce dernier dimanche. Comme ce matin, mais je n'étais pas là. Je prends sa tête au creux de mon bras. Ma première parole est un réflexe naïf: « Tu veux quelque chose ? »

J'en suis sûr, elle me regarde…
J'en suis sûr, elle me fait un sourire…
J'en suis sûr, elle m'a attendu…

Sa tête retombe sur le côté, du côté de Ketty.
Peut-être regarde-t-elle sa mère…
Peut-être fait-elle un sourire à sa mère…

Je ne distingue plus rien, mes yeux sont noyés de larmes.

J'ai compris…

MARDI 31 JANVIER 2012 – 17 H 30

Anne-Laure a rejoint les étoiles.

« La vie continue, et elle continuera. »

Anne-Laure en avait fait un de ses fondamentaux : la vie continue, disait-elle en ajoutant, malicieusement, « … et elle continuera ».

La vie lui donne raison.

Onze jours après son départ, sa cousine met au monde un petit garçon.

La semaine qui suit, sa mamie fait une grave chute qui l'amène aux urgences.

Quelques jours après, une autre cousine met au monde une petite fille.

Quelques semaines après, deux autres enfants, dont la fille de Gaël, voient le jour.

Quelques mois après, deux jumeaux, qui sont ses petits-cousins, viennent compléter l'arbre généalogique.

Une année après, l'une des bibliothèques qu'elle fréquentait assidûment accueille une nouvelle exposition de ses œuvres, c'est « 1 Bonheur Éternel ».

L'année suivante, l'exposition est réinstallée, sous l'intitulé « Vole Petit Ange », dans les salles du dernier phare historique de La Réunion.

Et tous les mardis, à 17 h 30, quel que soit l'endroit où je me trouve, j'allume une petite bougie, pour que la flamme soit toujours présente.

ÉPILOGUE I

Moi qui dis toujours ne pas rêver, ou du moins ne jamais me souvenir de mes rêves…

… Tous les soirs, à la suite de son départ, j'ai rêvé d'Anne-Laure. Et je m'en souvenais parfaitement à mon réveil, avec toujours les notes d'une des musiques de sa playlist en tête. Je nous ai revus sur le port de Marseille, dans les manèges des parcs d'attractions, et même dans un hélicoptère, certainement celui qu'Anne-Laure a emprunté pour faire le trajet jusqu'au centre hospitalier de Saint-Pierre. Cela a duré plusieurs semaines. Jusqu'à un dernier rêve.

J'avance lentement dans un couloir plongé dans une semi-pénombre, flanqué de deux accompagnateurs, genre *bodyguards,* tout de blanc vêtus. J'ai l'impression d'être dans une prison, mais je ne sens aucune oppression, aucune menace. Tout est bien calme. Nos pas nous amènent devant la grille d'une cellule, elle est complètement ouverte. J'y vois Anne-Laure, assise devant une table. Je la reconnais dans son pantalon de coton rouge et un petit chemisier blanc brodé sur les côtés. Elle m'aperçoit, me saute au cou. Grosses embrassades et gros câlins. Elle me dit : « On joue ? » Sur la petite table au centre de la pièce, il y a un plateau d'un de ces jeux de société qu'elle aime tant. Nous nous installons de chaque côté, nous jouons, mais je passe surtout mon temps à la regarder. À admirer son sourire, sa petite moue, son visage tant adoré.

Tu es si belle, ma fille!

Lorsque arrive le moment de partir, je me lève, lui tends la main et lui dis: « Viens avec moi. » Elle me répond: « Je ne peux pas. Ne t'inquiète pas, papa, je suis bien ici! » Et l'image s'est estompée.

Depuis, je n'ai plus rêvé d'Anne-Laure. Et tout est redevenu comme avant: plus de rêves, plus de souvenir de mes rêves!

Épilogue 2

Moi qui dis toujours qu'il n'existe pas de signes du destin, que les coïncidences ne sont légitimées que par notre faiblesse d'esprit…

… Quelques mois après son départ, pour les besoins d'une animation artistique, j'emprunte le chevalet sur lequel nous avons posé dans le salon la peinture commune qu'Anne-Laure avait réalisée avec Bernard. Vu sa taille imposante, même replié, je le glisse dans la voiture tout en long, de l'arrière vers l'avant. Il repose en équilibre sur le haut des sièges, quasiment en plein milieu du véhicule. Sur ce chevalet, elle avait inscrit son nom et son prénom. Je les vois clairement, c'est comme si elle était là, à côté de moi.

Je démarre, la musique se met aussitôt en marche. Depuis de longues semaines, des mois même, c'est un seul et même CD qui tourne en boucle, avec les chansons que nous avons diffusées à sa cérémonie d'adieu. Je ne veux pas l'enlever du lecteur, je sais que le système se bloque parfois et je risque de ne plus pouvoir l'y remettre. Je vis tous les jours dans l'univers musical d'Anne-Laure, et cela me fait autant de bien que de peine.

À l'approche d'un feu qui vient de passer au rouge, je freine tranquillement. Sous l'effet de ce ralentissement, je vois le chevalet glisser doucement vers l'avant, et le sommet du pied central vient toucher délicatement le bouton « Eject » de l'appareil, peut-être le plus petit bouton sur la façade ! Le CD sur lequel j'avais écrit « Anne-Laure » ressort du lecteur.

Mes yeux font le va-et-vient entre le chevalet et le CD. Je lève les yeux au ciel : « Anne-Laure, c'est toi ? Que veux-tu me dire ? » Je ne suis jamais arrivé à remettre le CD dans le lecteur de la voiture.

Postface

Parce qu'accompagner son enfant dans la maladie, et parfois jusqu'à son départ, est insupportable ; parce que les équipes médicales à l'hôpital livrent un combat tellement difficile pour essayer de sauver sa vie ; parce qu'on est seul devant la douleur, on a besoin de l'aide de tous.

Les associations participent modestement à cette aide et Ti Prince en est une.

Et puis… il y a des rencontres que l'on n'oublie jamais. Pour l'association Les P'tits Prins, devenue Ti Prince Marmailles, celle d'Anne-Laure fut pour tous, bénévoles, parents, enfants, une leçon de courage, d'intelligence, de passion de l'art. Son caractère déterminé, sa beauté juvénile, à la fois fragile et forte, nous ont tous bouleversés.

Quelque part, Anne-Laure tient la main du Petit Prince et nous sourit. Notre petite princesse, comme une colombe, s'est envolée.

Vole, vole… Petite princesse Anne-Laure.

Tu seras toujours dans nos cœurs.

Jacqueline Bourgeat
Présidente de Ti Prince Marmailles

Remerciements

À toutes les personnes croisées dans ce récit trempé dans l'encre du cœur et des larmes. Elles se reconnaîtront, par un prénom, une description, une phrase, nommément ou en filigrane.

À tous les autres, et vous êtes tellement nombreux, qui nous ont soutenus avant, pendant et même après notre épreuve.

Et…

À Baptiste Vignol, pour m'avoir encouragé pendant l'écriture de ce récit et pour m'avoir ouvert les portes du monde de l'édition.

À mon éditeur et toute son équipe, pour avoir cru au premier manuscrit d'un parfait inconnu, et m'avoir conseillé et guidé avec attention et patience.

Table

Cet ouvrage a été composé
par Atlant'Communication
au Bernard (Vendée)

Impression réalisée par

PRÉSENCE GRAPHIQUE

en décembre 2016
pour le compte des Éditions de l'Archipel,
département éditorial
de la S.A.S. Écriture-Communication.

Imprimé en France
N° d'impression : 121656778
Dépôt légal : janvier 2017